구산선문의 원류를 찾아서 1
중국 내륙의 우리 불적 답사기

구산선문의 원류를 찾아서

중국 내륙의
우리 불적 답사기

조영록 지음

동국대학교출판부

贈

東湖曹永祿教授

近來僑華中不廢鑽香。惟東湖一人於韓中佛教文化之交流關係。繼有名稿余用十月白塔詩社青為頌二絕。

優遊學界孰知情
獨力打開新地平
僧史千年探往蹟
震邦華土任縱橫

學垣誰與話衷情
木曜朋莚瀉不平
笑道北溟鯤且化
南天將見大鵬橫

辛卯二十一月六日
碧史老弟 李佑成 稿

優遊學界孰知情　獨力打開新地平
僧史千年探往蹟　震邦華土任縱橫

學垣誰與話衷情　木曜朋莚瀉不平
笑道北溟鯤且化　南天將見大鵬橫

동호 조영록 교수에게 주다

근래 친구들 중 연찬을 폐하지 않는 이 오직 동호 한 사람이라. 한중 불교문화교류사 분야에 계속 좋은 글을 발표하니, 내가 시월 백탑사 시의 운으로서 칭송하는 글 2절을 짓는다.

학계에 노닐었지만 그 실정 누가 알리
독력으로 새 지평을 타개했다네
천 년의 불교 사적을 찾아나서서
우리나라·중국 땅을 종횡으로 누볐도다

학회에서 뉘 더불어 속마음 얘기하리
목요회 친구들이 불평을 쏟아내네
웃으며 말해주네 "북명의 곤어가 변하여
남쪽 하늘에 장차 대붕을 보리라"

　　　신묘 2011년 10월 6일
　　　벽사 노제 이우성 초함

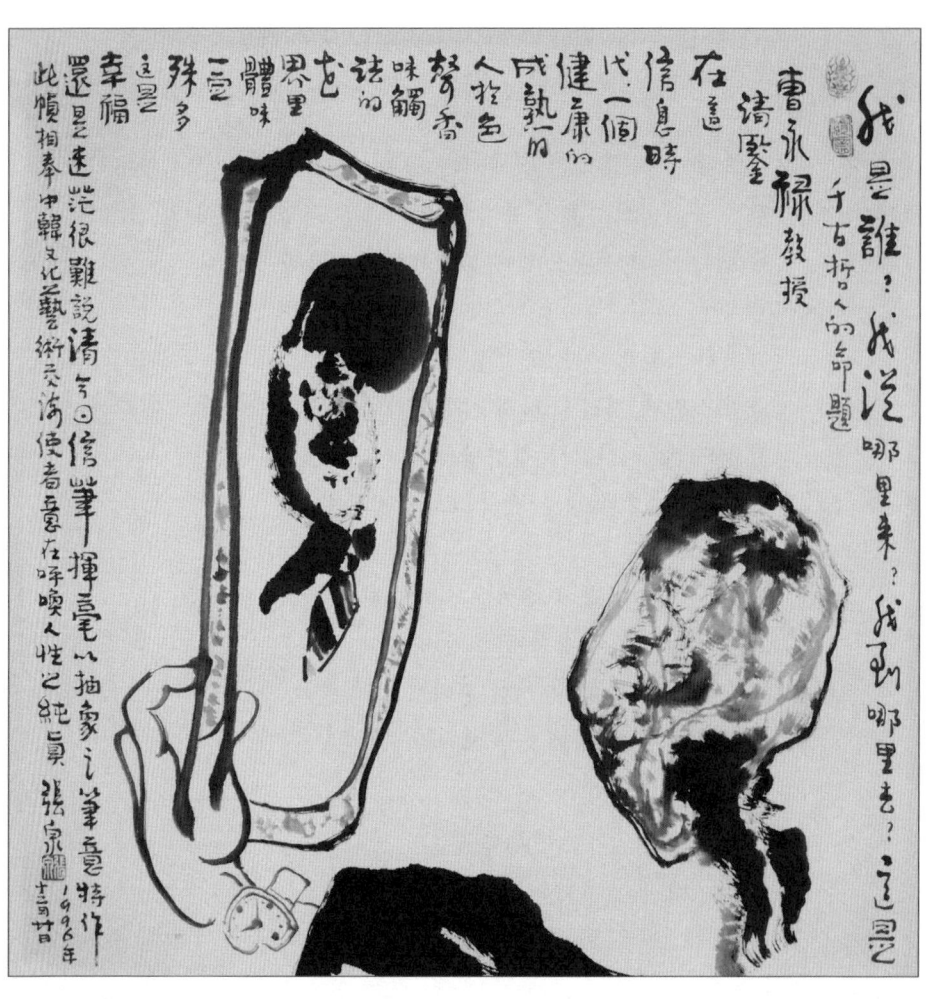

나는 누구인가?
나는 어디서 왔다가 어디로 가는가?
이는 천고의 철학적 명제입니다.

조영록 교수께서는 어떻게 생각하십니까?
오늘 같은 정보화시대에 건강하고 성숙한 사람들은
색色과 소리와 향기와 맛味과 촉觸과 법法의
현상세계에서 느끼는 바가 매우 다양하겠지요. 하지만
이것이 행복한 일일까요, 아니면 미혹한 일일까요?

오늘 붓 가는 대로 추상적인 뜻을 담아 특별히 이 한 폭의
그림을 그려 올립니다. 우리 중·한 문화예술교류의 심부름꾼은
모름지기 인간성의 순진함을 회복하는 데 뜻이 있다고 믿어
의심치 않습니다.

장천張泉 (안휘성 고급畵師)
1996년 12월 20일

서문

　동아시아 불교사에 있어 인도의 달마 대사가 중국에 전한 선종이 6조 혜능에 의하여 남종선(돈오선법)으로 토착화하였다. 불교가 처음에는 경전을 중심으로 가르치는 교학 시대에서 점차 마음에서 마음으로 전하는 선종 시대로의 변화 과정이었다. 당 말 오대에는 선종 5가가 성립되고, 조사들의 마음의 등불을 전하는 전등록이 간행되었다. 10세기 중엽에 남당 치하에서 『조당집』이 최초의 완정한 전등사서로 저술된 것은 특필할 일이다.

　『조당집』에는 신라 도의 선사를 비롯한 구산선문의 초기 조사 7인의 구법활동이 비중 있게 기술되어 있다. 이를 『전등록』과 비교하면 구법승의 수는 적지만 내용상 특색이 있는데도 불구하고 『조당집』은 정작 중국 현지에서는 책의 제목만 남기고 해인사 고려대장경판에 수장되어 오랜 세월을 전해 왔다. 바다를 건너 고려에 건너온 이유는 무엇일까? 게다가 초기 선종사에서 신라 구법승의 역할에 대한 자료적 가치가 이같이 높은데도 불구하고 이 책은 일제시대에 편찬된 대정신수대장경에 등재되지 못하는 수모를 당하기도 하였다.

　필자가 구산선문에 대하여 처음으로 알게 된 것은 『조당집』과의 오랜 인연 때문이다. 1965년 동국대학교 도서관에서 『조당집』 영인본을 간행할 당시 조교로 있던 필자가 그 잡무를 도운 일에서 비롯하여 그 10년 후 대만 문화대학에 1년간 체재할 동안 오경웅 교수의 명저, 『선의 황금시대』를 접하고 중국 선종 5가의 특징적 선풍을 체계적으로 이해하는 계기가 되었다. 그리고 다시 15년의 세월이 흘러 한중 국교가 트이게 되면서 중국 내지 여행의 문이 활짝 열리게 되었다. 『조당집』의 길을 찾는 일에서부터 구산문의 조사들을 비롯한 입당 구법승들의 행적을 답사해 보려는 막연한 기대를 실현에 옮길 수 있게 된 것이다.

필자가 처음 『조당집』의 산실인 천주 청원산을 찾아 답사 길에 오른 것은 몇몇 제자들과 함께 1998년 겨울방학을 이용해서였다. 이를 시작으로 6조 혜능 이래 남악-마조계와 청원-석두계의 행화도량을 찾아 이른바 남종선의 본고장인 강서와 호남 지역으로 답사 영역을 확대하였다. 1999년 여름방학에는 강서성 남창, 백장산, 동산 등을 거쳐 남부 도시 감주 공공산과 북서부 운거산, 동부 소산 일대를 돌았다. 그해 겨울방학에는 다시 광동성 광주에서 출발하여 호남성 약산 · 석상산 · 남악 형산 등을 경유하여 다시 광동성 소주 등지를 밟은 뒤 광주에서 새천년 제야의 밤을 보냈다.

이들 초기의 남종 선찰들을 따라 우리나라 구산선파 조사들의 족적을 찾는 가운데 특히 소주 남화사 육조도량과 함께 『법보단경』의 산실인 대범사지를 확인하는 작업은 매우 감동적인 일이었다. 대범사 본래 자리가 일반에 오래도록 가려져 온데다 이 사찰이 신라 가지산문의 제1대 도의 조사의 수계도량이라는 현장 확인도 매우 소중한 성과이기 때문이다. 또한 강서 서당 지장의 공공산 보화사를 순행하면서 가지산을 비롯한 실상과 동리 등 3산이 배출된 현장에서 강 · 호 지역이야말로 신라 구산의 조정이라는 사실을 실감할 수 있었다.

6조 혜능에서 발원한 남종선이 남악-마조계의 홍주종에 이르러 크게 번창하면서 급기야는 화북으로 전파됨에 따라 신라 구법승들의 발길 역시 확대되었다. 성주산 무염은 불광 여만과 마곡 보철에게 법을 얻었으며, 봉림산 현욱은 장경 회해계의 법을 얻어 각 일파를 열었다. 강소 절강 및 안휘 등 동남 강 · 해 지역에도 홍주 마조계 선사들이 선등을 높이 달아 신라 제자들이 모여들었다. 염관 해창원 제안 문하에는 굴산 범일이 참문하고, 명주 대매산 법상 문하에 신라 학생들이, 그리고 지주 남전산 보원 문하에는 쌍봉 도윤 등이 찾아들었다. 이들 강해 지역은 구법승들의 도해 상륙지면서 내륙으로 드나드는 경유지였다.

한편 청원-석두계는 강서에서 발원한 조동종에 이어 오대 시기로 내려오면서 운거 도응과 호남의 석상 경제의 선풍이 드날리고, 민閩 왕실의 후원으로 설봉산문이 크게 떨쳤다. 특히 설봉계에서 운문종이 나오고, 뒤이어 법안종이 나와 남당과 오월 지역에 크게 떨쳐 고려의 구求 · 전傳법승의 발걸음이 잦아졌다. 말하자면 청원-석두계의 선종이 현저한 우위 현상을 보이면서 고려 구법승의 수가 대폭 증가한 것이다. 그러나 본래 선교일치의 색채가 농후한 법안종은 제3조 영명 연수에 이르러 선교일치, 선정일치라는 해양성의 혼합적 정토 성향이 짙어지면서 선종 본래의 간명성을 잃어 고려 선종의 새 선파 성립에 영향을 미치지 못하였다. 송대에 일본의 남종선의 새로운 도입이 진행되는 가운데 여 · 송 간의 불교교류는 단절된 상태가 지속되었다.

당 · 오대 시기에 화북과 강절의 선종 사찰들이 강서 호남에 촘촘하게 분포되어 있던 양상과는 사뭇 다르다. 고도인 서안과 낙양, 남경과 항주 등은 중국의 개혁개방 이래 중국 연구자들에게는 학술회의와 같은 모임들이 있어 그때마다 주위의 한국 관련 유적지 관광을 잊지 않았다. 이들 지역에는 강서 호남 지역 답사를 끝낸 뒤부터 (참가 인원을) 관심 있는 스님이나 일반인으로 확대하여 불적답사회를 만들어 현지를 찾는 방법을 병행하였다. 이같이 개인과 단체조직을 통하여 답사한 결과를 정리하여 관련 잡지에 기행문이나 답사기를 쓰고 틈틈이 논문을 써서 학계에 발표하였다. 이리하여 2011년에는 이들 논문들을 묶어 『동아시아 불교교류사 연구』(동국대학교출판부)를 간행하였다.

이제 그동안 중국 현지를 답사하면서 쓴 여러 형태의 기록들을 수습 정리하여 '구산선문의 원류를 찾아서'라는 제목으로 마무리할까 한다. 답사기를 두 책으로 간행함에 있어 1권은 '강서 · 호남 · 화북 · 사천'의 네 지역으로 나누어 부제목으로 '중국 내륙의 우리 불적 답사기'라 하였으며, 2권은 '강절 · 안휘 · 복건·산동' 등으로 하여 '중국 해역의 우리 불적 답사기'라 하였다. 그런데 제목과 내용에 맞지 않는 것들, 예컨대 산동 지역에는 이렇다 할 선종 사찰이 없어 나말 여초의 선종과는 별 관계가 없는데도 1장을 할애했으며, 또한 천태종이 선종과 다른데도 법안종과의 관계 등으로 인해 비교적 상세하게 취급한 감이 없지 않다. 이런 점들은 전체적 균형 관계나 논조의 흐름에서 불가피한 결과라고 변명할 수밖에 없다. 사실 선종의 초조 달마에서 5조 홍인까지의 초기 선종사나 여·원 말 임제선 교류사 부분은 당초에는 이 책에 포함시킬 계획이 없었다. 그러나 답사기를 정리하는 과정에서 이들 수미首尾 부분을 배제하기가 어려워 함께 묶고 보니 다소 느슨한 감이 없지 않지만, 다른 한편으로는 한·중 선종 교류사의 내용을 두루 갖추었다는 뿌듯한 느낌을 갖게 되는 것도 사실이다.

그 밖에 기행문이나 답사기로서 본문에 넣기 어려운 것은 부록으로 돌렸다. 동아시아 불교문화에 특색이 있거나 한국과 관계 깊은 유적에 관한 답사기 유의 문장들은 '내륙'과 '해역'이라는 지역적 구분에 따라 각 3편씩 배분하였다.

이 책이 나오기까지 처음 답사에서부터 함께한 친애하는 제자들을 비롯하여 점차 각계각층의 수많은 분들이 동참하였다. 그리고 절강대학 한국연구소의 여러분들을 비롯하여 중국 각지에서 직간접적으로 많은 분들의 도움이 있었다. 20년 가까운 세월을 돌이켜보면 국내외 선배 동지 심지어 제자에 이르기까지 적지 않은 분들이 유명을 달리하였다. 머리 숙여 영령에 감사할 따름이다. 또한 책의 서장을 장식한 시와 그림으로 용기와 격려를 주신 이우성 선생님과 중국 안휘성 고급화사 장천 선생에게 특별히 감사드린다. 이 책을 상재하기까지 순탄치 않은 과정들 속에서도 끝까지 관심을 기울여 주신 출판부 편집인 여러분께도 고마운 뜻을 전한다.

2014년 추분절에
조 영 록

차 례

송시 | 4
축화 | 6

서문 ··· 9

제1장 남종선의 첫 연고지 광동 · 호남성 ················ 017

1. 달마와 혜능의 첫 연고지, 광주 ······················ 019
   1) 초조 달마의 첫 거주지 화림사 ······················ 019
   2) 6조 혜능의 삭발 수계처 광효사 ···················· 024

2. 호남 북부의 남종 선찰 ······························· 031
   1) 장사 녹산사 ··· 031
   2) 상덕시 덕산 고덕선원 옛터 ························· 036
   3) 범일 선사의 순례지 예현 약산사 ·················· 041
   4) 『벽암록』의 산실 협산 영천선원 ··················· 051
   5) 무릉 · 도원 등 풍경구 ······························· 058

3. 남악 형산 및 호남 중부의 선찰 ·· 065
  1) 신라 행적 등의 참문처 석상사 ·· 065
  2) 나말 여초 긍양 등의 참문처 곡산사 ······································ 075
  3) 형산 회양 선사의 전법 도량 ··· 083
  4) 형산 석두 희천의 전법 도량 ··· 087

4. 소주 6조 도량과 신라 구법승 ·· 092
  1) 신라 도의의 수계처 대범사 옛터 ··· 092
  2) 도의 등의 참배처 조계 육조탑 ·· 100

  * 호남성의 한국 구법 관련 선찰 답사도 ······································ 106

제2장 강서 홍주·조동종과 신라·고려 구법승 ·················· 107

1. 홍주·조동 종찰과 신라·고려 구법승 ····································· 109
  1) 남창 우민사와 신라 구법승 ·· 109
  2) 봉신현 백장사와 신라 구·전법승 ··· 118
  3) 의풍시 동산사와 신라 구법승 ··· 130

2. 강서 중남부의 신라·고려 구법승 ··· 138
  1) 나·려 청원·현휘 등의 구봉산 구법 ······································· 138

2) 신라 순지・혜청의 구법과 의춘 앙산 ················· 142
　　3) 청원 행사의 수선 도량 청원산 정거사 ················ 152
　　4) 신라 도의 등의 구법처 공공산 보화사 ················ 158

　3. 강서 북서・동부의 신라・고려 구법승 ·················· 172
　　1) 고려 이엄・어엄 등의 운거산 구법 ··················· 172
　　2) 여산 불교와 도의・혜소 등의 순력 ··················· 182
　　3) 나말 여초의 경보・안・초 선사와 소산사 ············ 193

　　* 강서성의 한국 구법 관련 선찰 답사도 ················ 203

제3장 선종의 초기 전파지 화북 ·························· 205

　1. 선종의 발상 및 첫 전파지, 화북 ······················· 207
　　1) 서안에서 낙양으로 ·································· 207
　　2) 선종의 발상지 숭산 소림사 ·························· 212
　　3) 숭산 회선사 유리계단 옛터 ·························· 225

　2. 장강 중류 지역의 삼조사, 사조사, 오조사 ············· 230
　　1) 안휘성 잠산의 천주산 삼조사 ························ 231
　　2) 호북성 황매의 사조사와 오조사 ······················ 240

3) 5조 홍인에서 6조 혜능으로 ··· 246
4) 신회의 남종 정통론 ·· 256

제4장 사천·화북의 신라 구법승 ································· 261

1. 사천의 선종과 신라 무상 대사 ·· 263
2. 화북·사천의 신라 구법승 ··· 272
   1) 도의·혜소의 동행 구법과 당주 신감 ··· 272
   2) 현욱의 화북 구법과 장경 회휘 ·· 280
   3) 무염의 화북 구법과 마곡 보철 ·· 285

부록 ··· 293

1. 서안 종남산 불적 기행 ··· 295
2. 동진 혜원과 여산 동림사 ·· 311
3. 방산 석경사 기행 ·· 328

* 신라·고려 선승의 구법 관련 전도 ·· 338

제1장

남종선의 첫 연고지

광동·호남성

이 글은 동국대학교 중국불적답사회에서 1999년 12월 23일부터 31일까지 10일 동안 남종선의 초기 전파 지역인 광동성과 호남성 일대를 답사하고 이를 기행문 형식으로 정리한 것이다. 이 답사에는 필자를 단장으로 하고 서인범, 정병준, 김영신, 신태광, 송요후, 박응수, 고故 전중배 등 동국대학교 사학과의 젊은 교수, 강사 및 박사과정에 적을 둔 교사들이 참가하였다.
답사는 6조 혜능의 삭발 수계 도량인 광주 광효사를 시작으로 하여 열차를 이용하여 호남성 장사로 이동, 북서부 지역의 남종 선찰들을 대상으로 하였다. 다음으로 동남부 지역의 석상사와 곡산사지를 거치고, 이어 남악 형산에 올라 마조 도일과 석두 희천 등 초기 남종 선사들의 유적지를 살펴보았다. 마지막 30일에는 대유령을 넘어 다시 광동성 소주韶州로 이동하여 대감사와 남화사 등 6조의 유적지를 답사하였으며, 2000년 새해는 광주 중심가 숙소에서 송구영신의 새천년을 맞이하였다.

이 답사기는 2회로 나누어 『불교와 문화』(사단법인 대한불교진흥원) 2000년 5·6월 호와 7·8월 호에 게재된 바 있다. 당시에는 지면 관계로 내용을 줄여 간략하게 기술하였으나 10여 년이 흐른 지금 독자적 저술로 상재함에 있어서 내용을 수정 보완하며 편목篇目을 개편하는 등 본래 뜻을 살려 독자들의 이해에 부응할 수 있도록 하였다.

1.
달마와 혜능의 첫 연고지, 광주

1) 초조 달마의 첫 거주지 화림사

1999년 12월 22일 오전 8시 50분 홍콩발 광주행 열차를 타고 오후 1시경이 되어서야 광주 동역에 내렸다. 광주廣州는 인구 380만으로 중국에서 일곱 번째로 손꼽히는 대도시다. 어느 도시 못지않게 엄청난 변화를 겪고 있는 광주를 필자는 4년 만에 다시 찾았다. 가이드는 정부 요직의 고위층에 이곳 출신이 없어 상대적으로 낙후되어 있다는 불평이다. 종교는 불교가 가장 성행하지만 현재 시내에는 교회가 세 곳 있으며, 외국 유학생들 가운데 기독교 신자가 점차 늘어나고 있다고 한다.

광동성은 지리적으로 중국 최남단에 위치하여 특히 고대에는 정치·경제·문화의 중심권에서 벗어나 있었지만 불교사, 특히 중국 선종사의 입장에서 보면 반드시 그런 것은 아니다. 우선 광주에는 중국 선종의 초조初祖 달마 대사가 남인도로부터 바다를 건너 처음 상륙하여 머물렀다는 화림사華林寺가 있다.

우리는 점심 식사 후 2시에 화림사를 먼저 찾았다. 화림사는 바다로 흘러 들어가는 주강珠江이 세 갈래로 나뉜 사면沙面 하구河口 옥기가玉器街의 비좁은 골목길을 비집고 들어가서야 비로소 만날 수 있다. 산문의 '화림선사華林禪寺'라는 현판과 사찰 경내의 '초조初祖 달마당達摩堂'이라는 액자 글씨는 명필로 알려진 중국불교협회 조박초趙樸初 회장의 낯익은 작품으로 우리 일행을 반갑게 맞아 주는 듯했다. 절 입구에는 금강역사상이 서 있고, 그 뒤로 미륵전이 위치하고 있으며, 한쪽에서는 달마당과 오백나한당이 중건되고 있다. 뜰에는 남방에서 흔하게 볼 수 있는 고목 용수榕樹와 함께 옥탑이 우뚝 서 있다.

화림사의 옛 이름은 서래암西來庵이었다. 달마가 서쪽 인도로부터 처음 도래하였다고 해서 붙여진 이름이다. 그러나 청淸 순치順治 12년(1655)에 서래암을 확장 개편하면서 이름도 화림으로 바꾼 이래 명망 있는 선승들이 주지직에 임명되어 달마를 기념하는 여러 가지 불사佛事가 꾸준히 계속되었다. 강희康熙 40년(1701)에는 흰 돌을 깎아 세운 약 7미터 높이의 불사리탑이 완공되었고, 도광道光 29년(1849)에는 오백나한전이 세워졌다. 이후에도 존경각 등의 사옥들이 즐비하게 들어섰다. 이 가운데 옥탑과 오백나한당은 특히 유명하다. 각각 다르게 조각되어 있는 나한상羅漢像들 가운데는 원나라 공주를 배행하여 광주를 거쳐 페르시아로 돌아간 마르코 폴로를 조상한 덕성 존자德成尊者도 있다. 각양각색의 개성을 가진 존상尊像들은 모두 사람의 크기로 당 내에 밭전田 자형으로 배열되어 있다. 그중 안쪽 의자에 안치된 '성취불成就佛'은 특별히 크게 조상하여 황관을 씌우고 용포를 입힌 주존主尊이다. 마르코 폴로는 승려가 아님에도 중국을 서방에 소개한 외국인으로서 참관자들의 흥미를 끌기 위해 조상해 놓은 것이 분명하다.

화림사는 일제의 침략과 광주시의 도시계획으로 크게 훼손 및 축소되고

'남월고총南粵古叢'은 달마 대사가 처음 머문 서래암(뒤에 화림사)으로 중국 선종의 발상지라는 뜻의 표지석

모택동毛澤東 주석 집권 말기에는 문화혁명文化革命으로 형체조차 알아볼 수 없을 정도로 철저히 파괴되었다고 한다.

  지난 1996년 1월, 동양사학회와 항주대학 공동으로 개최한 학술회의를 마치고 필자가 우리 측 회원 20여 명과 함께 절강·복건 연해의 여러 도시를 거쳐 광주 일대를 답사할 때까지도 화림사는 일반에 공개되지 않고 있었다. 그러던 것이 지금은 화림사의 명물 오백나한당이 복원되고 다른 곳으로 옮겨졌던 옥탑이 돌아왔으며, 그 밖에 소소한 전각들이 새 단장을 하여 참배객들의 향화가 끊임없이 피어오르고 있다. 하지만 현지인들의 말에 의하면 절 앞 옥기상가의 일부가 차지한, 원래 사찰 소유지였던 방생지放生池를 되찾는 등 사찰의 전반적 복원 계획을 실현하려면 상당한 시간과 막대한 비용이 소요될 것이라고 한다.

달마 대사가 바다를 건너오는 상상도

    화림사의 달마당에 들어서면 기둥에 "서역의 보전이 화림을 열어, 동토에 선종의 묘법을 전하였네(西域寶甸闢華林 東土禪宗傳妙法)."라는 대련이 걸려 있다. 그런데 '달마가 중국으로 올 때 과연 광주에 상륙하여 화림사, 즉 옛 서래암에 머물렀을까?'라는 의문을 가져볼 만하다.

    달마와 관련하여 학계에서는 '선종의 초조라고 전해지는 그가 과연 실존 인물인가'에 대한 논의가 계속되어 왔으며, 그가 입국한 지점에 대해서도 북쪽 오아시스로드와 남방 해양실크로드를 두고 의견이 분분한 가운데 남방 해상 입항설이 우세한 입장에 있다. 초기의 불교 사서인 도선道宣의 『속고승전續高僧傳』에서는 달마가 남천축의 바라문종婆羅門宗(즉 브라만교)으로 "처음으로 송宋나라 경내인 남월南越로 와서, 뒤에는 다시 북방 위魏에 이르렀다."고 하여 남월, 즉 광동으로 들어왔음을 밝히고 있다. 또한 초기 선종의 역사서『조당집祖堂集』에서는 "달마 대사는 남천축국에서 바다를 건너 광주에 도착하였으며, 보통普通 8년 정미丁未년에 양梁나라로 들어갔다."고 한다. 하지만 정미년은 양 무제武帝의 대통大通 1년(527)이므로 이 해에 달마가 양나라 수도 건강建康(남경)에서 무제와 만난 것으로 보아야 할 것 같다.

선종사서들에 의하면 달마 대사는 남인도 향지국香至國 셋째 왕자로서 카스트로는 제2계급에 속하는 크샤트리아 출신이었다. 그의 스승 반야다라 존자는 인도 선종의 27대 조사로서 28조인 달마에게 인연을 따라 진단辰旦(중국)으로 가서 교화하라고 부촉함에 따라 바다를 건너 중국으로 오게 되었으며. 낙양에서 9년 동안 면벽 참선한 후 536년에 서세하니 중국 선종에서는 제1대 조사가 된다.

그는 처음 광주에 상륙하여 잠시 머문 뒤 해안을 따라 북상하면서 복건성 천주泉州와 절강성 명주明州 같은 큰 항구를 거쳐 양자강 하구를 통하여 남경에 이르렀을 것이다. 10세기 중엽에 천주에서 『조당집』이 편찬되었던 사실이나 또한 원대元代 천주에 남소림사南少林寺가 있었다는 기록들은 이 같은 달마 로드와 관련해서 보면 예사롭게 보아 넘기기 어려운 것이다.

화림사로 이름이 바뀌면서, 많은 승려들이 모여 수행하는 총림叢林 체제로 확장되었던 명明 이전의 서래암과 관련해서는 안타깝게도 알려진 것이 별로 없다. 하지만 민간에서 전하는 전설이 의외로 역사적 진실을 담아 전하는 경우가 적지 않다. 화림사 역시 오랜 세월 동안 역사 속에 가려진 채 전설적 존재로서 민간에 전하여 왔을 것이다. 사찰이 위치한 이곳은 청淸 말 중국이 영국을 상대로 독점무역을 행하던 13공행公行이 이웃하고 있다. 이 점 또한 이 지역이 고래로 외국과 교류해 오던 창구였음을 알려 주는 것이다.

화림사 답사를 마치고 나서 사람들로 붐비는 옥기가 거리를 다시 빠져나온 우리 일행은 기다리던 승합차에 올라 큰길 건너편 현대식 고층 건물이 빽빽하게 들어서고 있는 시내의 중심가에 위치한 다음 행선지로 이동했다.

2) 6조 혜능의 삭발 수계처 광효사

중국 최남단에 위치한 광동성은 인도로부터 중국에 선종을 처음 전파한 달마 대사의 상륙지일 뿐만 아니라 6조六祖(선종의 6대 조사祖師) 혜능慧能(638~713)이 남종선南宗禪의 창시자로서 활동하였던 본고장으로서, 그 유적들이 여러 곳에 산재해 있기도 하다. 선종과의 이 같은 인연이야말로 비록 우연이라 할지라도 실로 기이하다고 아니할 수 없다.

광주 시내에는 혜능이 삭발 수계한 광효사光孝寺가 있고, 서북쪽의 소주시韶州市 곡강현曲江縣 조계曹溪에는 그가 평생토록 교화하다가 입적 후 그를 진신眞身으로 모신 남화사南華寺가 있다. 또한 소관韶關 시내에는 당시 소주 자사刺史의 초청으로 설법한 대범사大梵寺가 있었다고 하며, 그 법문은 『법보단경法寶壇經』으로 편집되어 남종선의 중심 경전이 되어 오늘까지 전해지고 있다. 대사의 탄생지 신주新州(현재 신흥현新興縣)에는 그가 입적한 후 제자들이 기념하여 세운 국은사國恩寺가 자리 잡고 있다. 우리 일행이 호남성 불적 답사 계획에서 광동을 통하여 들어가는 코스를 택한 이유도 여기에 있다.

시 중심가에 있는 광효사는 광동에서 가장 오래된 사찰이다. 규모나 내용 면에서도 소주 남화사와 함께 광동성에서는 굴지의 위치를 점하고 있다. 또한 6조 혜능이 여기서 머리를 깎고 수계하였다는 인연과 관련된 일화와 유적들이 있어 국내외 불교도들은 광효사를 남화사에 앞서는 사찰로서 남종선의 조정祖庭(발상지) 가운데 하나로 떠받들고 있다.

일찍이 혜능이 5조 홍인弘忍의 의발衣鉢을 전수받은 뒤 멀리 고향땅 영남으로 내려와 은둔 생활을 계속하다가 오랜 시간이 지난 어느 날 전도 시기가 도래하였음을 느끼고 처음으로 찾은 곳이 광효사(당시 법성사法性寺)였다. 당 고종 의봉儀鳳 원년(676), 그가 40세 되던 때였다.

6조 혜능이 5조 홍인에게 배우고 돌아와 처음 모습을 드러낸 광효사

이 절에서 때마침 인종印宗 법사가 『열반경』을 강의하고 있었는데, 두 승려가 바람에 나부끼는 깃발을 두고 열띤 논쟁을 벌이고 있었다. 한 사람은 '움직이는 것은 바람'이라 하고, 다른 사람은 '깃발이 움직이는 것'이라 하였다. 혜능이 여기에 끼어들어 "움직이는 것은 바람도 아니고, 깃발도 아니며, 여러분의 마음입니다." 하여 좌중을 깜짝 놀라게 하였다.

인종 법사 역시 그의 범상치 않음을 알아보고 유심히 관찰한 후 혜능의 구애됨 없는 언어의 간명함과 통찰력에 감복하여 대뜸, "여보시오 행자行者! 듣건대 홍인 대사의 의발이 남쪽으로 전해졌다고 하더니, 혹시 그대가 그 전수자가 아니오!" 하고 다그쳐 물었다. 이에 혜능이 긍정도 부정도 못하는 가운데, 시인하는 뜻이 비쳐지자 인종은 즉시 그에게 마땅한 경의를 표함과 동시에 그 의발을 내어놓도록 하고 절 안의 모든 승려들을 한자리에 불러 모아 가르침을 청하였다.

 이리하여 혜능이 불성佛性에 관한 설법을 행하자 인종 법사는 크게 기뻐서 합장하여 다시 경의를 표하였다. 그리고 혜능의 머리를 깎아 계를 주었으며, 이후부터 그를 자신의 스승으로 모셨다.

 이 일화는 이때까지 머리를 기른 채 계도 받지 않은 행자 상태로 있던 혜능에게 인종 법사가 체발 수계한 후 스스로 제자가 되었다는 선가의 파격을 극명하게 보여준다.

 혜능이 경내 보리수 아래서 삭발을 하고 승려가 되자 절에서는 이를 기념하여 깎은 머리를 묻은 자리에 7층탑을 세웠다. 이 탑이 육조예발탑六祖瘞髮塔으로 오늘날까지 전해지고 있다. 절에는 작품성이 탁월한 6조 좌상이 안치되어 있어 예발탑과 함께 6조와의 깊은 인연을 보여준다. 이외에도 웅장한 대웅보전 우측 가람전에 사찰을 수호하는 호법신護法神을 모시고, 좌측에는 육조전을 세워 혜능의 좌상을 모셨는데, 육조예발탑은 육조전 앞 고목 용수古榕樹 아래 서 있다. 부근에는 오대五代 남한南漢 시기의 우수한 작품으로 평가받는 5층 철탑도 전해지고 있다. 5층 가운데 일제 항전기에 포격으로 위 2층은 떨어져 나가고 아래 3층만이 남아 있다. 대웅전 동쪽에는 고금의 시문과 그림을 새긴 석비가 있고 벽으로 장식한 낭하인 비랑碑廊에는 달마가 동쪽으로 바다를 건너오는 그림과 혜능이 발우를 받는 그림 등이 그려져 있다. 달마가 발우를 씻었다는 세발천도 방문객들의 눈길을 끈다. 이처럼 광주에는 6조는 물론이고, 초조와 관련해서 다양한 전설들이 여기저기 배어 전해지고 있다.

 절 안에서는 가림訶林이라고 쓴 현판도 볼 수 있다. 오吳나라 귀족 우번虞翻이 남해로 귀양 와서 강학할 때 뜰에 가자수訶子樹가 많아 붙인 이름이다. 가자수는 남방 아열대 식물로 감람나무를 닮았으며, 본래 이름은 가려륵수

訶棃勒樹였으나 후조後趙의 왕 석륵石勒의 휘를 피하여 개명했다. 우번이 죽은 뒤 가족들이 이곳을 헌납하여 처음으로 사찰이 되었다고 한다. 사지寺志에 따르면 "담나야사曇那耶舍(397~401), 구나발타라求那跋陀羅(?~420) 두 존자가 도량을 창건했으며, 후에 달마 초조와 혜능 6조가 선후로 이곳에 족적을 남김으로써 일시에 불교 도량으로서 중국의 으뜸이 되었다."고 한다. 이러한 창건 설화들을

인종 법사에게 수계 삭발한 그 자리를 기념하여 후세에 세운 7층 석탑

종합해 보면, 변방에 위치한 이 사찰은 인도 승려들에 의하여 개창되고 광동 출신 혜능에 의하여 중흥되었다는 주장으로서 상당한 설득력을 지닌다. 절 이름은 처음에는 왕원사王園寺였으나 그 뒤 법성사, 건명선원乾明禪院 등으로 여러 번 바뀌다가 남송 초에 광효사로 개명되어 오늘에 이르고 있다.

광효사와 가까운 거리에 역시 광주 불교를 대표하는 사찰로 육용사六榕寺가 있다. '육용'이라고 쓰인 현판 글씨 옆에 소동파가 제題와 글씨를 썼다는 내용이 적혀 있다. 정치적으로 구법당에 속한 소동파가 원부元符 3년(1100) 신법당과의 투쟁에서 밀려 해남海南으로 귀양 가는 길에 광주에서 유람하다가 이 절에 들러 여섯 그루의 용수가 늘어서 있는 것을 보고 이 글을 썼다고 전해진다. 이런 인연으로 명明 영락永樂 연간에 절 이름을 '육용사'로 개명했다고 한다. 또한 비랑碑廊에는 동파 글씨로 당 현각玄覺의 「증도가證道歌」를 새긴 비도 있다. 육용사는 양 무제 대동大同 3년(537)에 처음 세워졌는데 당시 이름은 보장엄사寶莊嚴寺였다. 광주 자사 소유蕭裕는 불사리를 모시기 위해 여기에 장려한 7층탑을 세웠는데, 이 탑이 유명한 '화탑'으로 「등왕각서滕王閣序」로 잘 알려진 당나라 시인 왕발王勃(647~674)이 '광주보장엄사사리탑비' 비문을 찬술하였다. 이 탑은 원래는 목탑이었으나 화재로 소실되고 북송 단공端拱 2년(989)에 중건하여 오늘에 이르렀다. 탑루塔樓에 오르면 광주 시내를 조망할 수 있다. 중국 개방 이후에는 탑 서편에 대웅보전을 중건하여 청동 삼존불을 모셨다. 용수 그늘 아래 세워진 육조당 안에는 북송 시대에 조상된 대사의 동상이 중후하게 모셔져 있다.

우리 일행은 육용사를 나와 오늘 답사 마지막 코스인 광주박물관으로 향했다. 폐관 전에 도착할 수 있도록 서둘러 이동했다. 박물관 역시 시 중심지에 있어 4시 20분경에 들어갈 수 있었다. 박물관은 경관이 아름다운 주강 변 월수공원 안, 시내를 굽어볼 수 있는 언덕에 자리하고 있다. 청 말에 외적 방어를 위한 진해관鎭海關으로 쓰던 건물로 밖에는 당시 쓰던 대포도 전시되어 있어, 아편전쟁 때 청조의 전권대사 임칙서林則徐가 영국 침략군을 상대로 분투하던 모습을 상기시킨다. 몇 년 전 영국으로부터 홍콩을 돌려받은 데 이어 지난 19일에는 포르투갈로부터 마카오가 반환되어 이를 기념하는 현수

막이 곳곳에 걸리고, 다채로운 행사가 대대적으로 벌어지고 있었다. 오늘 참관한 어느 절에서는 마카오 반환을 계기로 중국 통일을 이룩할 수 있도록 불전에 기도하는 스님의 모습이 퍽 인상적이었다.

대륙 남쪽 해변에 위치한 광주는 고래로 동서 문화 교섭의 창구 역할을 담당하였지만, 한편으로 근대 서양 세력의 동점 시기에 그들의 무력적 위협을 가장 먼저 당하는 위험 지역이기도 하였다. 광주박물관은 이러한 지역적 특색을 여러 각도에서 반영하고 있었다. 전시실에는 특히 해양실크로드가 한대漢代부터 원대元代에 이르기까지 각 시대마다 어떻게 변하여 갔는가 하는 시각에서 광주를 중심으로 하여 알기 쉽게 그려 놓은 도표가 있다. 동서 문화 교섭과 관련해서 광주의 위치를 설명하는 부분에서는 특히 달마의 첫 상륙지인 서래암의 중요성을 강조하고, 광효사가 인도 승려들에 의하여 개창되었다는 사실도 빠뜨리지 않고 자세하게 설명하고 있다. 인도나 서역의 승려가 중국으로 건너오거나 또는 중국의 승려가 불법을 구하기 위하여 인도로 건너갈 때 그들이 왕래한 길은 북방 오아시스로드나 아니면 남방 해양 실크로드를 택해야 했다는 사실을 보여주기 위한 노력이 드러나 있었다.

중국 승려로 인도 구법을 마치고 돌아와 『불국기佛國記』를 쓴 법현法顯은 5세기 초에 북방 육로를 통해 인도에 들어가 순례를 마치고 귀국할 때는 남방 해로를 이용하였다. 그가 동남아를 경유하여 광주로 들어오는 도중에 태풍을 만나 곤경에 처하자 '관세음보살'을 간절하게 염송念誦하여 무사 귀환하였다는 대목은 매우 감동적이다. 그 뒤 당나라 의정義淨(635~713)은 광주를 출발하여 바다 건너 인도 순례를 마치고 돌아와 기행문을 남겼다. 그의 『대당서역구법고승전大唐西域求法高僧傳』에는 당시 인도 구법에 나선 신라 승려들도 보인다. 아르야발마를 비롯하여 혜업慧業·현태玄太·현각玄恪·혜륜慧輪 등의 이름을 소개하고 있는데, 그들이 왕래한 교통로에 대해서는 언급하지 않았지만 바다를 이용한 경우도 적지 않았을 것이다. 의정보다 50년 뒤 신라 혜초慧超(추측 생존 연도 704~787)는 해상로로 인도에 건너가 순례한 뒤 육로로 귀국하여 『왕오천축국전往五天竺國傳』을 남겼다. 그 역시 광주에서 출발하였을 것이 분명하지만 여행기 전반부가 떨어져 나가 출발 당시의 기록은 전하지 않는다. 그 밖에도 우리 스님들의 해외 구법 행각이 적지 않았을 것으로 보이지만, 안타깝게도 기록으로 전하지 않아 알아볼 길이 없다.

  오후 5시 반경, 박물관을 나온 일행은 시내 고서점에 들렀다가 저녁을 먹고 느지막이 광주역으로 향했다. 10시 23분발 호남성 장사長沙행 침대 열차에 올라 다음 답사 코스로 향했다. 순서대로라면 6조 혜능이 필생토록 교화활동에 임한 소주의 여러 유적지를 먼저 찾아야 했으나 교통 편의상 호남 북부 남종선의 초기 전파 지역을 먼저 답사한 다음 남하하면서 마지막으로 남악 형산衡山과 소주 지역을 차례로 찾기로 하였다.

2.
호남 북부의 남종 선찰

1) 장사 녹산사

23일 아침 6시, 눈을 떴을 때 열차는 형남衡南역을 지나고 있었다. 다시 한 시간 반가량 달려 주주株洲역을 지나 9시 40분에 호남성 성도省都 장사역에 내렸다. 항주에서 새벽에 도착한 조선족 가이드 김문권 씨가 현지 가이드와 함께 16인승 승합차를 몰고 마중 나와 있었다. 앞으로 1주일간 호남성 일대 답사는 이 차를 이용하게 된다.

아침 식사 후 우리 일행이 제일 먼저 찾은 곳은 시 외곽 야산에 위치한 한나라 마왕퇴馬王堆 묘지이다. 마왕퇴는 서한西漢 초국楚國의 어느 재상 부처夫妻와 그 아들의 묘들로 1972년경 중·소 분쟁으로 위기감이 한창 고조될 때 방공호를 파다가 우연히 발견되었다. 이들 분묘는 1·2·3호분으로 나뉘어 있는데, 그중 하나가 마왕의 부인 묘로 시신을 비롯한 부장품이 완벽한 상태로 발굴되어 세계적인 고고학적 발굴이라 해서 세상을 떠들썩하게 한 바 있다. 현재는 분묘의 상태를 볼 수 있도록 발굴 현장만 남겨 관람객을 맞고 있다. 세 개의 분묘는 비슷한 모양새여서 1·2호분은 묻고 아들 묘인 3호분만 남겨 놓았다고 한다. 부인의 시신과 풍부한 부장품 및 네 겹의 관곽棺槨은 호남성박물관에 별관을 마련하여 전시관을 꾸며 놓았다. 전시실 입구에서는 시신 발굴 당시의 인체 수술 장면을 비디오로 상영하고 있어 당시 상황을 더욱 실감나게 전하고 있었다.

장사시립박물관에는 삼국 분립 시대 오吳나라의 목간木簡 전시실도 마련되어 있었다. 목간이란 종이의 발명 이전에 나무에 문자를 기록하여 만든 문서를 말한다. 제지술이 발달하기 전에는 목간이 정치·경제·법률 등 각 방면에 걸친 문서 역할을 했으므로 이것이 바로 1차적 역사 자료인 것이다. 수년 전 시내 중심가에 빌딩을 세우기 위해 땅을 깊이 파던 중 우물처럼 둥글거나 네모나게 만든 '문서 보관처' 여러 군데에서 목간 십 수만 점이 무더기로 발굴되었다. 당시 발굴 현장 상황을 시 박물관 빈터에 그대로 복원하고 전시실까지 마련하여 참관 편의를 제공하고 있었다.

오후에는 악록嶽麓공원 안에 있는 녹산사麓山寺와 악록서원嶽麓書院으로 향했다. 악록산은 상강湘江이 장사시를 가로지르는 시 중심가의 대안에 있어서 상강대교를 건너야 했다. 먼저 찾은 곳은 서원이다. 악록서원은 숭양嵩陽·백록동白鹿洞·휴양睢陽 서원과 함께 송나라 4대 서원 가운데 하나로 손꼽힌다. 976년 처음 창건된 이래 남송 시대에 장식張栻이나 주희朱熹와 같은 이학理學의 대가들이 강학하여 비로소 그 이름이 천하에 알려지게 되었다. 문 앞에 '악록서원'이라 쓴 현판 아래 "초나라 인재가 여기서 번창하도다.(惟楚有才 於斯爲盛)"라는 대구가 양옆에 종으로 걸려 있다. 20세기 초에 이르러 호남고등학당으로 개편되었다가 1926년에는 호남대학으로 승격되어 오늘에 이르고 있다. 세계에 보기 드문 이른바 '천년학부千年學府'로서의 전통을 자랑하고 있는 것이다.

악록서원은 송대 4대 서원의 하나로 현재 호남대학 경내에 위치

이 대학에서 간행한 활자본 『조당집』을 구내서점에서 구입할 수 있었던 것은 미처 생각지 못한 수확이었다. 10세기 중엽 복건성 천주에서 편집되었으나 정작 중국에는 그 이름만 남긴 채 사라지고 유일하게 해인사 고려대장경판 속에 존속해 온 세계 최초의 완전한 선종사서禪宗史書가 여기서 활자본으로 모습을 드러내리라고는 미처 생각하지 못했던 터였다.

녹산사는 뒷산으로 조금 올라가 자리 잡고 있다. 산문에 고녹산사古鹿山寺라는 횡서 현판과 함께 문 좌우에 "한나라와 위나라 최초의 명승이요(漢魏最初名勝) 동정호와 상강 지역의 제일 도량이로다(湖湘第一道場)."라는 대련이 걸려 있어 그야말로 호남 제일의 고찰임을 자랑하고 있다. 산문을 들어서서 미륵전과 대웅보전을 거쳐 화원 계단을 오르면 장경각(일명 관음각)에 이르는데, 그 앞에 '육조송六祖松'이라는 표지를 단 소나무가 이 절이 6조 시대의 고찰임을 알려 주고 있다. 사지寺志에 의하면 녹산사(일명 악록사)는 서진西晉 시기에 창건되어 수·당 시대에 그 이름이 전국적으로 알려지게 되었다고 한다. 절 뒤에는 고목이 늘어선 가운데 신령스런 우물로 전해지는 백학천白鶴泉이 흐르고 있고, 당 개원開元 18년(730) 서예가 이옹李邕이 쓴 '녹산사비'의 비문이 이런 사연들을 알려 주고 있다. 현재 호남대학 경내에 서 있는 이 비를 보기 위하여 두보가 지나던 길에 이곳에 들러「악록산도림이사행岳麓山道林二寺行」이라는 시를 지었다고 한다.

장사長沙는 옛 이름이 담주潭州라고 하여 호남 문화의 중심지일 뿐 아니라 그 발상지라 하여도 과언이 아닌데, 녹산사도 호남 불교의 발상지일 뿐 아니라 그 중심적 역할을 하였다. 그것은 장사가 지리적 내지 교통상의 요지이기 때문이다. 녹산사에는 천태종 창시자 지의智顗 대사를 비롯하여 허다한 고승이 거쳐 갔다. 특히 선승으로는 먼저 장사 경잠長沙景岑(?~868) 선사를 꼽을 수 있다. 당대唐代에 이르러 선종이 호남 강서 지방에서 크게 번성할 때 경잠 선사의 활약이 대단하였다. 경잠은 조주 종심趙州從諗(778~897)과 함께 남전 보원南泉普願(748~834) 선사의 수문 제자로, 안휘성 남전산 스승의 문하를 떠나 이곳으로 와 주석하였다. 그는 세상에 다음과 같은 게송을 남겨 널리 회자되고 있다.

> 백척간두에서도 태연한 사람은 비록 깨달았다 하겠으나 진인이 아니다.
> 백척간두에서 한 걸음 더 나아가야 시방세계와 비로소 한 몸이 될지니라.
> 　百尺竿頭不動人　雖然得入未爲眞
> 　百尺竿頭須進步　十方世界是全身

일반 선가에서 자주 활용하는 화두로 "백 척의 높은 장대 위에서 다시 한

호남의 대표적 선종 사찰 녹산사 산문

걸음 나아가라."는 가르침은 선자禪者는 모름지기 향상일로向上一路로 나아가라는 뜻으로, 그 시원은 바로 이 게송에서 비롯한 것이다. 그러나 지금 이곳에서 그분의 체취를 느낄 만한 유적은 찾아볼 수 없다. 다만 여러 건물들 가운데 '호잠당虎岑堂'이라는 요사寮舍의 현판을 볼 수 있는데, 이는 호랑이라는 별명을 가졌던 경잠 선사의 품격을 보여주는 흔적으로 그나마 아는 이들만 느낄 수 있을 뿐이다. 선사가 활동하던 시기에는 강서 호남 지방에 신라 구법 선승들의 내왕이 잦았다. 그들 중에는 이곳을 거쳐 간 이들도 있었을 것이다. 하지만 기록을 찾아 확인할 길이 없으니 안타까울 뿐이다.

현재 녹산사 산문에는 호남성불교협회와 호남불학원이란 간판이 나란히 걸려 있다. 필자는 답사를 떠나기 전 강서성 사회과학원의 어느 지인으로부터 녹산사 방장 성휘聖輝 법사 앞으로 소개장을 받아 가지고 갔으나 부재중이었다. 젊은 스님으로부터 안내는 받을 수 있었으나 우리가 앞으로 답사할 이 지역 관내 여러 사찰의 주지스님이나 기타 자료 등에 관한 부탁은 아예 단념하고 나올 수밖에 없었다.

녹산사 옆에는 운록궁雲麓宮이라는 도교 사원인 도관道觀이 있고, 산 아래는 이 지역 출신인 모택동毛澤東 주석이 젊어서 자주 찾았다는 애만정愛晚亭이 수목 사이에서 단아한 모습으로 방문객들을 맞고 있다. 무명의 사리탑과 함께 근대 혁명동맹회의 지도자 황흥黃興과 진천화陳天華 열사의 묘도 잘 가꾸어져 있어 공원을 찾는 이들의 눈길을 끈다. 호남성의 성도省都 장사는 고금이 잘 어우러진 도시임을 느끼게 하는 장면들이다.

하루 일정을 마무리한 우리 일행은 시 중심가에 있는 숙소 중산대주점으로 발길을 옮겼다. 열차에서 밤을 보내고 하루 종일 답사에 지친 우리는 모두 일찌감치 씻고 잠자리에 들었다.

2) 상덕시 덕산 고덕선원 옛터

오전 8시에 우리 일행은 호텔을 출발하여 서북방으로 장사와 상덕常德 사이의 고속도로를 따라 약 두 시간 반을 달려 상덕시에 도착하기 직전 덕산德山으로 접어들었다. 시내로 들어가 당대 선종의 거장 덕산 선감德山宣鑑(782~865) 선사가 주석했던 고덕선원古德禪院을 수소문하여 건명로乾明路를 따라 덕산 고봉공원에 도착했다.

그러나 절은 간곳없고 절터에는 공장이 들어서 있었으며, 그 옆에 있는 고봉孤峰에 새로 조성된 것으로 보이는 고봉탑(일명 문봉탑文峰塔)만 우뚝 서 있을 뿐이다. 인민폐 2위안에 산 입장표에 의하면 본래 팔각 칠층의 고봉탑이 있었으나 문화혁명 때 파괴되었다고 한다. 현재 탑은 1988년에 인민정부에서 복원했다고 하는데, 이것이 선감의 고덕선원과 어떤 관계가 있는지에 대해서는 전혀 설명이 없다. 기록상의 위치 등을 고려하면, 이 지역이 바로 고덕선원과 관계가 있을 것으로 보이지만 고적은 아무것도 없고, 물어볼 만한 곳도 없다.

덕산 선감은 위로 석두 희천石頭希遷(700~790)으로부터 천황 도오天皇道悟(748~807)를 거쳐 용담 숭신龍潭崇信(780~850)으로 이어진 법등法燈을 전해 받은 인물이다. 이후 그의 문하에서 암두 전활巖頭全豁(?~887)과 설봉 의존雪峰義存(822~908) 같은 수문 제자들을 배출한 거장이다. 그는 사천성 검남劍南 출신으로 속성이 주周로 20세에 구족계를 받고 율장律藏을 정밀하게 공부하였으며, 특히 『금강경金剛經』 강론에 능통하여 '주금강周金剛'이라는 별명까지 얻었다. 당시 남방에서 선종이 성행한다는 소식을 듣고 "불교의 대의가 이렇게 깊고 넓은데, 남방에서 직지인심直指人心이니 견성성불見性成佛이니 공염불을 떠든다니 내가 가서 그놈의 소굴을 둘러 빼버리겠다."고 벼르면서 자신이 저술한 『금강경청룡소초金剛經靑龍疏抄』를 들쳐 메고 호남 땅으로 길을 떠났다.

호남성 북부 예현澧縣에 이르러 시장기를 느낀 그는 길가에서 노파가 파는 떡으로 점심 요기를 하려고 좌판에 가까이 갔다. 그러자 노파가 짐 보따리를 가리키면서 물었다.

"그 보따리는 무엇이오?"

"『금강경청룡소초』입니다."

"한 가지 물어볼 테니, 맞는 대답을 하면 점심을 그냥 드리겠소. 『금강경』에는 '과거심도 현재심도 미래심도 모두 얻을 수 없다'고 하였는데, 그러면 스님은 어느 마음(心)에 점을 찍으려 합니까?"

노파의 일침에 말문이 막힌 주금강은 그 길로 석두 희천의 고제로서 용담龍潭에서 이름을 얻고 있는 숭신 선사가 덕화를 펼친다는 말을 듣고 그를 찾아갔다.

당시 두 사람의 만남과 관련해서는 다음과 같은 일화가 전한다.

덕산 선감이 법당으로 들어가면서 먼저 고함을 지르며 "용담이라는 이름을 들은 지 오래되었는데 와서 보니 못도 없고 용도 보이지 않습니다."라고 하자, 숭신 선사가 나와 "자네는 용담에 이미 도착하였네." 하고 맞았다고 한다.

이외에도 어느 날 밤 두 사람이 참선을 끝내고 숭신이 "왜 돌아가지 않느냐?"고 묻자, 덕산이 "밖이 너무 어둡다."고 하니 촛불을 켜 주었다. 덕산이 촛불을 받아 들고 밖으로 나가는데, 숭신이 갑자기 불을 후- 불어 꺼 버렸다. 암흑천지가 된 순간 덕산은 크게 깨닫고 스님께 큰절을 올리고 다음 날 책을 모두 불살라 버리고 용담을 떠났다.

덕산은 새로운 인연을 아름답게 누리고자 대위산大爲山 영우靈祐 선사를 찾아갔다. 법당 앞에서 서성거리면서 "누구 없느냐!"고 소리 지르면서도 영우를 아는 체하지 않았다. 그리고 다시 위의를 갖추고 올라가 문턱을 넘어서면서 방석을 집어 들고 "스님!" 하고 소리쳤다. 그리고는 영우 선사가 불자拂子를 잡으려는 순간 "악!" 하고는 나와 버렸다. 저녁에 영우 선사가 "오늘 새로 온 스님은 어디 있느냐?"고 묻자, 한 제자가 바로 떠나버렸다고 하였다. 영우 선사는 "그가 뒷날 주인 노릇을 하게 되면 부처도 조사도 모두 꾸짖어 버릴 사람이다." 하고 인가해 주었다.

그 후 그는 예양澧陽 덕산으로 가서 30년 동안 날마다 묻고 더욱 정치하게 배워 다시는 다른 곳으로 옮겨가지 않았다. 그러나 회창會昌 연간(841~845)에 무종武宗이 자행한 법난法難으로 사찰이 파괴되고 승려가 환속되는 등 불교가 환난을 당하여 독부산獨浮山의 석실石室로 피하여 살지 않으면 안 되었다. 대중大中 초(846)에 낭주朗州(현 상덕常德)의 태수 살정망薩廷望이 덕산 정사德山精舍를 다시 수리하고 배휴裴休가 편액을 써서 고덕선원이라 하고, 대사를 청하여 덕산에 살게 되었다. 이리하여 덕산 노장이 선풍禪風을 드날렸던 고덕선원에는 천하의 납자衲子(선승)들이 모여들어 여름·겨울 가리지 않고 500여 명이 들끓게 되었다고 한다.

한번은 대중을 상대로 설법하기를 "그대들 중 누가 내 얼굴을 그리겠는가? 있거든 나오라. 내가 그를 알고자 하노라."라고 했지만, 모두가 겁에 질려 아무도 대꾸하지 않았다. 덕산 선사의 소문난 몽둥이는 멀리 신라에서 구법 온 한 스님에게도 예외가 아니었다. 하루는 덕산이 대중을 보고, "오늘 저녁에는 묻지 말라. 묻는 자가 있으면 몽둥이 30대를 맞을 것이다."라고 하자 어느 스님이 앞으로 나와서 절을 하였다. 덕산은 몽둥이 한 대를 쳤다. 스님이 따져 물었다.

"저는 아무 말도 하지 않았는데 왜 치십니까?"
"너는 어디서 왔느냐?"
"신라에서 왔습니다."
"너는 당나라에 오기 전에 몽둥이 30대를 맞았어야 했어!"

이와 같이 덕산 선감 선사는 신라에서 온 학인을 몽둥이와 동문서답으로, 생각하는(思量) 버릇과 분별하려는 마음가짐(分別心)을 일으키기 이전의 본래 면목으로 돌아가도록 계도하기도 했다. 후에 대위산 철喆 선사는 이에 대해

선가에서 '덕산방(몽둥이)'으로 유명한 선감 선사 초상

"조사의 인印 높이 들고 우주 안에 군림하니, 뉘라서 기회를 당하여 길흉을 단정하랴? 신라의 납자가 아니었다면, 천고千古의 맑은 바람 어떻게 떨쳤으리오!"라고 게송을 지어 읊조렸다.

만리타국 신라로부터 온 구법승들은 호남과 강서의 크고 작은 선찰들을 구석구석 누비며 노장老丈들을 상대하여 가르치고 배우면서 선풍을 드날리는 당당한 모습을 보여주었다. 선승들은 늘 제자 육성에 맹렬한 자세로 임하였으나 그 가운데서도 특히 덕산 선감과 임제 의현이 유명하여 이른바 '덕산의 방망이(德山棒) 임제의 할(臨濟喝)'이라는 유행어를 남기기도 하였다. 덕산 선감은 때때로 몽둥이로 치고, 임제는 고함을 질러서 가르쳤다는 뜻이다. 암두 전할 선사가 그의 스승에 대하여 "덕산 노장은 항시 몽둥이 하나를 준비해 놓았다가 부처가 오면 부처를 치고, 조사가 오면 조사를 치니 누가 그와 겨룰 수 있겠는가?"라고 평한 것으로도 당시의 분위기(사정)를 짐작할 수 있다. 덕산 선감이 부처를 욕하고 조사를 욕했다는 유명한 이야기도 전한다. 어느 날 상당법어에서 "석가는 서천西天의 도둑놈이고, 달마는 동토東土의 사기꾼이다."라고 한 것을 비롯하여 부처와 조사를 매도하는 법어를 일상처럼 내뱉었다고 한다.

덕산 선감 선사는 함통咸通 6년(865) 말에 스스로 문인들을 불러 고하고, 단정히 앉아 열반에 들었다. 그에게는 견성見性이라는 시호가 내려졌다. 절은 그 후 오랜 역사 속에서 전란 등으로 소실과 중건을 거듭하다가 1925년 중건 때 절 이름을 건명사乾明寺로 고쳤는데 1950년대에 이르러 사찰은 송두리째 없어지고 거리 이름에서만 그 흔적이 전해 오고 있다. 멀지 않은 빈호濱湖공원에는 절 경내에 있던 북송 시대의 철제 경당經幢이 옮겨져 있다고 하는데, 시간 관계로 표면에 불경이 새겨져 있다는 그 경당을 보지 못하고 지나칠 수밖에 없었다.

오전 11시 조금 넘어 큰길로 나와 우뚝 솟은 고봉탑을 뒤로 바라보면서 덕산 선감과 한판 겨루던 그 신라승의 구도적 자세를 떠올려 본다. 사천과 호북으로 통하는 멀고 험난한 이 길을 얼마나 많은 우리네 스님들이 지나다녔을까? 동정호로 흘러드는 원강沅江을 건너니 바로 상덕시에 이르고, 다시 한참을 달려 오후 1시경 임예臨澧에서 점심을 먹었다. 사천요리가 맵다고 소문났지만, 호남이나 그에 이웃해 있는 강서 지역의 음식도 꽤 매운 것 같다.

3) 범일 선사의 순례지 예현 약산사

구릉지대를 지나 예수를 건너면 북쪽이 예현이다. 이 지역이 덕산 선감이 떡장수 노파로부터 여지없이 일격을 당한 곳이다. 유명한 약산 유엄藥山惟儼(751~834)의 고찰 약산사藥山寺를 찾아가기 위해 다시 진시시津市市를 지나 비포장 농촌 길을 물어물어 9킬로미터나 달려야 했다. 논에는 타작하지 않은 벼가 여기저기 무더기로 쌓여 있고, 밭에는 푸른 빛깔의 채소가 자라고 있다. 지나는 마을마다 닭과 오리가 한가로이 노닐고, 길에는 책보를 등에 멘 학생들이 하교하여 집으로 돌아가고 있다. 전형적인 농촌 풍경을 이곳에서도 볼 수 있었다. 우리는 오후 4시 반경이 되어서야 절에 도착하였다.

약산사는 상화향裳花鄉 약산촌 산자락에 한가하게 자리 잡고 있다. 산문은 새로 세워 반듯한 모습을 하고 있으나 대비전大悲殿을 비롯한 몇몇 건물들은 매우 초라한 행색이다. 다만 절 앞에 선 두 그루 고목이 여기에 고찰이 있었던 내력을 설명이나 해 주듯 서 있을 뿐이다. 주지 곡군谷君 스님은 비구니로 진시시 약산사수복위원회에서 사찰 복원을 위하여 만든 모연문募緣文 한 장을 내놓고 사찰 경제가 어려운 사정을 호소한다. 절에는 별다른 자료는 없고, 근년에 발굴된 동종이 하나 있는데 이것도 지금 예현박물관에 보관되어 있다고 한다. 절 여기저기에 명대明代 비석이 3~4기 있어서 일행 중 몇 사람은 그 가운데 하나를 탁본하고 나머지 몇 사람은 어느 젊은 스님의 안내를 받아 경내를 둘러보기로 하였다.

약산 유엄의 속성은 한韓씨로, 산서山西 강주絳州 출신이다. 17세에 조양潮陽 혜조慧照 율사律師에게 출가하였으며, 22세에 형악衡岳의 희조希操 율사에게 구족계具足戒를 받았다. 그러나 그는 세세한 율법에만 얽매이는 일에 회의를 느끼고 "대장부가 법을 여의고 깨끗이 할지언정 어찌 사소한 일에 매달리겠는가!"라며 석두 희천 선사를 찾아가 그 현묘한 뜻을 은밀히 이어 받았다.

어느 날 한가로이 앉았는데 석두 희천 선사가 그를 보고 물었다.
"여기서 무엇을 하는가?"
"아무것도 하지 않습니다."
"그렇다면 한가로이 앉아 있는 게로구나."
"한가로이 앉았다고 하면 하는 것이 됩니다."
"자네가 하지 않는다는 것은 무엇인가?"
"천 사람의 성인도 알지 못합니다."
이에 석두 희천 선사는 게송을 지어 다음과 같이 칭찬하였다.

전부터 함께 살았건만 이름조차 모르는데,
되는 대로 어울려 그저 그렇게 하니
옛날부터 높은 현성賢聖도 알지 못했거늘,
예사로운 범부들이야 어찌 밝힐 수 있으랴.

어느 날 석두 희천이 다시 물었다.
"언어와 동작으로는 교섭할 수 없다."
"언어와 동작을 하지도 않고, 교섭도 하지 않습니다."
"거기는 바늘로 찔러도 들어가지 않는다."
"거기는 돌 위에다 꽃을 재배하는 것 같습니다."

 이런 대화 끝에 석두 희천이 옳게 여겼다. 뒤에 법을 인가認可받자 유엄은 정원貞元 초(785) 35세 무렵에 예주 약산으로 와서 도량을 마련하여 평생토록 머물렀다.

하루는 약산이 법당에 오르니 어떤 이가 물었다.
"스님은 누구의 법을 이으셨습니까?"
"오래 묵은 불전 안에서 한 줄의 글귀를 주워 보았다."
"한 줄의 글귀에는 무엇이 쓰여 있었습니까?"
"'그는 나를 닮지 않고, 나는 그를 닮지 않았다' 했다. 그러므로 그 글귀를 수긍하였다."

이와 같이 약산은 처음에 율학律學을 배우다가 예법에 지나치게 얽매이는 것을 싫어하여 석두 희천 선사를 찾아가 배웠으며, 거기에서 선禪 수행에 힘썼으나 깨달음도 천편일률적으로 얻어지는 것이 아님을 깨달았다. 그는 사람 모양이 제각각이듯이 같은 스승에게 배웠더라도 승려마다 교법에 개성이 있어야 한다는 사실을 깨닫고 이를 도제들에게 일깨워 주었다. 그는 청원-석두 계열의 동문들만이 아니라 남악-마조 계열의 선사들과도 격의가 없었다. 그의 전기를 보면 강서江西의 백장 회해나 지주池州의 남전 보원에게 배운 제자들도 자주 찾아와 대담을 나누곤 했다.

신라 9산九山 가운데 사굴산문闍崛山門을 개창한 범일梵日(810~889) 선사 역시 입당 구법할 때 약산을 찾아가 법을 물었다는 기록이 있다. 『조당집』 「범일전」에 따르면 범일이 먼저 항주 염관鹽官 해창원海昌院으로 찾아가서 제안齊安 선사를 뵙고 가르침을 받아 깨달음을 얻었다. 그 뒤 서쪽으로 순행하여 약산을 알현했을 때 다음과 같은 대담이 이어졌다고 한다.

약산 선사가 먼저 범일에게 물었다.
"요즘 어디서 떠났는가?"
"강서에서 왔습니다."

범일 선사가 찾은 약산사

"무엇하러 왔는가?"

"스님을 찾아왔습니다."

"여기는 길이 없는데 어떻게 찾아왔는가?"

"스님께서 다시 한걸음 나아가신다면 저는 뵙지 못할 것입니다."

길이 있다 없다고 하는 분별심分別心에 일격을 가한 것이다. 이에 약산이 "대단히 기이하구나! 대단히 기이하구나! 밖에서 들어온 맑은 바람이 사람을 얼리는구나!" 하고 찬탄해 마지않았다.

이 기록에서 범일과 대담한 약산을 일반적으로 약산 유엄 선사라고 생각하는데, 사실은 그렇지 않다. 왜냐하면 범일이 약산으로 찾아갔을 때는 유엄이 입적한 지 여러 해 지난 후였기 때문이다.

위의 「범일전」에 의하면, 그는 836년에 입당하여 6년 동안 염관 제안 선사를 모시고 지극한 선 수행을 했으며, 842년 말 제안이 입적하자 이듬해 봄에 염관을 떠나 강서를 거쳐 호남성 예현 약산으로 갔다고 한다. 그런데 유엄이 입적한 연도에 대하여는 『조당집』과 『송고승전宋高僧傳』의 내용이 서로 조금씩 다르다.

전자에 의하면 태화太和 8년 갑인(834)에 84세로 입적했다고 하며, 후자는 태화 2년(828)에 78세로 입적했다고 하여 서로 6년간의 차이를 보이고 있다. 하지만 비록 전자에 따라 834년에 입적했다고 하더라도 범일이 바다를 건너기 2년 전에 이미 유엄은 고인이 되어 세상에 없었다. 따라서 범일을 맞아 대화한 분은 유엄 선사가 아니라 약산에 주석하고 있던 그의 제자 중 어느 분이었을 것이다. 그러나 그가 어떤 제자인지 구체적으로 확인하기는 쉽지 않다.

범일은 또한 약산과의 대화에서 강서 지역을 거쳐 왔음을 강조하고 있는데, 이는 그 자신이 마조 도일馬祖道一(709~788)의 직제자인 염관 제안에게 배웠기 때문에 도일이 평생토록 머물렀던 강서성 남창南昌을 그냥 지나칠 리 없었을 것이다. 그런 다음 유엄 선사가 입적한 지 8년여가 지난 후에 굳이 마조 도일과는 계파가 다른 호남의 약산까지 달려온 까닭은 무엇이었을까? 여기에는 필시 그가 약산에 와서 계파가 다른 유엄의 선풍을 접해 보려는 그만의 계산이 숨어 있지는 않았을까. 범일 역시 유엄과 같이 그침 없이 변화 발전하는 천하 대자연의 도리를 체현하려는 스케일 큰 장부였으리라고 상상해 볼 수 있을 것 같다.

범일은 예양에서 장강長江을 건너 계속 북상하여 구법의 행각을 제도帝都 장안長安으로 향하였다. 그러나 당시는 회창법난이 가장 혹심한 시기였다. 상산商山으로 숨어 들어가 간난의 세월을 보내지 않으면 안 되었다. 그 후 무종이 죽고 선종宣宗이 즉위하여(846) 법난이 풀리자 그는 다시 광동성 조계 육조의 묘탑에 참배하기 위하여 남행을 감행하였다. 그러려면 다시 장강을 건너 호남성 예현과 무릉武陵(즉 상덕常德)을 거쳐 장사로 내려가야 한다. 당시 이 지역에는 낭주 절도사가 고덕선원을 복원하여 사계의 거장 덕산 선감을 맞이하는 등 침체했던 불교계에 새로운 바람이 일어나고 있었다. 선가의 계보상으로 덕산은 유엄의 법질法姪이 되는 사이로서 범일에게는 스승과 같은 거장이었으니, 어쩌면 남행하던 도중에 찾아가 알현하였을 가능성도 없지 않다. 앞에서 본 바와 같이 덕산 선사가 선원禪院으로 찾아온 어느 신라 승려에게 몽둥이질하였다는 이야기 역시 혹시 이 무렵의 일일지도 모를 일이다.

여러 선종의 역사에서는 저 유명한 약산 유엄과 낭주 자사刺史 이고李翶 (798~841) 사이에 주고받은 흥미 있는 문답이나 게송이 전하고 있다.

이고가 낭주朗州(현재 상덕시) 자사로 재직하고 있을 때 처음 약산사로 찾아갔다. 유엄이 경전을 보고 있으면서 별로 반겨 주지 않자 자사가 "얼굴을 보니 멀리서 듣던 소문만 못하구먼!"이라고 비꼬았다. "상공相公! 어째서 귀만 소중히 하고, 눈은 천하게 여기시오?"라고 대답하자 자사는 일른 절을 하며 "어떤 것이 도道입니까?"라고 물었다. 이에 선사는 하늘을 가리켰다가 다시 물병을 가리키며 말했다. "구름은 하늘에 있고, 물은 병 속에 있구나(雲在靑天 水在甁)." 이에 자사는 다시 절하며 "한 몸을 연마하여 학같이 고상한데, 천 그루의 솔밭 속에 두어 권의 경이로다. 스님께 도를 물었더니 다른 말씀 없으시고, 구름은 하늘에 있고 물은 병에 있다고 하시네."라는 게송을 읊어 찬탄해 마지않았다.

또 한번은 유엄 선사가 어느 달 밝은 밤에 약산에 올라 밤하늘을 향하여 크게 한바탕 웃었는데, 그 소리가 동쪽 90리 밖 예양澧陽에까지 들렸다고 한다. 이후 '웃음소리가 90리 밖에 들렸다(笑聞九十里)'는 소문이 세간에 떠돌았고, 이 소식을 전해 들은 이고는 다시 다음과 같이 찬탄하였다.

> 그윽한 삶터 잡아 소탈한 뜻에 맞았는가,
> 한 해가 저물도록 맞고 보낼 일 없도다.
> 때로는 외로운 봉우리에 곧장 올라,
> 달 아래 구름 헤치고 한바탕 웃으셨네.

이외에도 하루는 이고가 약산으로 스님을 찾아가서 "어떤 것이 계·정·혜戒定慧입니까?"라고 묻자 선사가 답하길 "빈도貧道의 여기에는 그런 부질없는 살림은 없습니다." 하였다고 한다.

잘 아는 바와 같이 이고는 유명한 문장가요 유학자인 한유韓愈(768~824)의 제자로 그들 스승과 제자는 기본적으로 유학자로서 불교에 반대하는 입장이었다. 한유는 당시 당나라 황실이 지나치게 불교를 숭상하는 세태를 못마땅하게 여겨 「논불골표論佛骨表」를 지어 상소하였다. 여기서 그는 중국의 성인은 석가모니가 아니라 공자임에도 불구하고 세간에는 부처의 사리(佛骨)를 떠받들어 제사 지내며 막대한 재정을 낭비한다고 신랄하게 공격했다. 이로 인하여 그는 광동성 조주潮州 자사로 좌천되었으나 오히려 이것으로 인해 그의 반불교적 태도를 변화시켰다고 한다.

『조당집』「태전선사전」에 의하면 당시 조주에는 석두 희천의 제자 태전太顚(750~823)이 교화에 임하고 있었는데, 두 사람이 만나 대화를 나눈 뒤부터 한유의 반불교적 태도가 수그러지고 긍정적 자세로 변했다는 것이다.

낭주 자사 이고가 약산 유엄을 만나 도를 물었다는 이야기도 선종 역사서에 흥미 있게 기술되어 있지만, 이러한 이야기들은 실제와 상당히 차이가 있는 것이 사실이다. 그들이 선승들과 가까이한 이유는 그들에게서 불교의 논리를 얻어들어서 유교의 부흥에 활용하려는 것이었다. 심心과 성性의 문제는 본래 유교의 중요한 덕목이었으나 불교가 들어와 이를 자기 사상의 중심 과제로 삼아 왔으므로 그들은 불교로부터 다시 배워 성性과 정情의 관계를 밝혀 인성人性을 본연의 상태로 회복시켜야 한다고 주장한 것이다. 이것이 이고가 『복성서復性書』를 저술한 이유다. 한유의 『원성原性』 역시 같은 이유에서 저술되어 송대宋代 성리학의 문을 연 것이다. 이와 같이 그들은 유학의 부흥을 위하여 불교를 공부하였으며, 이러한 과정에서 이고와 약산 유엄, 그리고 한유와 태전太顚 선사 사이에 저처럼 흥미 있는 에피소드로서 상당히 과장된 형태로 포장되어 전해지게 되었던 것 같다.

약산은 석두 희천 선사의 수문 제자로 그의 법형제로는 천황 도오, 태전 보통太顚寶通, 단하 천연丹霞天然(739~824) 등이 있다. 그리고 유엄의 뛰어난 제자에는 운암 담성雲巖曇晟(782~841), 도오 원지道吾圓(宗)智(769~835), 선자 덕성船子德誠(?~860) 등이 있으며, 유엄의 손제자에는 동산 양개洞山良价(807~869), 석상 경제石霜慶諸(807~888), 협산 선회夾山善會(805~881) 등이 배출되어 이후 나말·여초의 구산선문과도 밀접한 관계를 맺는다.

여기서 한 가지 흥미로운 사실이 있다. 운암 담성과 도오 원지는 강서 건창建昌에 사는 왕씨 집안의 형제로서 동생인 운암 담성이 형 도오 원지보다 일찍 출가하여 백장 회해百丈懷海(720~814) 선사를 시봉하고 있었다.

『조당집』「약산전」에 의하면 도오 원지가 46세 무렵에 보탐관服探官으로 백장산의 농막을 지나다가 우연하게도 운암 담성을 만나 이야기하는 도중에 서로 형제간임을 알게 되었다. 그들은 함께 백장산에 들러 회해 선사를 알현하고 형 도오 원지의 출가 의사를 여쭈었더니, 회해는 오히려 '사형師兄 약산 유엄'의 문하로 출가하라고 권하였다. 이리하여 그들 형제는 다시 약산으로 가서 유엄의 제자가 되었으며, 이후에도 백장산으로 내왕을 계속하면서 양가의 선법을 아울러 배우게 되었다는 것이다. 신라 범일이 마조 도일과 석두 희천, 이들 양가의 선풍을 겸하여 배웠던 것과 같은 취지였던 것이다.

약산 유엄이 입적할 때 제자들을 당황하게 하였던 일화 또한 선가에 널리 회자되고 있다.

선사는 임종이 가까워짐을 느끼자 대중들을 불러 모으고, "법당이 쓰러진다. 법당이 쓰러진다."고 외쳤다. 놀란 대중들이 뛰쳐나가 버팀목으로 법당을 떠받치는 등 소동을 벌이자, 선사는 손뼉을 치고 깔깔대고 웃으면서 "그대들은 나의 뜻을 모르는구나!" 하고는 열반에 들었다.

답사반이 소봉탑으로 오르는 장면. 약산 유엄이 뒷산에 올라 웃으면 그 소리가 90리 밖에 들렸다는 전설에 따라 세운 탑

나고 죽는다는 것은 인생의 가장 큰 일임에도 마치 구멍가게 다루듯 가벼이 하는 도력道力에 감복하지 않을 수 없는 대목이다.

생전에 약산 유엄이 가끔 올라가 웃었다는 뒷산 소봉령笑峰嶺에는 오래된 조그만 탑이 있었다고 한다. 그 소봉탑은 언젠가 파괴되어 자취를 감추었고 근래에 복원하였는데, 덩치는 꽤 크지만 시멘트로 조성하여 볼품이 전혀 없다. 산 아래 대지에 절 건물을 새로 짓고 있었다. 우리가 소봉탑을 들러서 내려오니 절에 남아 비문을 탁본하던 팀도 일을 마쳤다. 주지스님께 작별 인사를 하며 준비해 온 약간의 선물을 드리고 길을 재촉했다. 벌써 5시를 넘겼으니, 다음 답사 코스인 협산사로 갈 걱정이 앞선다.

4)『벽암록』의 산실 협산 영천선원

우리는 약산에서 진시시의 예현으로 되돌아 나와 다시 서쪽으로 장가계시張家界市 접경 지역의 석문현石門縣에 들어섰다. 여기까지 두 시간가량 소요되었다. 다시 한 시간가량 더 달려 협산진夾山鎭을 지나니 협산사夾山寺 산문이 나타났다. 하지만 밤이 되어서 사진 찍는 일은 내일 돌아 나올 때로 미루고 십여 분을 더 이동해 드디어 벽암산장에 도착하여 여장을 풀고 늦은 저녁을 먹었다. 우리 일행은 중간중간에 싱싱하고 잘 익은 바나나와 감미가 많은 귤을 사 먹으며 왔기 때문에 시장한 줄은 몰랐다. 그러나 하루 종일 답사와 차에 시달려 피곤하던 김에 얼큰한 요리와 백주 몇 순배가 돌자 비로소 한기와 피로를 잊고 오늘 겪었던 여러 가지 이야기들로 꽃을 피웠다.

25일 아침, 맑은 날씨에 아침 식사를 끝내고 바로 이웃에 있는 협산사로 향하였다. '협산영천선원夾山靈泉禪院'이라고 쓰인 현판 역시 조박초의 글씨

협산 영천선원으로 들어가는 산문

이며, 석문시불교협회 간판도 옆에 붙어 있다. 신축된 지 얼마 되지 않아 입구에서부터 깔끔한 모습이다. 산문을 들어서니 방생지 위로 난 구곡교九曲橋를 통과하여 안으로 들어가도록 되어 있다. 천왕전과 대웅전 그리고 대비전을 비롯하여 사찰의 모든 건물들이 정연하여 다른 절에 비해 매우 정결한 분위기를 느끼게 한다. 협산사가 외국에까지 차와 선의 조정(茶禪祖庭)이라는 명성을 얻고 있어 시 정부가 관광객을 유치하기 위해 특별히 배려한 경제적 지원 때문일 것이다. 뜰에는 '다선일미茶禪一味'라고 음각한 석비도 서 있다. 이 지역에서 생산되는 차가 특별히 유명하였다는 말은 들은 바 없다. 아마도 선승이 차를 마시며 선서禪書를 저술하던 정취가 차를 좋아하는 동아시아인들에게 널리 각인된 까닭이리라.

협산사에 관하여 말하려면 먼저 개산조開山祖인 당대 협산 선회와 『벽암록『碧巖錄』의 저자 송대의 원오 극근圜吾克勤(1063~1135)을 빼놓을 수 없다.

협산 선회는 속성이 요寥씨이며, 한광漢廣 현정峴亭 사람으로 특히 경론經論에 통달하였다. 스승 선자 덕성船子德誠의 지도하에 철저한 깨달음을 얻은 그와 관련한 이야기는 내용이 극적이어서 너무나도 유명하다. 덕성은 도오 원지나 운암 담성 등과 함께 약산 유엄의 문하에서 수행을 끝내고 서로 헤어질 때 두 사형을 보고 "두 분은 법석法席을 펴서 약산의 종지宗旨(종파의 근본 취지)를 선양하시오. 나는 성정이 차분하지 못하니 산수를 찾아 노닐며 즐기려 하오. 이후에 혹시 나의 거처를 알게 되면 키울 만한 인재나 하나 보내 주시오. 그러면 내 모든 것을 전수하여 스승의 은혜에 보답하겠소."라고 말하고 길을 떠났다고 한다. 그 후 덕성은 수주秀州 화정華亭의 어느 나루에서 조그만 배 한 척을 구하여 사람들을 건네주며 생활을 영위하였다. 그를 선자船子 화상이라 부르게 된 것은 이러한 연유 때문이다.

다음은 당시 그의 생활을 노래한 시다.

천 척 낚싯줄을 강물에 드리우니,
한 파랑 일어나서 만파로 번져 가네.
고요한 밤 강물이 차니 고기는 아니 물어,
배엔 밝은 달빛만 가득 싣고 돌아오네.

덕성의 유유자적하는 생활의 정취가 이 선시를 통해 물씬 풍겨나고 있다.

한편 도오 원지 선사는 당시 강소성 경구京口(현재 진강鎭江)의 어느 절에서 젊은 협산 선회가 설법하는 것을 들었다. 원지 선사는 아직 수준이 미숙한 선회를 타일러 화정의 덕성 선사에게 가서 더 배우도록 권유했고, 선회가 덕성을 찾아갔다. 선회를 본 덕성이 물었다.

"대덕은 어느 절에 계시는가?"

"절에 머물지 않습니다. 머문다면 닮을 수가 없습니다."

"닮을 수 없다면 무엇을 닮을 수 없다는 것인가?"

"눈앞에 보이지 않습니다."

"그것은 어디서 배웠는가?"

"눈으로 보고, 귀로 들어서 알 수 있는 것이 아닙니다."

"그럴듯한 한마디 말이 만겁을 얽어매는 말고삐로다!"

하고는 선사가 이어서 "천 척의 낚싯줄을 드리우는 것은 그 뜻이 깊은 못에 있는 것이니, 자네는 그 세 치 갈퀴를 떠나서는 어째서 말하지 않는가?" 하였다.

선사의 말을 받아 선회가 입을 열려고 하자 선사는 노로 그를 밀어 물에 빠뜨렸다. 선회가 허우적거리며 배로 오르려는데, 선사는 다시 노를 내밀면서 "말해, 어서!" 하니, 선회가 막 입을 열려는데 다시 노로 밀어 물에 빠뜨리자 순간 선회는 활연히 대오하게 되었다. 원리로만 이해하던 선의 경지를 행위를 통해 절실하게 체득하게 한 것이다.

이에 덕성 선사는 "낚시로 강파江波를 다 뒤지고서야 비로소 금 비늘(고기)을 얻게 되었어." 하고는 "내가 약산에서 30년간 얻은 것은 오늘 그대가 모두 가졌어. 이후에 그대가 사람을 얻으면 전해 주어 우리 법맥을 끊어지지 않도록 하게."라고 당부의 말을 남겼다. 이에 선회가 예를 올리고 떠나려는데, 덕성이 "스님!" 하고 불렀다. 선회가 고개를 돌리자 덕성은 노를 세우며 "자네는 내가 아직도 자네에게 가르쳐 주지 않은 게 있다고 생각하는가?" 하고는 배를 뒤집어 물속으로 사라져 갔다.

얼마나 치열한 전등傳燈의 열정인가! 선禪은 교敎와 달리 스승이 제자를 가르치는 것이 아니라 조사의 법맥을 전하여 어두운 데를 밝히고자 한다. 그러므로 마치 등불이 꺼지지 않도록 중생의 어리석음을 깨우쳐 지혜롭게 한다고 하여 전교傳敎라 하지 않고 '선의 등불을 전한다(傳燈)'고 일컫는 것이다.

한편 선회는 죽음을 통한 스승의 치열한 교화로 철오徹悟, 즉 철저한 깨달음을 얻은 뒤 인연을 따라 멀리 협산으로 와서 절을 짓고 평생토록 종지를 선양함으로써 스승의 은혜에 보답하고자 노력했다. 이런 그에게는 문자나 언어에 의한 교화를 경계하는 어구가 많이 전하고 있다. "불조佛祖가 있은 이래 오늘에 이르기까지 불가에서는 불조의 말씀을 철칙으로 받드는 잘못으로 사람들을 미치광이로 만들어 왔다. 사실은 '무법無法이 도道'이기 때문에 도에는 어떤 법도 없다. 부처는 이룰 수 없고, 도는 얻을 수 없으며, 법은 취할 수도 버릴 수도 없다. 만일 경전의 문자에 따라 수행하면 귀의할 수는 있어도 자재自在함은 얻을 수 없다. 불조가 우리의 생사를 대신할 수 없기 때문이다."라고 한 데서도 그의 선풍을 짐작할 수 있다. 이와 관련해 하나 더 소개하면 다음과 같은 내용도 전한다.

어떤 사람이 선회에게 먼저 물었다.
"어떻게 해야 자기 집안의 보배를 인식할 수 있습니까?"
"바쁜 가운데 몸을 빼어 한가한 사람이 되어야지."
"한 말씀 더 해 주셔야 알아듣겠습니다."
"연잎은 둥글어 거울 같고, 보리 수술은 뾰족하여 바늘 같구나."
하지만 그 사람은 멍할 뿐이다.
선회가 다시 물었다.
"알아들었느냐?"
"아닙니다."
"버들가지에 바람 부니 하루살이 도망가고, 이화梨花에 비 떨어지니 나비가 날아가네."

선회는 대개 이런 유의 선어禪語들을 풀어냈다.

협산 영천선원의 주위 경관에 대해서는 선회 선사가 어느 수좌와 주고받은 문답을 통하여 어느 정도 짐작할 수 있다. "어떤 것이 협산의 경계입니까?"라는 수좌의 질문을 받고 선사는 "원숭이 새끼 안고 청장령青嶂嶺을 돌아가고, 새들은 꽃잎 물고 벽암碧巖 아래로 내려앉네."라고 협산사의 경관을 노래하였다. 이는 자신의 깨달음의 경지를 내보인 것이기도 했다. 청장령은 사찰의 바로 뒷산이고, 벽암은 절 앞 논밭 길을 따라 20~30분 걸어서 갈 수 있는 거리에 있다. 원숭이가 노니는 '청장령'과 새들이 앉아 지저귀는 '벽암'은 선회 선사의 이 시로 인하여 붙여진 이름이다.

송대에 원오 극근이 지은 『벽암록』 역시 여기서 유래한 것이다. 극근 선사가 협산사에서 명주 설두산雪竇山 중현重顯(980~1052) 선사의 저술 『송고백칙頌古百則』을 평창評唱(강의)할 때 그 법당에 '벽암'이라는 현판이 걸려 있었다고 하며, 그가 이곳 벽암에 기거하면서 『벽암록』을 본격적으로 저술하였다고 한다. 그는 한적한 벽암 옆의 동굴을 거처로 정하고 벽암천의 온천수로 차를 달여 마시며 저술에 몰두했다고 한다.

영천선원에 서 있는 석비의 '다선일미'는 여기서 유래하며, 협산사가 '다선조정'으로 불리게 된 것도 이러한 전통 때문일 것이다. 벽암의 암벽에는 요즘 사람의 글씨로 '벽암천碧巖泉'이라고 조각되어 있고, 그 밑으로 김이 무럭무럭 나는 온천과 주위의 경관도 깔끔하게 단장되어 있어 지나가는 길손으로 하여금 옛 정취를 느끼게 한다.

협산사를 대표하는 두 선사의 묘탑은 벽암 가까이 위치한 맞은편 산기슭 귤밭에 세워져 있다. '당선회비구대화상묘唐善會比丘大和尙墓'와 '송불과원오

『벽암록』의 산실 영천선원

극근진각대선사탑宋佛果圓吾克勤眞覺大禪師塔'이 아래위로 자리 잡고 있는데, 청대淸代에 없어진 것을 근년에 복원했다고 한다. 우리를 안내한 두 분 가운데 내공來空 스님은 명함에 '황포군교 군관반 11기 보병과의 중령'이라고 명시되어 있다. 그는 중국이 공산화된 뒤 23년간 옥고를 치르고 출옥하였으나 갈 곳이 없어 이 절로 입산하여 승려가 되었다고 한다. 1970년대 중반 필자가 대만 중국문화대학에 1년간 머물 때 그 대학 수위실 등에 근무하던 국민군 출신 노병들의 처량한 모습이 연상되었는데 중국 현대사의 쓰라린 한 페이지라는 생각이 든다.

우리가 묵은 벽암산장 바로 옆에는 '명明 말末 이자성李自成의 묘'라고 알려진 츰왕릉闖王陵이 있다. 이자성은 농민반란군의 수장으로 전국을 유린하다가 1644년 봄에 북경을 침략하여 명 황실을 점령하고 황제위에 올랐으나 곧이어 들이닥친 청나라 군대에 쫓겨났다. 묘지 안내판에 의하면 그가 마지막으로 이곳 협산사에 숨어들어 승려가 되어 봉천옥奉天玉이라는 법명으로 살다가 최후를 맞았다고 해서 묘탑에 '봉천옥화상奉天玉和尙'이라고 적혀 있다고 한다.

지난 1999년 8월 중국 명대사학회에서 주최하는 제8회 명사국제학술토론회를 이곳 석문박물관 주관으로 개최한다는 초청장을 받았으나 필자는 이번 답사 계획이 잡혀 있어 참석하지 못했다. 사실 처음 답사 계획에는 이 지역이 포함되지 않았으나 관광지 장가계를 뒤늦게 포함시키는 바람에 이곳을 거쳐 가게 된 것이다. 그전 명대사학회가 명明 태조의 출생지 봉양鳳陽에서 학술토론회를 개최한 것도 이와 비슷한 경우로 명대사 연구자에게는 그 시대 역사와 관계가 깊은 곳을 택하여 여러 문제들을 집중적으로 구명해 보려는 욕심이 있기 마련이다. 옛날에는 이 지역이 매우 낙후되었다고 했지만 지금은 석문역石門驛이 장사와 호북, 장가계로 연결되는 교통의 중심지가 되어 내왕에 큰 불편이 없다.

우리는 10시가 채 못 되어 호텔에서 기다리는 차를 타고 어제 왔던 길을 다시 돌아 석문으로 나가면서 도중에 협산 산문의 패방牌坊(문패) 앞에서 기념 촬영하는 일을 잊지 않았다.

5) 무릉·도원 등 풍경구

석문에서 예수澧水를 건너 서남향으로 얼마 가지 않으면 장가계 풍경구에 진입하게 된다. 지나는 곳마다 산과 계곡과 마을이 띄엄띄엄 연이어 나타나는 광경은 이른바 점입가경이라 할 만하다. 예수는 석문에서 동쪽으로는 동정호로 흘러들고 남서쪽으로는 장가계를 감싸고 다시 북쪽으로 흐르는 엄청나게 긴 강이다. 무릉산맥은 강을 따라 남서쪽으로 뻗어 내려 서로는 장가계, 동으로는 무릉武陵, 도원桃源 등 중국 문학사에 자주 등장하는 이상향들을 품고 있다.

우리가 탄 차는 자리현慈利縣에서 다시 예수를 건너서 비포장도로 산골길을 달리면서 무릉원구武陵源區의 석란石蘭 또는 쌍봉촌雙峰村 등의 이름을 가진 크고 작은 토가족土家族 마을들을 수없이 만났다. 토가족은 이 지역의 대표적 소수민족으로 민가가 산과 계곡 사이 여기저기에 산재해 있다. 전통적 매장 관습이 현대에 와서 금지되어 있지만 산수가 아름다운 마을들을 지나다 보면 예외 없이 정성스레 가꾼 분묘들을 만나게 된다. 인간은 자기 조상들의 육신을 아름다운 산천을 골라 묻어 두고 싶은 것이 동서고금의 인정인가 보다.

1시 반이 되어서야 우리가 묵을 색계욕진索溪峪鎭에 도착했다. 사방으로 병풍처럼 둘러쳐진 산봉우리들의 모습이 마치 계림비행장에 내렸을 때 볼 수 있는 별천지 같은 인상이다. 호텔과 상가들이 빽빽하게 들어선 이 시가지는 외지로부터 오는 관광객들을 수용하기 위해 새로 건설된 면소재지 정도의 반촌이다. 우리는 보봉빈관寶峯賓館에 여장을 풀자마자 우선 구내식당에서 늦은 점심을 마치고, 오후에는 동쪽으로 색계 계곡을 따라 황룡동黃龍洞을 찾았다.

1984년에 이곳 주민들에 의해 발견된 이 동굴은 크기가 3천 평방미터, 동양 최대의 규모로 내부 경관 역시 단연 타의 추종을 불허한다고 한다. 입장료만도 무려 60위안이다. 근처에 이보다 더 큰 동굴이 하나 더 있으나 개발하지 않고 있다고 한다. 동굴 입구에서부터 국가 주석 강택민江澤民을 비롯한 정부 요인 등 유명 인사들이 쓴 시구詩句의 석각들이 즐비하다. 동굴 안에는 크고 작은 공간들, 층층으로 된 입체적 구조, 세 곳의 폭포, 두 곳의 개울이 있어 배를 타고 건너는 곳도 있다. 구비마다 층층마다 만나게 되는 천태만상의 종유석, 석순, 석폭포, 돌휘장 등이 인공조명을 받아 아름다운 자태를 드러낸다. 특히 굴 깊숙한 곳에 있는, 동굴의 주인공으로 상정한 '황룡좌대黃龍座臺'가 가관이다. 또 19.3미터나 되는 제일 큰 석순은 1억짜리 보험에 들어 있다는 것이 가이드의 설명이다. 굴을 한 바퀴 돌아 나오는 데만 두 시간이 걸린다.

여기는 관광지여서 호텔 앞에는 신발 닦는 부인네들이 진을 치고 있다. 요금은 1위안 내지 2위안이다. 장가계시 인구의 69퍼센트는 소수민족으로서 그중 토가족이 가장 많다고 한다. 여인네들은 배롱背籠이라고 하는 용수 모양의 지게를 짊어지고 물건을 운반하는데, 때로는 아기도 여기 넣어 지고 다니는 모습을 볼 수 있다. 호텔방 유리창을 통해서도 기묘한 바위산의 경치들이 병풍처럼 둘러 있는 모습을 볼 수 있다. 내일 오를 천자산天子山은 얼마나 아름다울까 기대하며 잠자리에 들었다.

26일, 날이 밝았다. 다행히 날씨는 답사하기에 적당하게 맑았다. 우리가 향하는 천자산은 색계욕에서 반대편인 서쪽 방향에 있다. 천자산이나 황룡동 모두 무릉원의 장가계 풍경구에 속하는데도 여기에 오르려면 따로 장가계 국가삼림공원 입장료 60위안을 내고, 등산 케이블카를 타는 데 또 80위안짜리 표를 사야 한다. 우리 돈으로 환산하더라도 1만 8천 원이 되는 만만찮은 액수다.

산 밑 승차장까지 이르는 코스에서부터 산수의 수려함을 느끼게 하더니, 케이블카를 타고 15분간 고도 700미터에 전장 2,100미터를 오를 때 보이는 경관은 형언할 수 없는 절경이다. 굽이굽이 돌아가며 전개되는 높고 낮은 봉우리마다 기암괴석과 수목, 계곡으로 흐르는 물줄기, 뾰족한 바위 끝으로 솟은 소나무 등등 창문 아래로 내려다보이는 그 어느 것 하나 절묘하지 않은 것이 없다.

　게이블카에서 내리면 평지로 상점, 식당 등의 건물들이 늘어서 있고, 잡상인들이 손님을 맞는다. 다시 산상에서 운행하는 버스를 타고 한참을 내려가 치솟은 천자각 앞에서 하차하면 눈 아래로 천자산 진풍경이 펼쳐진다. 관광책자의 표현대로 기봉삼천奇峰三千이다. 마치 처음 산하가 형성될 때 땅덩어리 큰 부분이 폭삭 내려앉으면서 부분부분이 뾰족하게 생겨난 모양들 같다. 말 탄 장수의 모습을 한 장군봉, 막대처럼 생긴 바위 끝에 소나무가 서 있는 모습이 붓 같다고 하여 어필봉御筆峰, 손가락 모양을 한 일지봉一指峰 등등 기기묘묘한 봉우리들이 수천수만이다.

　그 밖에도 일일이 확인할 수 없지만 원앙폭포와 왕부동, 선인교와 열병대 등 중국인 특유의 이름을 붙인 명소들이 즐비하다. 산 위에 하룡공원賀龍公園도 가꾸어 입장료를 받고 있다. 초기 중국공산당 간부 하룡賀龍이 장가계 출신이라서 붙인 이름이라고 한다. 장가계 풍경지구는 이렇게 험한 지역이었던 까닭에 하룡이 공산당원이 되기 전까지 마적 활동을 대놓고 할 수 있었던 것 같다. 3층 건물의 천자각에 올라 내려다보는 천자산은 또 다른 진풍경이다. 누각 하층에는 기념품 가게 겸 다방도 있다. 여러 가지 가루로 만든 뇌차擂茶는 율무차와 비슷한데 그 향기가 특이하다. 바깥 여기저기 노점에는 여러 가지 물건을 파는데, 작은 자연산 군밤 맛이 특히 별미다.

　우리는 하산하여 금편계金鞭溪 입구에서 점심을 먹었다. 몇 갈래 개울이 교차하는 지점에 위치한 금편계 입구에는 호텔과 산장이 몇 채 있어 관광객들을 수용하고 있다. 길게 흐르는 계곡 양쪽에는 크고 작은 바위들이 높고 낮은 봉우리들을 이루고 있다. 기기묘묘한 바위 봉우리들과 그 위로 절묘한 모습을 하고 서 있는 소나무들을 올려다보며 맑게 흐르는 개울을 따라 약 두 시간 반 동안 유람할 수 있는 코스도 있다.

중국에는 관광객들이 모여드는 명산이면 으레 사람을 나르는 2인 1조의 약식 가마꾼들이 있다. 관광객들을 따라다니며 타라고 호객 행위를 하는 것은 여기서도 예외가 아니다. 어느 지점에서는 예쁜 토가족 아가씨들이 민요를 부르고 함께 사진을 찍어 주며 팁을 받기도 한다. 좀 긴 거리지만 정말 멋진 계곡 길이 끝나자 또 하나의 관광 명소인 황석채黃石寨에 오르는 입구가 나타난다. 우리의 관광 일정에는 황석채도 포함이 되어 있었으나 그 경관이 천자산과 크게 다를 바 없다고 하여 이를 취소하고, 차가 기다리는 지점까지 달고 싱싱한 바나나와 귤 등을 사 먹으며 쉬엄쉬엄 걸었다.

약 한 시간이 걸려 장가계시에 도착하니 큰길 가에 적지 않은 규모의 보광선사普光禪寺가 눈에 띄었다. 명 초기의 사찰이지만 내용을 보면 유교와 도교도 겸하고 있어 일명 삼교사三敎寺라고도 하는데, 어떻든 장가계의 유일한 사원이라고 한다. 전통적으로 소수민족이 살던 지역이었으니, 고찰이 있을 리 없다. 장가계가 관광 명소로 개발되어 감에 따라 보광선사도 최근 우리나라 일본의 관광업계에 점차 선전하고 있다고 한다. 우리는 중국 동방항공에서 새로 지은 상운대주점에 여장을 풀었다.

다음날 오전 8시 30분, 일정을 시작하기 위해 호텔을 출발했다. 우리를 태운 차는 호남의 서북단에서 동남방 장사시 유양劉陽을 향해 하루 종일 달릴 예정이다. 동북방 철로와 평행선으로 난 국도로 두 시간가량 달려 자리慈利에 들어섰다. 이곳은 이틀 전 우리가 석문에서 천자산으로 꺾어 들어갔던 교통의 요지이다. 여기서 우리는 다시 상덕까지 국도를 따라 두어 시간을 더 가야 한다. 장가계는 무릉구에 속하고, 상덕시常德市는 도원향桃源鄕에 속한다. 우리는 요 며칠간 무릉도원의 경치를 유람하고 있는 중이다. 길을 따라 전개되는 구릉지대 산촌마을들은 봄이 되면 복사꽃이 만발하여 그야말로 도

도원령 풍경구

원경을 이룬다고 한다. 가이드의 설명에 따르면 이 지역은 동진東晉의 시인 도연명陶淵明(365?~427. 연명은 도잠陶潛의 호)이 마지막 관직 생활을 하였던 곳으로, 그의 유명한 「귀거래사歸去來辭」는 이곳에서 벼슬을 그만두고 돌아가며 지은 작품이라고 한다.

우리는 추시郴市 외곽의 노변에서 점심 요기를 한 다음 상덕과 유양 사이의 고속도로로 들어섰다. 상덕에서 바로 원강대교를 건너고 익양益陽에서는 자수資水를 건넜다. 며칠 동안 약산사와 협산사를 답사하고 장가계를 관광하며 여러 차례 만났던 예수는 북쪽에서, 그리고 상강湘江은 남쪽에서 동정호로 흘러들고 원강과 자수는 동쪽에서 흘러들어 간다.

이번 답사 일정상 동정호洞庭湖와 악양루岳陽樓를 보지 못하는 것은 아주 유감이었다. 지도를 보면 악양시 동쪽에 춘추전국의 초楚나라 문장가 굴원

제1장_남종선의 첫 연고지 광동 · 호남성 ● 63

屈原이 고기를 잡으며 만년을 보냈다는 멱라수도 보인다. 더구나 위수瀉水의 북쪽, 영우靈祐 선사가 주석하였던 위산潙山 밀인사密印寺조차 일정상 부득이 지나칠 수밖에 없다는 점은 특히 안타까운 일이었다.

  우리를 태운 차는 장사시 북쪽을 우회하여 이윽고 유양하劉陽河를 건너 6시 반경이 되어서야 시 교외 비탈진 언덕에 새로 세워진 신룡神龍대주점에 도착했다. 로비에서는 크리스마스 트리와 함께 연말 분위기를 자아내는 여러 가지 장식들이 눈길을 끈다. 한 홀에 사동청嗣同廳이라는 패가 붙은 것으로 보아 이 지역이 무술변법운동의 영도자 담사동譚嗣同의 고향임을 알아차릴 수 있었다.

3.
남악 형산 및 호남 중부의 선찰

1) 신라 행적 등의 참문처 석상사

28일, 맑은 날씨에 감사하며 8시 반에 호텔을 나섰다. 유양에서 서남방으로 약 80리 길을 차로 달리면 강서성과의 경계 지역 언저리에 자리 잡고 있는 당대의 고찰 석상사石霜寺를 만날 수 있다. 행정구역으로는 장사시 금강진金剛鎭에 속한다. 여기서 다시 버스로 약 한 시간을 달려 비포장 산길로 접어든 뒤 또 반 시간쯤 간 지점에서 금장촌과 석장촌 등을 만날 수 있다. 여기서부터 산사까지의 꽤 길고 가파른 비탈길을 따라 왼쪽으로 계곡의 물이 흘러내린다.

옛날 이 산을 석상산石霜山 혹은 상화산霜華山이라 하였다는데, 계곡의 물이 급하게 흐르면서 바윗돌을 치면 그 형상이 마치 서리나 서리꽃 모양을 이룬다고 하여 붙여진 이름이라고 한다. 그러나 아쉽게도 오랜 세월이 흐르면서 물도 줄고, 바위 계곡도 논밭으로 개간되면서 좁아지게 되어 옛날 스님들이 오르내리며 보았을 그 물보라를 지금은 볼 수가 없다.

석상 경제石霜慶諸(807~888) 선사는 강서성 청강현淸江縣 사람으로 속성은 진陳씨다. 20세에 머리를 깎고 22세에 숭악嵩岳에 가서 구족계를 받았으며 낙하洛下에서 율장을 배웠다. 출가한 지 얼마 되지 않아 위산 밀인사의 영우 선사를 찾아갔으나 서로 계합契合(때와 인연이 부합함)되지 않았다. 그래서 다시 유양현 도오산道吾山으로 원지 선사를 찾아뵙게 되었다.

당시 두 사람의 흥미 있는 대화 내용도 전한다.

경제가 "어떻게 해야 보는 것마다 보리입니까?" 하고 묻자, 원지 선사는 한 사미를 불러 "정병에 물을 떠오너라."라고 시키고 조금 있다가 경제에게 "조금 전에 나에게 무어라고 물었지?" 하고 되물었다. 경제가 무언가를 말하려는데 원지 선사가 일어나 저쪽으로 가는 것이 아닌가! 이에 경제는 대오大悟하였다. 스승의 이 행위를 통하여 경제는 진리(보리)와 일상이 둘이 아니라는 사실을 깨달은 것이다.

그 뒤 원지 선사가 임종을 앞두고 여러 제자들을 불러 모은 뒤 다음과 같이 말하였다. "내 마음속에 한 물건이 오래도록 병을 앓고 있다. 누가 나서서 이 병을 치료해 줄 수 있겠는가?" 이에 경제가 "마음도 없고, 물건도 없으니 치료하면 오히려 우환이 됩니다." 하고 답하자 원지 선사는 "그렇지, 그렇고 말고!" 하며 칭찬해 주었다.

스승으로부터 법을 인가받은 경제는 도오산을 떠나 정처 없이 떠돌아다니는 운수행각雲水行脚을 벌이다가 회창법난을 당하여 유양의 어느 도기방陶器坊으로 숨어들어 거기서 노동에 종사하게 되었다. 그는 법난이 끝난 뒤에도 종적을 감추고 계속 거기서 노동하였다. 그러다가 사람을 시켜 그의 행방을 찾던 동산 양개에게 우연히 그가 거처하는 곳이 알려졌다.

동산 양개는 석상 경제와 함께 약산 유엄의 손제자일 뿐 아니라 그 자신이 일찍이 석상산에서 전법한 마조 도일의 제자 대선大善 선사에게 배운 적이 있었다. 이런 인연으로 그는 경제가 석상산에서 개당開堂 설법하도록 도량을 마련하는 데 힘이 되어 주었다.

그 무렵 마침 재상 배휴裴休(797~870)의 내방을 받아 선문답을 주고받은 흥미 있는 일화가 전한다. 경제는 배휴가 갖고 온 홀을 집어 들고 웃으면서 묻기를 "이것은 천자의 손에서는 규珪라 하고, 관인이 잡으면 홀笏이라 하는데 노승이 들면 무어라 하지요?" 하였다. 배휴가 선뜻 대답하지 못하고 어물어물하자 불합격이라는 뜻으로 그것을 산문 안에 간직하고 주지 않았다. 이후 두 사람의 인연은 계속되어 희종僖宗 재위 기간(874~888)에 석상사가 창건될 때 실제로 배휴의 도움이 크게 작용하였다고 한다.

경제 선사는 주위의 도움으로 석상사를 창건한 이후 약 30년간 산문을 나가지 않고 선수행에 정진하였다. 당시 소문을 듣고 모여든 승려가 천여 명이었다고 하며, 그 가운데 함께 참선하는 승려가 800여 명이었다고 한다. 석상 선문의 참선 방법은 특이했다. 평생토록 누워서 자지 않고 항시 꼿꼿하였는데, 그 모습이 고목나무 같았다고 해서 그가 행한 선을 '고목선枯木禪'이라 하였다. 또한 그 문하에서 참선하는 사람들은 '고목중枯木衆'으로 알려짐으로써 경제 선사의 명망이 날로 높아 갔다.

스승 원지가 입적한 이후 이웃에 있던 도오산 문도들도 대거 몰려왔으며, 동산 양개 입적 후에는 그 문도들까지 역시 많이 옮겨 와 일대 성시를 이루었다고 한다. 그의 명성이 장안에까지 알려지자 희종은 사람을 보내어 자색가사(紫衣)를 하사하였지만 선사는 이를 완곡하게 사양하였다. 하지만 석상사를 건립할 때 내려진 '숭승선림崇勝禪林'이라는 사액은 재상 배휴와의 인연도 작용하여 결국 받아들였다고 한다. 뿐만 아니라 희종은 자신의 셋째 아들을 석상사로 출가시켜 법호를 보문普聞이라 하였다. 보문은 이후 대건산大乾山에서 개당 설법하였고, 후에 용호龍湖 선사로서 일대 명승이 되었다고 한

신라 행적 등이 구법한 석상 경제의 행화 도량 석상사

다. 경제가 희종 광계光啓 4년(888)에 입적하자 즉시 보회 대사普會大師라는 시호가 내려졌다. 옛 석상사에 대해 『유양현지』에는 "전각의 높이가 90여 척이요, 불상이 70척이 되었다."는 내용이 있어 그 규모의 웅위함을 짐작하기에 충분하다.

석상 경제의 신라인 법사法嗣에는 낭공 행적朗空行寂(832~916)이 실로 우뚝한 존재다. 그의 속성은 최씨로 어려서 학당에서 공부하였으나 소년 시절에 삭발하고 855년에 복천사에서 구족계를 받았다. 그 뒤 굴산사로 통효 대사 범일을 참방하고 입실 제자가 되어 정진하던 중 38세의 나이로 유학을 결심하여 신라 경문왕 10년(870) 입당사 김긴영金緊榮을 따라 도해하였다.

먼저 수도 장안으로 가서 보당사寶堂寺 공작왕원孔雀王院에 잠시 머물면서 불탄일에 칙명을 받아 궁중에 들어가 의종 황제를 배알하였으며, 다음으로 오대산 화엄사로 가서 기도하였다. 이에 신인神人이 나타나 "선재 불자여! 이곳에 오래 머물지 말고 속히 남방으로 가서 찾으면 반드시 달마의 비에 목욕할 것"이라 하였다. 이리하여 건부乾符 2년(875)에 사천성 성도成都로 가서 신라 무상 대사의 영당에 예배드리고, 대사의 행적을 자세히 들으며 깊이 깨닫는 바가 있었다. 당시 경제 선사의 명망이 수도 장안에까지 들어가 가히 당대 제일이었으므로 행적은 곧장 담주 석상사로 찾아가 정성스레 예배드리고 입실하여 가르침을 받으니 크게 깨닫는 바가 있었다.

이후 이곳을 떠나 남악 형산衡山으로 내려가 순례하고, 이어 소주 조계의 육조대사탑에 참배한 다음 다시 북상하여 황매산 5조 홍인의 유적지를 순례하였다. 이렇게 보면 행적의 재당 구법이야말로 낙양의 초조 달마와 2조 혜가의 유적에서 시작하여 조계 육조탑에 경배하고, 다시 동산 오조탑에 예참하면서 그에 이웃한 4조 쌍봉산과 아마도 3조 천주산天柱山까지 선종 초조에서 6조에 이르는 모든 유적을 두루 참문하였으니, 실로 전무후무한 일대 구도 행각이었던 것이다.

입당 15년 만인 헌강왕 11년(885)에 귀국한 그는 먼저 굴산사 통효 대사 처소로 가서 예배를 드렸으며, 4년 후에 스승이 입적할 때까지 부지런히 정진하며 극진히 시봉하였다. 이와 같이 그의 재당 구법 행적을 보면 중국의 동서남북을 누빈 가지 도의와 굴산 범일의 그것과 많이 닮았으며, 사법의 내용으로 보면 자국의 범일과 중국 경제의 법을 직접 계승한 대선사였다고 하겠다. 행적이 사사한 석상 경제는 도오 원지를 사사하였으며, 원지는 약산 유엄의 법사法嗣이다. 그의 스승 신라 범일 국사 역시 약산사를 찾아 참문하기는 하였으나 그 정전正傳은 어디까지나 마조 도일의 제자 염관 제안鹽官齊

석상산 여기저기에 산재한 선사들의 부도탑들을 조사하고 있는 답사반

安에게서 얻었으므로 남악南岳-마조 계통임이 분명하다.

신라 승려들에 의한 중국 남종선의 구법을 개관하면 대개 회창법난 이전에는 마조 도일의 홍주종洪州宗이 우세하였지만 그 이후부터는 청원-석두 계열이 수적으로 우세하였던 편이다. 행적은 엄격히 말하면 입당 신라승으로서는 최초로 청원-석두 계열의 선법을 잇고 있다. 그러나 그는 굴산 조사 범일의 제자이므로 결국 마조 도일과 석두 희천 두 계열의 선법을 아울러 습득한 것으로 정리할 수 있다. 신덕왕 5년(916)에 85세로 입적하니 시호를 낭공 대사朗空大師라 하고, 탑호를 백월서운白月栖雲이라 하였다.

낭공 선사 이외에도 『경덕전등록景德傳燈錄』에는 신라인으로 흠충欽忠·낭랑朗·청허淸虛 선사 등이 경제 선사의 법을 계승했다고 알려져 있다. 그러나 그 사적事蹟이 드러나거나 시절인연에 부합하는 어구語句인 기연어機緣語가 남겨져 전하지는 않는다.

어떻든 그들은 청원 행사靑原行思(?~740)의 5세 운거 도응이나 설봉 의존과 동렬에 서는 초기 제자로서 전등사에 이름을 남겼다는 점으로 보아 석상사는 신라의 선종 스님들과 깊은 인연이 있는 것이다. 이런 인연을 떠올리며 우리 답사반은 각별한 관심을 갖고 '고석상사古石霜寺' 현판이 붙은 산문을 들어섰다. 먼저 대웅전으로 가서 참배하고 나서 방장실을 찾았다. 작은 체구면서도 건강해 보이는 지수智修 스님이 반갑게 맞아 주면서 이 절에는 현재 방장이나 주지가 없으며, 자신은 당가當家, 즉 부주지로서 절의 살림을 맡고 있노라고 한다. 손님이 별로 찾아오지 않는 접견실을 급하게 청소하랴 차와 과일을 내오랴 바쁘지만 난로도 없는 방안은 썰렁하여 앉아서 이야기할 기분이 아니었다.

우리는 준비해 간 약간의 선물을 전하며 석상사가 한국의 구산선문과 밀접하게 관계 있음을 상기시키면서 사찰에 관계된 자료가 있으면 보여 달라고 부탁하였다. 지수 스님이 프린트된 몇 쪽 분량의 사원 약사略史와 모연문募緣文을 보여주었지만, 신라나 고려와 관계된 기록은 찾아볼 수 없었다. 대신 일본에 관해서는 여러 곳에 언급되어 있었다. 예컨대 "근래 종교계에는 국제 우호의 내왕이 빈번하게 됨에 따라 적지 않은 일본의 선종 자제들이 와서 참배하고……" 등 근래 일본 불교도들이 여러 차례 다녀갔다는 사실을 적고 있었다.

사실 강서와 호남 지역의 고찰들은 내륙에 깊숙이 위치하고 해외 화교들의 지원도 없어 동남 해역에 비해서는 많이 낙후한 형편이었다. 남종선에 관한 한 신라는 당나라 시기부터 밀접한 관계를 갖고 있지만, 일본의 경우는 송대 이후에 와서야 비로소 본격적 전래가 이루어졌다. 석상사와의 관계도 마찬가지다. 그런데도 일본의 불자들은 이곳을 비교적 자주 찾는 모양이다. 그런데 우리나라의 경우 석상사 대웅전 벽에 기록된 시주자 명단에 '중앙일보사 500위안'이 적혀 있어 그나마 다행이라고 위안을 삼았다.

우리는 지수 스님에게 혹시라도 유서 깊은 유물이나 사원의 여러 고적들을 살펴볼 수 있도록 안내해 달라고 청했다. 절은 문화혁명 시기에 대웅전과 몇몇 요사를 제외하고는 철저하게 파괴되었다고 한다. 그 후 1980년대 말부터 호남성과 유양시에서 본격적인 수복과 중건 계획을 세우고 대만 등 해외 화교들의 협조를 얻어 선당禪堂 · 객당客堂 · 방장실 · 종루鐘樓 · 고루鼓樓 · 와불전臥佛殿 · 재당齋堂 등을 건립하여 낙성을 보게 되었다고 한다. 또한 천왕전을 비롯한 삼성전 · 장경루 · 나한전 · 방생지 등의 건설 계획을 세워 놓았으며, 현재는 대웅전을 비롯한 사찰의 중수 불사가 한창 진행 중에 있다.

중국 고대 불교사에서는 네 차례의 파불 사건이 일어났는데, 이를 삼무일종三武一宗의 법난이라고 부른다. 즉 북위北魏의 태무제太武帝를 비롯하여 북주北周의 무제武帝와 당의 무종武宗 그리고 후주後周의 세종이 파불의 군주로 손꼽힌다. 20세기에 들어와 공산당 치하 문화혁명기에 자행되었던 파불까지 합하면 모두 다섯 차례가 되는데, 문화혁명기의 파불 역시 그 규모나 정도의 혹독함이 그 어느 때보다 덜하지 않았다.

우리가 지수 당가스님에게 석상 경제 선사의 묘탑에 참배하겠다고 하자 선뜻 앞장서서 길 안내를 했다. 강남 지방의 겨울은 햇볕만 나면 따뜻한 봄날과 같다. 스님은 산에 오르기 전에 미리 모자와 겉옷을 모두 벗어젖히고 간편한 차림으로 앞장을 서고, 우리는 땀 흘리며 그 뒤를 따랐다. 뒷산 서북방 골짜기로 들어가 호포천虎砲泉을 왼쪽으로 하고, 30~40분 동안 산을 오르자 전망 좋은 명당에 부도탑이 자리 잡고 있었다. '당청원제오세보회제선사탑唐靑原第五世普會諸禪師塔'이라는 글귀도 눈에 띄었다. 당 말의 고목중으로 명성을 크게 떨친 선승의 부도치고는 초라하다 할 만큼 우리 키에도 못 미치는 자그마한 규모다. 우리가 먼저 탑전塔殿에 참배하고 사진 촬영을 한 뒤 신태광·송요후 박사는 준비해 간 건탁乾拓 도구로 탁본하는 데 정신이 없었다. 그 사이 나머지 사람들은 다시 스님을 따라 인근에 널려 있는 부도 몇 좌를 찾아보았으나 대부분 명청 시대 스님들의 것이었다. 기록에는 경제의 스승 도오 원지 선사의 부도도 석상산에 세웠다고 전하지만 찾을 수가 없다고 하였다. 원래는 136좌의 부도가 있었으나 산 아래 저수지를 팔 때 석재로 사용해 귀중한 문화재가 많이 파손되어 없어졌다고 한다. 아직도 사찰의 주위에서 여기저기 산재해 있는 묘탑들을 볼 수 있다.

사찰 후원에는 개산조 석상 경제 선사가 심었다고 전해지는 엄청나게 큰 고목 백과수白果樹(은행나무) 자리가 있다. 본래의 나무는 썩어 없어지고 주위에 오랜 세월을 두고 돋아난 새순들이 자라서 여러 그루의 고목군을 이루고 있다.

석상사에는 석상 경제보다 먼저 마조 도일의 제자 대선이 있었고, 경제와 같은 시기에는 백장 회해의 제자 성공性空 선사가 있었으며, 경제의 제자로는 휘暉 선사가 있었다고 한다. 그러나 석상사의 조사당에는 초조 달마를 가운데로 하고 6조 혜능을 비롯하여 양기 방회楊岐方會(992~1049)와 황룡 혜남黃龍慧南(1002~1069)을 왼쪽으로 하고, 석상 경제를 비롯하여 석상 초원石霜楚圓(986~1039)과 현대 인물인 허운虛雲 대사를 오른쪽으로 모시고 있어 석상사의 창건 이후의 역사를 나름대로 꾸며 놓고 있다.

이처럼 석상사는 송대에 이르러 수많은 인물을 배출하였지만 특히 북송의 석상 초원에 이르러 다시 한번 이름을 크게 떨쳤다. 그는 광서廣西 전주全州 이李씨로 원래 독서인이었으나 22세가 되어 상산湘山 은정사隱靜寺로 출

『석상선사간사石霜禪寺簡史』 표지에 묘사된 구법승 모습

가하여 승려가 되었다. 이후 여러 지역으로 유력하다가 북방 임제종 계열의 분양 선소汾陽善昭(947~1024)를 참방하여 깨닫게 되었으며, 그의 문하에서 양기 방회와 황룡 혜남이 배출됨으로써 일약 유명하게 되었다. 이로 인하여 그는 개산조 경제에 버금갈 만큼 중요한 인물로 추앙되었으며, 석상사는 양기파와 황룡파의 조정祖庭으로 부상했다. 따라서 석상사에서는 당대에는 청원-석두계의 선종이 성행하고, 송대에 와서는 회양-마조계의 홍주종이 성행하게 된다.

지금 조사당에 모신 일곱 분 가운데 석상사와 직접적인 관련이 있는 분은 당대의 석상 경제와 송대의 석상 초원, 그리고 현대의 허운 선사 세 분뿐이다. 하지만 개산조라 할 만한 석상 경제 선사 생존 시에도 함께 참선하던 고목중이 800여 명이나 되었으며, 그 가운데 저명한 제자로서 『오등회원五燈會元』에 이름을 싣고 있는 이들만도 대략 46명이나 된다. 앞서 언급한 행적을 비롯한 흠충·청허·낭 등 신라 출신의 네 분 선사도 물론 이 가운데 포함될 만큼 당시는 고승의 열에 꼽히는 인물들이었다.

경제 선사 문하에서는 우리나라 출신이 이들 직제자들 외에도 여러 명의 재전 제자(손제자)들이 강서와 호남 곳곳에서 배출되었다. 즉 구봉 도건九峰道虔 선사 문하에 청원淸院·현휘玄暉·혜청慧淸이 있고, 운개 지원雲蓋志圓 선사 문하에 와룡臥龍과 충담忠湛이 있으며, 곡산 장谷山藏 선사의 문하에 서암瑞巖·대령大嶺·박암泊巖, 그리고 곡산 도연谷山道緣 선사 문하에 긍양兢讓 등 걸출한 고승들이 있다.

실로 범일 선사가 약산의 선풍을 겸습兼襲하고, 행적 등이 석상으로부터 적전嫡傳으로 인가를 받은 이래 강서와 호남을 비롯하여 각지로 흩어진 석상의 손제자들 문하에 다재다능한 신라 출신 제자들이 몰려들어 일찍이 보지 못했던 성황을 이루었음을 알 수 있다.

2) 나말 여초 긍양 등의 참문처 곡산사

처음에 호남성 답사를 계획하면서 담주 지역에 있다는 운개산雲蓋山과 곡산谷山을 반드시 코스에 넣어 달라고 여행사에 부탁했지만, 끝내 이 두 사찰 유적지를 찾을 수 없어 현장답사가 불가능하다는 답이 돌아왔다. 이곳들은 우리나라 구법승들과도 관계 있는 지역이다.

예를 들면 『경덕전등록』에 나오는 곡산 장 선사의 신라인 제자로 서암·

박암·대령 선사 등이 남긴 다음 몇 구의 선문답이 전한다. 먼저 서암의 이야기로 그가 장 선사에게 득법한 뒤에 어느 스님이 묻고 선사가 대답한 것이다.

스님이 선사에게 먼저 물었다.
"흑백이 모두 없어진 자리에 불안佛眼을 열면 어떠합니까?"
"그대가 속으로 집착할까 걱정이다."
"왕자를 낳았을 때는 어떠합니까?"
"깊은 궁전이라 끌어내 오지 못하지."

다음은 박암 선사 이야기로 개당 이후 어느 스님과 묻고 대답한 내용이다.

스님이 선사에게 먼저 물었다.
"선은 어떤 것입니까?"
"옛 무덤(古冢)은 집이 될 수 없지."
"도란 무엇입니까?"
"거마車馬의 자취를 좇는 것은 허사일 뿐이야."
"교敎란 어떤 것입니까?"
"조개껍질은 다 주워 담을 수 없지."

어느 스님과 대령 선사의 문답도 전한다.

"동관潼關(낙양에서 장안으로 가는 도중에 넓게 펼쳐져 있는 요새)에 이르러 잠시 쉴 때는 어떠합니까?"

"도중(途中)에서 사는 계책(活計)이지."

"그 가운데 활계는 어떠합니까?"

"몸은 쉬지만 정신을 쉬는 것은 아니지."

"몸은 쉬는데 어째서 정신은 쉬지 못합니까?"

"몸은 어떤 분상分上(구분, 차별 또는 신분상)의 일이냐?"

그 스님이 대답을 못하다가 다시 물었다.

"그 가운데 일은 어떠합니까?"

"존귀하지 마라."

그러나 안타깝게도 그분들의 행적을 밝힐 수 있는 비문이나 다른 기록들은 전하지 않는다.

이들보다 조금 늦은 시기에 역시 경제의 제자 곡산사 도연 선사를 참문한 긍양 선사가 있다. 긍양은 속성이 왕王씨로 신라 공주 사람이다. 그는 헌강왕 4년(878)에 태어나 시詩와 예禮를 배우고, 삼절三絶(즉 시 · 서 · 화)을 부지런히 닦았다. 후에 본주 서혈원西穴院 양부揚孚 선사 문하에 들어가 시봉하여 도를 얻었다. 이후 학문이 일취월장하였으나 중국에 남종선이 유행한다는 사실을 안 뒤부터 당으로 건너가 법을 얻어 오겠다는 일에 관심을 두었다. 드디어 당 광화光化 3년(900)에 바다를 건너 강회江淮 지역에 상륙하여 먼저 천험의 요새를 넘어 복건 설봉산에 이르렀다. 이곳에서 긍양은 당시 크게 떨치던 설봉 의존의 선풍을 경험하였다. 그런 다음 강서성을 거쳐 멀리 호남성 담주의 곡산으로 가서 석산 경제의 제자 도연 선사에게 예를 드렸다.

설봉 의존은 석두 희천에서 천황 도오-용담 숭신-덕산 선감으로 이어진 적사嫡嗣(적전적전 제자弟子)이며, 도연 역시 석두 희천에서 약산 유엄-도오 원지-석상 경제로 계승된 적사로 두 사람 모두 같은 청원-석두 계열의 정통이었다.

긍양은 도연에게 물었다. "석상의 종지가 무엇입니까?" 이에 선사가 "대대로 내려오면서 계승된 적이 없다네." 하였다. 이 말 한마디에 크게 깨달아 현기玄機(심오한 도리)에 통달하여 그 법통을 전해 받게 되었다. 이어 긍양이 다음 게송을 지어 도연 화상께 바쳤다.

> 열 사람의 영재英才가 다 함께 급제에 응시하여,
> 만약 방榜을 통과하면 모두 다 한가로움을 얻으리라.
> 하지만 어느 한 사람이라도 낙제하면,
> 자연히 아홉 사람만이 출세出世하리라.

도연 선사가 이 시를 보고 찬탄하여 마지않으며, 「삼생송三生頌」을 지어 보이며, 제자들로 하여금 그에 화답하게 했다고 한다. 하지만 곡산 도연 선사는 중국 측 기록에서는 확인할 수가 없으니 어쩌면 이름을 숨기고 살았던 것일까? 이후 긍양 선사는 그의 문하에서 더욱 용맹정진할 뿐 아니라 이치에 따라 문장을 지으니 운치가 있고 뜻이 깊은 진리를 담았으며, 또한 정치精緻하기 이를 데 없었다.

후당後唐 동광同光 2년(924) 봄에 곡산을 하직하고 북상하여 오대산을 순력하였으며, 그 후 다시 남하하여 호남 담주 운개산雲蓋山과 강서 균주筠州(즉 의풍宜豊) 동산洞山으로 편력하였다. 이와 같이 시종 24년이란 오랜 순력 끝에 그해 7월에 귀국선을 타고 한반도 서남 해역으로 돌아왔다.

이번 답사에서 그냥 지나칠 수밖에 없는 운개산 역시 한국과 연고가 있는 도량이다. 운개산은 원래 호남성 장사 서남 30리 지점에 위치한다고 하지만, 현재는 절이 없어 처음 여행사와 답사 코스를 정할 때 위치 확인이 불가능하다는 답이 돌아왔다.

운개산의 개산조는 석상 경제의 제자 운개 지원志元으로서 석상 경제 일가가 장사 일대를 중심으로 번영할 때 선도들이 몰려들었다. 지원 선사는 처음 운거 도응에 참문하였으나 계합하지 않아 경제 선사를 찾아 입실하였다. 일명 원정圓淨이라고도 하며, 선운개先雲蓋라고도 한다. 운개산은 선사에 의하여 개산되어 초왕楚王 마은馬殷(852~930)의 도움으로 일시 번성하였으나 마왕 사후 점차 쇠퇴하여 돌보는 이가 없게 되자 사찰은 점차 도교에 기울어지다가 송대에 들어 양기楊岐의 도량이 되면서 왕년의 번영을 되찾게 되었다고 한다.

운개 지원 선사에게는 신라 출신의 충담忠湛과 와룡臥龍, 두 스님이 있다. 충담(869~940)의 속성은 신라 명문인 김씨로 진성왕 3년(889)경에 바다를 건너 구법행을 결행하였다. 그는 중국으로 건너가자 곧장 호남 장사 운개산으로 가서 지원 선사를 모시고 그 문하에서 인가를 받았다. 이후 하동河東 자악紫岳 선문을 찾아 배알한 것을 비롯하여 약 20년 동안 제방을 유력하다가 913년경에 환국하여 문도를 모아 홍법하였다.

선사는 수선修禪함에 있어서 종일토록 말을 하지 않았으며, 밤에도 꼿꼿이 앉아 눈을 붙이지 않아 마치 장좌불와長坐不臥하는 석상의 문풍門風이 있었다고 전해지고 있다. 고려 천수天授 23년(940)에 좌화坐化하니 종년 72세였다. 태조가 이를 듣고 시호를 추증하였으며, 최인곤崔仁滾이 탑비명을 썼다.

와룡 선사도 충담과 비슷한 시기에 입당하여 운개산 지원 선사 문하에서 석상의 종지를 전수받았다. 그러나 그의 학문이 성숙되어 개법하였을 때 다음과 같은 문답이 전할 뿐이다.

어느 스님이 먼저 물었다.

"어떤 것이 대인상大人相입니까?"

"비단 장막 안에 손을 드리우지 말아야 한다."

"무엇 때문에 손을 들이지 말아야 합니까?"

"존귀하지 않기 때문이다."

"12시 중에 어떻게 마음을 써야 합니까?"

"호손(원숭이)이 모충毛蟲을 잡아먹는다."

그의 환국 여부와 기타 인적 사항에 대해서는 알려진 것이 없다.

이와 같이 운개산과 곡산은 우리와 인연이 오래된 지역인데 찾아볼 수 없는 아쉬움이 컸지만, 유적지를 찾을 수 없다는 여행사의 말에 필자는 내심 포기하고 있었다. 그러다가 혹시나 하는 마음에 석상사 지수 법사에게 곡산의 소재에 대해서 한 번 더 확인해 보았다. 그런데 스님을 통해 알고 있다는 반가운 답을 듣게 되었다. 그는 석상사가 한국과 어떤 관련이 있으며, 곡산과 운개산의 내력이 어떠하다는 역사에 대해서는 전혀 아는 바가 없지만 언젠가 곡산에 가 본 적이 있다며 같이 동행해 주겠다고 자청하고 나섰다. 다행스럽게도 스님을 모시고 계획에 없던 곡산사谷山寺 답사를 할 수 있게 된 것이다.

우리 일행이 서둘러 산을 내려와 금강진에 도착하니 12시 반이 되었다. 스님은 여기서 점심을 먹어야 한다고 하였다. 1일 2식을 하기 때문에 12시까지 먹고, 1시 이후에는 금식을 해야 한다는 것이다. 현재 중국 승려들 가운데 불교에서 전통적으로 금기하는 자극성 있는 음식은 먹지 않을 뿐 아니라 1일 2식의 원칙(戒)을 철저히 지키는 분들을 가끔 보기는 했지만, 이 스님은 1시 반이면 유양에 예약되어 있는 음식점에서 채소요리를 특별히 주문하여 대접하겠다고 하는데도 굳이 허름한 음식점 앞에서 밥에 채소반찬을 얹어 달라고 주문해서 선 채로 요기를 하였다. 중국 학생들도 종종 서서 점심식사를 하기는 하지만 우리는 모시고 가는 분에 대한 도리가 아닌 것 같아 마음이 불편하였다. 지수 법사는 농촌 출신으로 초등학교 졸업 정도는 되어 보이는데, 지금은 90여 세로 장사에 계시는 어느 노스님 밑에서 문화혁명 이후 승려가 되었다고 하였다. 지식 정도야 어떻든 순진무구하다고 할 만큼 소탈하고 건실한 분이다. 그러기에 당국에서는 석상사의 재건이라고 하는 중책을 맡기고 있다는 생각이 들었다.

우리 일행은 유양에서 점심을 먹고 장사를 거쳐 4시가 되어서야 상강湘江을 건넜다. 얼마 되지 않아 소상능원瀟湘陵園을 지나자 시 외곽 지역에 곡산이라는 현판을 단 상가들이 나타나고 부근에 산야가 둘러져 있는 것으로 보

장사에서 상강을 건너 곡산사 유지로 추정되는 지역 답사 장면. 곡산사는 고려 긍양 등의 구법처

아 여기가 필시 곡산사가 있던 곳이라는 생각이 들었다. 스님이 앞장서 주민들에게 물어 옛날 절이 있던 곳을 찾아갔다. 그러나 절이 있던 자리라고는 하지만 어느 곳에서도 그 흔적을 발견할 수가 없다. 우리가 지나왔던 길로 다시 조금 가면 학교가 있으니 거기서 물어 보라는 주민의 말을 듣고 곡봉谷峰소학교를 찾아갔다.

곡봉은 바로 곡산이다. 하지만 방학이라 물어볼 만한 교사는 한 사람도 없고, 학교에 들어서자 옛 사찰 건축에 사용되었던 것으로 보이는 석물들이 여기저기 눈에 띈다. 주민들 말에 따르면, 1960년을 전후한 시기에 절이 퇴락하여 없어질 때 석재들이 이 학교로 옮겨졌다고 한다.

그런데 어떤 기록에 의하면 곡산은 장사에서 서쪽으로 70리 밖에도 있었다고 한다. 주민들의 말로도 서쪽으로 더 가면 다른 곡산이 있다는 것이다. 고문헌상으로는 곡산에 용담사龍潭寺와 보령선사寶寧禪寺라는 두 이름의 절이 보이며, 스님의 이름도 장藏, 삼장三藏 또는 수계秀溪 등이 뒤섞여 나오지만 이들이 어느 곡산사를 말하는지 지금으로서는 밝힐 만한 여유가 없다. '도대체 여러 신라인 제자를 둔 석상 경제의 법사 장 선사가 주석하였던 곡산사는 어디였을까?'라는 의문을 안은 채 곡봉소학교를 떠나야 했다.

우리 일행이 다시 장사 시내를 지날 때 시계는 5시 30분을 가리키고 있었다. 지난 5일 동안 장사시를 중심으로 하여 호남의 여러 선찰을 답사하고 이제 마지막 남은 불교의 성지 남악 형산으로 가야 할 차례다. 장사 관광지도를 펴 보니, 도로 양쪽으로 청 말의 유명 관료인 증국번曾國藩과 좌종당左宗棠의 묘가 있으며, 또 조금 떨어진 곳에 중국 공산당의 영도자 유소기劉少奇와 모택동의 출생지가 있다.

이곳에는 그들의 생가 외에도 명소들이 있다. 실로 고금이 어우러진 중국 역사의 중심 고장이다. 우리를 태운 차는 곧 어둠이 닥친 밤길을 달려 상담시,

주주시를 차례로 지나고 있었다. 중도에 저녁 식사를 하고 8시 30분경이 되어서야 목적지 형산에 도착할 수 있었다.

3) 형산 회양 선사의 전법 도량

12월 29일, 산에 오르기에 좋은 날씨다. 호남성 남부에 위치한 형산衡山에 오르려면 지정된 차편을 이용해야 하며, 입장료도 40위안이나 된다. 이 산의 관리 규정에 따라 공안(경찰)이 동승한 공용 버스를 이용해야만 산을 오르내릴 수 있다. 산길이 위험하다는 이유라고 하지만 지역 경제의 수입을 고려한 측면도 있을 것이다. 형산은 중국의 동·서·남·북·중부를 대표하는 5대 명산(五岳) 가운데 남악南岳으로 특히 남종선의 초기 전파 지역으로 유명하다. 대부분의 명산이 그렇듯 남악도 역시 예나 지금이나 도교와 불교가 함께 성행하여 많은 관광객이 찾고 있다. 산의 높이는 약 1,300미터로 봄에는 두견화가 활짝 피고 여름에는 구름바다로 변한다고 한다. 가을에는 일출이 장관이며 겨울에는 설경이 아름다운 경관을 이루는데, 연중 300일은 운무로 뒤덮여 있다고 한다.

우리는 차를 타고 비교적 완만한 비탈길을 한참 거슬러 올라갔다가 오른쪽으로 유턴하여 부용봉 아래로 방향을 잡아 가장 먼저 단하사丹霞寺를 거쳐 다시 척발봉鄭鉢峰 아래로 내려오면서 복엄사福嚴寺, 마경대磨鏡臺, 남대사南臺寺를 차례로 참관했다.

남악은 일찍부터 우리나라와 관계를 맺고 있는 지역이었다. 신라와 고려의 구법승들이 이 길을 통해 불교 성지를 찾아 오르내렸을 것이라고 생각하니, 오늘에 이르러 다시 그 족적을 더듬게 된 것이 가슴 뿌듯한 일이 아닐 수 없다. 복엄사의 옛 이름은 반야사般若寺이며, 개산조는 천태종의 제2대 조사 남악 혜사南岳慧思(514~577)로 그가 주장한 지관止觀 선법禪法은 천태 지의天台智顗(538~597)에게 계승되어 천태종의 성립을 보게 되었을 뿐 아니라 초기 선종 사상에도 상당한 영향을 끼쳤다는 사실은 잘 알려진 일이다.

혜사의 제자로는 백제 현광玄光 법사와 같은 고명한 스님이 있어 국내외에서 활약했다. 현광 법사는 백제 위덕威德 연간(554~598)에 중국 남조南朝 진陳에 들어가 혜사로부터 '법화안락행法華安樂行'을 배워 인가를 받고 절동浙東 지역을 통하여 도해渡海 귀국하여 웅주熊州 옹산翁山에 절을 짓고 불법을 전파하였다. 옛적에는 남악의 영당에 조사祖師 28위位의 진영을 모셨는데, 현광도 그중 한 자리를 차지했을 정도로 뛰어난 고승이었지만 지금은 찾아볼 수 없다.

남악 형산이 중국 불교사에서 더욱 큰 비중을 차지할 수 있었던 것은 남악 회양南岳懷讓(677~744) 선사가 6조 혜능의 법을 이어 받고 반야사般若寺에 주석하여 전법傳法 활동을 시작하면서부터였다. 회양은 반야사를 관음사觀音寺로 이름을 바꾸고 선종 도량으로서의 위치를 굳혔으며, 마조 도일과 같은 걸출한 선승을 배출함으로써 세상에 이름을 크게 떨쳤다. 관음사는 북송 초기에 복엄사라 개명한 후에도 꾸준히 선종의 중심 도량으로서 이름을 날렸다.

지금도 절 입구 광장에 있는 산문 현판에 '천하법원天下法院'이라는 글귀와 함께 양 기둥에 '칠조도량七祖道場', '육조고찰六祖古刹'이라는 주련이 달려 있다. 남종 선가의 공식적인 조사 칭호는 6조로 막을 내렸지만, 여기서 7조도량이라고 한 것은 6조의 양대 제자 남악 회양과 청원 행사까지 통칭 7조라 부르기 때문이다. 남악계에서 마조 도일이 나고, 청원계에서 석두 희천이 나와 남종선의 양대 주류를 이루었다.

회양 선사는 속성이 두杜씨로, 섬서성陝西省 안강安康 출신이다. 15세에 출가한 그는 다년간 계율과 불교 기초 이론을 배운 다음 남방으로 혜능을 찾아갔다.

"어디서 왔는가?"
"숭산에서 왔습니다."
"무슨 물건이 이렇게 왔는가?"

이에 회양은 할 말을 잃었다. 이리하여 전후 15년간 용맹정진하여 깨달음의 경지가 더욱 깊고 오묘하게 성숙한 다음에야 남악으로 옮겨 개당 설법하

남악 회양의 묘탑

면서 법의 등불(法燈)을 전파하는 일에 크게 이바지하였다.

회양 선사의 묘탑은 척발봉에서 내려오는 도로변에 자리 잡고 있다. 기단부 정면에 전자로 쓰고 각석한 '최승륜탑最勝輪塔'은 배휴의 글씨이며, 탑은 약 2미터 높이의 2층짜리 6각 석탑이다. 그 뒷벽 중앙에는 '선종칠조회양대혜선사탑禪宗七祖懷讓大慧禪師塔'이라고 쓴 옥석비를 중심으로 그 양 옆으로 선사의 행적을 적었다. 그리고 벽돌을 갈아 거울을 만들려던 비유로 마조 도일의 깨달음을 이끌어 낸 고사를 적은 비석을 연결하여 빙 둘러 석축을 쌓았다.

묘탑을 이웃하여 마조암지馬祖庵址와 마경대가 있다. 옛 마조암은 남악빈관으로 변했고, 회양이 전돌을 갈았다는 바위에는 '조원祖源'이라 새겨져 있으며, 그 입구에 역시 '마경대磨鏡臺'라는 석비를 세워 놓았다. 좌선으로 부처되려는 집착이 벽돌을 갈아 거울을 만들려는 어리석음에 다를 바 없음을 깨우쳐 준 회양 선사의 마지막 한마디(末後句)로 마조 도일과 사승 관계가 성립되던 그 역사의 현장이다. 마조 도일은 그 이후 10년간 스승을 모시면서 오묘한 진리의 경지를 얻은 다음 강서江西로 가서 법석을 펼쳤다.

회양 문하에 신라의 본여本如와 현성玄晟 선사가 선법을 익혔다고 전한다. 두 사람은 마조 도일과는 동학인 셈이다. 그러나 이들의 구체적 행적은 밝혀져 있지 않다. 본국으로 돌아와 활동했는지 여부에 대해서도 알 수가 없으니 안타까운 일이다.

복엄사 산문을 들어서면 지객청知客廳·악신전岳神殿·대웅전·조당祖堂 등이 순서대로 나란히 배치된 모습이 보인다. 좌우 양쪽으로는 선방禪房과 재당齋堂 등이 가지런히 위치하고 있다. 조사전에는 혜사와 회양을 비롯하여 복엄 선사 등 중흥조들을 모셨으며, 이웃한 설법당 위에는 '5엽 꽃이 향기를 발한다(五葉流芳)'라는 편액이 걸려 있다. 여기서 뻗어 나간 남종南宗 5가五家

회양 선사가 바위에 전돌을 갈아 거울을 만들겠다는 기행으로 마조의 선수행을
지도했다는 장소에 세운 기념비

의 번성함을 자랑하고 있음이다. 남종 5가란 남악에서 피어난 5엽의 꽃, 즉 남종선의 위앙종潙仰宗·임제종臨濟宗·조동종曹洞宗·운문종雲門宗·법안종法眼宗 다섯 계파를 일컫는다. 절은 최근에 모두 새로 단장하였으나 경내에는 개산조 혜사가 직접 심었다고 전하는 백과수(은행나무)가 고찰임을 말해주고 있다.

4) 형산 석두 희천의 전법 도량

복엄사와 이웃해 있는 남대사南臺寺는 그 규모에 있어서도 남악 형산의 양대 선종 사찰로서 손색이 없다. 마조 도일이 남악 회양 선사로부터 인가받은 뒤 강서로 가서 전법 활동을 펼친 것과 대조적으로 석두 희천은 강서의 청원 행사에게서 법을 인가받고 남악으로 와서 전등 활동에 평생을 바쳤다. 이렇게 서로 위치를 바꾸면서 꽃을 피운 강·호의 남종선은 다시 동아시아 여러 나라로 그 법맥을 펼쳐 나갔다.

'고남대사古南臺寺'라는 현판이 달린 산문을 지나면 미륵전 정문에 '남대선사南臺禪寺'라는 액자가 달린 건물을 다시 만나는데, 광서光緒 29년(1903)에 중건한 것이다. 절은 양梁 무제 천감天監 연간(503)에 사문 해인海印이 창건한 것으로 후에 석두 희천 선사가 주석하면서부터 이름이 나게 되었다. 대사가 처음 이곳에 와서 보니 절 동편에 대臺와 같이 넓고 큰 바위가 있어 그 위에 초암을 짓고 전법에 임하였다고 한다. 석두石頭란 호칭은 여기서 붙여졌다.

오늘의 남대사는 1980년대 이후 대대적으로 중수하여 규모를 갖추었으며 대웅전 편액은 고 조박초 회장의 글씨다. 옥불 삼존을 중심으로 양 벽면으로 18나한을 모셨으며, 삼존 배면에는 아미타불, 그 뒤 양쪽에는 보현보살과 함께 산신山神으로 남악성제南岳聖帝를 모셨다. 대웅전 뒤로 와불전·조당·운수당이 차례로 늘어섰고, 이들 양편으로 재당·선당·객방 등이 관례대로 배열되어 있다.

석두 희천의 속성은 진陳씨로 광동성 고요高要 출신이다. 12세에 조계로 혜능을 찾아갔으나 혜능이 노쇠하여 별다른 가르침을 주지 못하다가 임종을 당하여 그에게 "사思를 찾아가라(尋思去)."는 말을 남겨 주었다고 한다. 그러나 이 말의 뜻을 알 수 없어 세월만 보내다가 마침 어느 노스님이 "행사行思라는 스님이 강서 길주吉州에서 홍법 중이니 찾아가 보라."고 일러 주자 그 길로 6조의 탑전에 하직 인사를 올리고 곧장 대유령大庾嶺을 넘어 강서江西 길안吉安에 있는 청원산青原山 정거사淨居寺로 달려갔다.

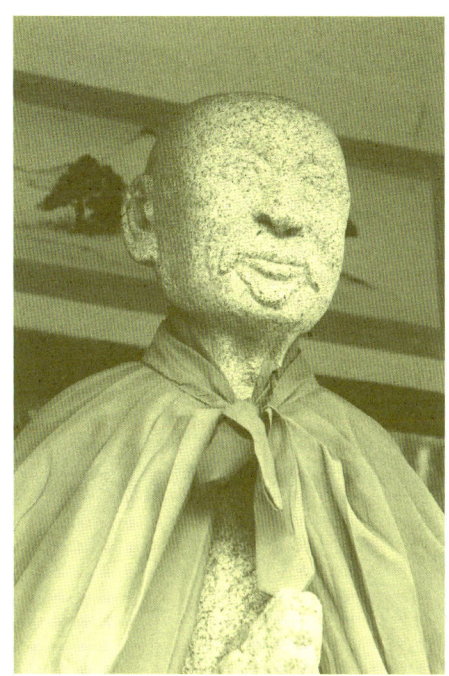
석두 희천의 석상

　당시 행사 선사의 문하에는 많은 인재가 있었으나 희천을 맞이하자 "뿔 달린 짐승은 많지만 한 마리의 기린이면 족하다." 하고 흔연히 받아들였다. 이리하여 그의 제자가 되어 오랜 기간 열심히 연마하여 스승으로부터 법을 인가받자 다시 남악으로 가서 남대사에 주석하게 된 것이다. 그는 선리禪理를 닦는 한편으로 음률音律을 연구하고 무예로 신체를 단련하며, 의술로 민간의 병을 고쳐 주면서 주민의 신망을 얻었다. 특히 그가 의술을 베풀면서 불교의 뜻을 담아 신심信心을 전파하는 방법은 중생에 대한 불교 교화의 좋은 수단이었다. 이리하여 적지 않은 학자와 승속僧俗이 남악을 찾아 귀의함으로써 청원의 법계가 크게 떨쳤다.

　석두 희천은 저 유명한「참동계參同契」를 지어 '현상이 곧 실제'라는 이치로 조계의 정맥을 현창顯彰하려 하였다. 여기에서는 '일즉다一卽多, 다즉일多卽一'의 일체현성一體現成, 즉 사상과 사물이 서로 융합하면서도 상호 독립적 지위를 갖는다는 회호回互의 논리가 핵심을 이루어 불교 철학의 높은 경지를 보여주고 있다.

석두 희천은 마조 도일과 함께 당시 다재多才 다사多士한 제자들을 맞아 남종선을 크게 떨친 선가의 쌍벽이었으나 전등 방법은 서로 달랐다. "평상심이 바로 도다."라고 가르친 도일의 길은 평탄하여 여기저기 돌아다니며 가르쳤으나 희천은 남악에 들어온 뒤 줄곧 한 곳에 머물면서 문학적 상상력을 동원하여 행화行化에 임했다. 도일이 "석두 희천의 길은 미끄럽다."고 평한 것도 이러한 까닭에서이다. 이처럼 두 사람의 교화 스타일은 조금씩 달랐으나 가르칠 때는 서로 칭찬하며 협조를 아끼지 않는 동업자였으며, 제자들도 양쪽 문을 번갈아 가며 배우는 일을 주저하지 않았다.

석두 희천 선사는 문학적 소양이 뛰어났는데 만년에 초암 생활을 하면서 명쾌한 언어를 구사하여 지은 「초암가草庵歌」는 지금까지 높이 평가되고 있다. 그는 790년, 91세로 임종할 때 문도에게 자신이 입적한 뒤 1개월이 지나도록 썩지 않으면 육신으로 남길 것을 당부하고 합장한 채 눈을 감고 열반에 들었다. 과연 1개월이 지나도록 신체가 변화 없이 생시와 같자 사중이 염불하며 육신불로 모시는 의식 절차를 거쳐 따로 무제선사無際禪寺를 세우고 견상見相이라는 탑명의 묘탑을 함께 세웠다. 무제는 선사 입적 후 내려진 시호로 그 이름을 따서 사명寺名으로 한 것이다. 그러나 지금은 그 진신도 찾을 수 없고 절도 간 곳이 없다. 다만 남대사 아래쪽 바위에 석두 선사의 석조 좌상을 모셨는데 안내판에서는 근래에 출토된 이 석상을 원말·명초의 작품으로 추정하고 있다.

석두 희천의 저명한 제자로는 약산 유엄·천황 도오·단하 천연 등 20여

명이 있으며, 이들 계통에서 세 개의 종파가 나왔다. 약산 유엄 문하의 운암 담성 계통에서 조동종이 나왔고, 천황 도오 계통에서 설봉 의존을 거쳐 운문종과 법안종이 나왔다. 이리하여 마조 계통에서 나온 임제종과 위앙종을 합쳐 이른바 선종 5가의 성립을 보게 된 것이다.

산을 내려온 우리 일행은 오후 늦게 형산 시가지를 걸어 남악묘南岳廟를 참관했다. 형산은 교통 요충지이며 농업 경제도 일찍부터 발달하여, 남악신을 모신 사당의 규모와 내부 장식은 그 어느 곳보다도 크고 장려하였다. 묘당廟堂과 그 앞의 어가御街는 수·당 시대에 처음 건립된 이래 확장과 중수를 거듭하여 오늘에 이르고 있다. 옛 석비들을 비롯하여 성제전聖帝殿·어서각御書閣 등의 부속 건물을 갖춘 거창한 남악묘는 불교와 도교 양측에서 공동으로 관리한다고 한다. 불교 승려와 도교 도사道士들이 상주하면서 번갈아 관리하는 모습은 다른 곳에서는 보기 어려운 광경이다.

우리 일행은 이것으로 호남성 답사를 끝내고, 30일 아침 형산을 떠나 한 시간여 만에 형양역衡陽驛까지 이동하여 오전 11시 광주廣州행 열차에 몸을 실었다. 내양耒陽과 빈주彬州를 거치고 험한 대유령을 넘으면서 숱한 굴들을 지나 소관에 도착한 시간은 오후 4시였다. 도의 선사를 비롯한 우리 구산선문의 스님들이 남악 형산과 소관 남화사를 참배하기 위하여 우리가 달리는 이 길을 생사 문제는 구도 일념에 묻어 두고, 몇 달이고 몇 년이고 터덜거리면서 걸었을 것을 생각하니 감회가 새롭기만 하다.

4.
소주 6조 도량과 신라 구법승

1) 신라 도의의 수계처 대범사 옛터

　인구 70~80만 명의 비교적 깨끗한 소관시는 호남성과 강서성에서 대유령을 넘으면 바로 닿는 교통의 요충지이다. 대유령 남쪽에 있기 때문에 광동성을 영남嶺南이라고도 부르는데, 고대의 소주는 서북방의 대도시였다. 소관시 지도를 펴면 정강湞江과 무강武江이 시가지를 Y자 형으로 가로지르는 그 한가운데 오조로五祖路와 광효로光孝路 등 혜능 조사와 관계 있는 거리 이름들이 보인다. Y자 형을 이루고 있는 중심부 번잡한 시가지에는 대감사大鑒寺라는 표지도 보인다. 대감사는 현재 대웅전만 한 채 남아 있어 별로 볼 것도 없다는 현지 가이드의 말에 그동안의 답사로 지친 우리 일행은 먼저 호텔로 가서 쉬기로 했다.
　그러나 필자로서는 대감사를 찾아 그 내력부터 확인해 보고 싶은 마음이 앞섰다. 대감은 6조 혜능의 시호로 필시 그와 관련 있는 사찰일 것이라고 생각하니, 그냥 지나칠 수가 없었다. 필자는 미리 예약한 호텔에 도착하자 짐

송대에 6조 혜능의 시호 '대감'을 따서 건립된 대감선사

만 내리고 가이드와 함께 택시를 타고 대감사로 직행했다. 필자가 여기서 확인하고 싶은 가장 궁금한 사찰은 『법보단경法寶壇經』의 산실인 대범사大梵寺와 신라 도의道義 선사가 구족계를 받았다는 보단사寶壇寺이다.

잘 알려진 바와 같이 6조 혜능이 보림사寶林寺(현 남화사)에 주석하고 있을 때 소주 자사刺史 위거韋據의 초청을 받아 대범사에서 대중을 위하여 일체의 모습을 떠나서 흐트러지지 않는 불법의 계율인 무상계無相戒를 수여하고, 당장 깨달음을 얻는다는 가르침인 돈오법문頓悟法門을 설법하였다. 자사는 대사의 제자 법해法海로 하여금 대사의 설법 요지를 책으로 만들어 세상에 전하도록 했다.

이것이 바로 『법보단경』이다. 단경이란 계를 수여하고 받기 위하여 대범사에 설치한 단인 계단戒壇에서 깨닫도록 일러 준 가르침이라는 뜻이다. 일

제1장_남종선의 첫 연고지 광동·호남성 • 93

반적으로 부처님 말씀을 '경經'이라고 하는데, 중국에서는 혜능이 설법한 책을 '경'이라 한 것이니, 이는 6조를 부처님처럼 존중했음을 뜻하는 것이다.

『법보단경』은 이후 『육조단경六祖壇經』 혹은 『육조법보단경六祖法寶壇經』이라고도 불려 남종선의 가장 중심되는 경전이 되었으니, 그것이 만들어진 대범사 역시 소관에서 유명한 절이 되었을 것은 당연한 일이다. 신라의 도의 선사를 비롯하여 남종 선지禪旨를 깨치기 위해 온 구법승들에게는 6조의 행화 지역인 소주에까지 순례의 발길이 미치지 못하더라도 항시 지대한 관심의 대상이었다.

특히 도의는 가장 먼저 남종선을 본국으로 도입하여 오늘날까지 조계종의 종조宗祖로 추앙받고 있는 분이다. 그러나 그가 처음 귀국하던 시기(821년)에는 교종敎宗만을 숭상하던 불교계에서 이를 마설魔說이라 하여 배척했다. 이에 도의는 설악산 진전사陳田寺로 종적을 감추어 제자 염거廉居를 육성했고, 염거 문하에서 다시 체징體澄이 나와 가지산문迦智山門을 개창함으로써 비로소 종풍을 크게 떨쳤다.

『조당집』에 의하면, 도의는 8세기 후반에 사신을 따라 당으로 건너가 '광부廣府의 보단사에서 구족계를 받았다'고 하지만 교계나 학계에는 아직도 그 '광부의 보단사'가 어디에 있는 어떤 사찰인지 전혀 알려져 있지 않다. 따라서 도의가 구족계를 받았다는 보단사를 구명하는 일은 매우 중요한 일이 아닐 수 없다. 광주 지방 지도에도 대범사나 보단사라는 이름이 보이지 않으니 어찌된 일인지 알 수가 없다.

대감사 표지판 설명문에는 절의 옛 이름이 대범사大梵寺였다고 한다. 그러나 대범사와 대감사는 원래 다른 사찰이다. 대감사는 6조가 입적한 후 조정으로부터 대감이라는 시호가 내려짐에 따라 그 이름을 따서 부르게 된 것이니, 어떻게 같은 절이 될 수 있을 것인가? 그 까닭이 궁금하지 않을 수 없

『육조단경』의 산실인 대범사는 신라 도의의 구족계 수계처. 대감선사에서 서쪽 무강을 건너 5리 지점 (혜민북로)에 있었으나 일찍이 폐사되어 지금은 시가지로 변했다.

다. 그런데 대감사는 대웅전만 남은 조그만 사찰이지만 문 양쪽의 "대범사 법음의 여운이 천년을 거슬러 큰 소리 되어 세속의 꿈 깨쳐 주고(大梵淸音溯 遺韻似洪鐘醒世夢), 단경 수십 권의 독송이 서기를 남겨 선림을 보호하도다(鑑 明靜意誦壇經數十卷永留瑞氣護禪林),"라는 대련이 두 절이 동일하다는 의미를 은연중에 내포하고 있다. 어떤 이유였는지는 몰라도 대범사가 대감사로 바뀌었을 수도 있다. 그렇다면 도의 선사가 구족계를 받은 사원이 바로 여기가 아닐까 하는 생각이 스쳤다. 왜냐하면 『법보단경』의 가운데 두 글자, '보단寶 壇'을 따서 '보단사'라고 부른 것이 아닐까 하는 생각 때문이다.

도의 선사가 대유령을 넘어 조계 보림사로 내려가려면 소관을 거치지 않으면 안 되며, 소관에 들렀다면 대범사에 유숙했을 가능성이 있다. 광부란 광주부를 의미하는데, 소주부는 소부韶府라 해야 마땅하지만 어쩌면 광부가 광주 전역을 대표하는 지명이어서 그렇게 불렸을 가능성이 없지 않다. 이러한 여러 가지 사실을 종합해 보면 '광부의 보단사'가 바로 『법보단경』의 산실인 대범사로서 속칭으로 그렇게 불렸을 가능성이 있다. 그 후 보단사라고 불리던 대범사가 언제 무슨 이유에선지 없어지고 그 뒤에 대감사가 세워져 대범사를 계승한 것처럼 알려지게 되었을 것이다. 물론 다른 기회에 세밀한 문헌적 고찰과 재답사를 통하여 고증을 시도하겠지만, 이러한 추측이 사실로 밝혀지기를 기대할 뿐이다.

필자는 그 후 2006년 7월 12일부터 19일까지 중국불적답사회에서 조계종 총무원과 불교신문사의 협조로 도의 조사의 구법처인 광동성 소관시와 강서성 감주 공공산 보화사 답사를 실시하였다. 특히 소관시 답사에서 대감사로부터 무강을 건너 5분 거리의 200~300미터 지점에 있는 혜민북로惠民北路 강변에 있었다는 대범사지를 확인할 수 있었다. 그리고 귀국하여 『불교신문』(7월 22~28일 자)에 그 답사기를 연재하였다.

1999년 마지막 날이 밝았다. 우리는 오전 8시가 넘어 소관에서 미니버스로 출발하여 먼저 대감사를 잠시 둘러보고 9시경에 서쪽으로 유원乳源의 소수민족인 요족瑤族 자치현 구역에 있는 운문사雲門寺에 도착했다. '운문승경雲門勝境'이란 현판이 참배객들을 맞이한다. 운문 문언雲門文偃(864~949)은 복건성 설봉 의존 선사를 참문한 뒤 다시 강서성 조산曹山의 본적本寂과 소산疎山의 광인匡仁 선사를 참방 유력한 뒤 이곳으로 와서 평생을 전도하다 입적했다.

'날마다 좋은 날(日日是好日)'이라는 화두를 남긴 운문 문언 선사는 일자관一字關으로도 유명하다. 예를 들면 "무엇이 정법안正法眼입니까?"라는 질문에 "보普(모든 함축적인 것)"라고 답했고, "무엇이 도입니까?"라는 질문에 "거去(가라)"라고 대답하는 등 한 글자로 간명하게 선지를 드러냈다. 그 결과 그에

운문 문언 선사의 행화 도량 운문사

게는 운문천자雲門天子라는 별칭이 붙었다. 그가 해동의 구법승들과 어떠한 친분을 나누었는지 밝혀진 것은 없지만, 그가 설봉 문하에 있을 때 영조靈照와 현눌玄訥 그리고 소산 광인 문하의 경보慶甫·안安·초超 선사와 같은 나말·여초의 여러 입당승들과 동문수학한 점을 미루어 보면 가능성은 충분해 보인다.

우리가 보아 온 광동성 사찰들은 대체로 깨끗하고 부유하다는 인상을 느낄 수 있었다. 운문사 역시 겉으로 보아도 풍족한 환경으로 보인다. 허운虛雲 대사의 "구름은 대천계를 덮고(雲覆大千界), 문은 불이문이다(門前不二門)."라고 쓴 대련도 눈에 띈다. 공산 치하에서도 고집스럽게 사찰을 떠나지 않고 그 수호에 안간힘을 썼다는 허운 대사(1840~1959)는 운문사와 남다른 인연을 맺어 후원에는 그의 공을 기리는 허운탑과 허운기념당이 있다. 불학원과

제1장_남종선의 첫 연고지 광동·호남성 • 97

출판사도 있어 불교 서적을 간행하고 있다. 우리는 여기서 여러 권의 책을 구입할 수 있었다. 서점의 비구니 스님에게 운문 선사의 묘탑이 어디 있느냐고 물어보았더니, 그분이 어느 때 분인데 지금까지 묘탑이 남아 있겠느냐고 핀잔이다. 경내에는 근래 새로 세운 선사의 비석만이 서 있다.

　다음 행선지는 6조 혜능 선사의 행화 도량인 보림사로, 소관시 남쪽 마패진馬壩鎭 조계촌曹溪村에 위치하고 있다. 조계란 옛날 이 개울 옆 마을에 조씨들이 살아서 붙여진 이름이라고 한다. 절의 규모는 총면적이 1만 2천 평방미터나 될 정도로 엄청나다. 절은 전·중·후 세 부분으로 나뉘어 있다. 전반 부분은 조계문과 방생지 그리고 보림문으로 구성되어 있다. '남화선사'라는 현판 아래로 난 출입구 양옆으로는 "유령은 동산의 법문을 계승하고(庾嶺繼東山法門), 조계는 수사의 선문을 열었다(曹溪開洙泗禪門)."는 대련이 붙어 있다. 문으로 들어가서 방생지를 지나는 다리 위에는 오향정五香亭이 섰으며, 그 뒤로 근래에 세운 삼문三門 형식의 거대한 석조 패방牌坊(중국식의 특유한 간판 건축)이 '불이법문보림不二法門寶林'이라고 적힌 현판을 달고 우뚝 서 있다.

　보림문을 들어서면 중간 부분에 해당되는 곳으로, 대웅보전을 가운데로 하고 그 앞에 천왕전과 양옆으로 종루와 고루가 있으며, 대웅보전 뒤에는 장경각藏經閣이 자리 잡고 있다. 대웅보전은 가운데 8.31미터의 거대한 석가모니불을 중심으로 아미타불과 무량수불을 모셔 일명 삼보전三寶殿이라고도 하는데, 여기에서는 수·당 시대의 예술 작품들도 더러 보인다. 종루에는 남송대에 주조된 높이 2.75미터의 거대한 동종을 비롯하여 북송 시대의 걸작으로 평가되는 목조 나한상 300여 구가 소장되어 있다. 고루에는 청대 작품으로서 탑신에 천불이 조각되어 일명 천불탑이라고도 하는 5층 철탑이 놓여 있는데 좌대는 오대십국五代十國 시기 남한국南漢國의 작품이라고 한다. 대웅전과 장경각 사이에는 천 명의 대중이 공양할 밥을 지었다는 천인솥이 놓여 있고, 그 왼쪽 재당에는 소동파 글씨의 '재당齋堂'이라는 현판이 걸려 있다.

마지막 후반 부분으로 저 유명한 영조탑靈照塔과 육조전六祖殿 그리고 그 뒤쪽에는 산기슭의 탁석천卓錫泉이 있다. 영조탑은 높이 30여 미터의 5층 전탑으로 당 현종 개원 6년(718)에 창건되었는데, 원래 6조의 진신과 그 생전에 쓰던 용기를 소장하였던 까닭에 일명 육조탑이라고도 하였다. 후대로 내려오면서 탑 안에 습기가 차고 또한 도괴의 위험이 있어 6조의 진신을 일시 대웅전으로 옮겼다가 나중에 탑 뒤편에 육조전을 따로 지어 이곳으로 안치하였다고 한다.

명 말기에는 조계 남화사의 부흥에 공이 큰 감산 덕청憨山德淸(1546~1623)과 단진丹田 화상和尙의 진신을 육조상 좌우에 모셨다. 육조탑과 육조전의 중간 좌측에는 처음 절을 창건할 때 땅을 시주한 진아선陳亞仙 조부의 묘와 묘비가 지금까지 잘 보존되어 눈길을 끈다.

남화사를 답사하다 보면 영조탑의 지하궁에 꾸며진 지장전地藏殿이 특히 눈길을 끈다. 6조의 진신을 모시기 위해 건립된 영조탑은 그 뒤 훼멸되어 송 태평흥국太平興國 원년(976)에 전탑으로 원형을 복원하면서 원래 육조상은 육조전으로 모셔지고 그 빈자리에 지장보살상이 봉안된 것으로 보인다.

중국에서 모시는 지장상은 신라 출신 김지장金地藏(696~794) 스님이 구화산九華山에서 수행하여 추앙받으면서 전국 사찰에서 지장보살로 모셔진 것이다. 구화산 지장보살상은 그 앞에 민공閔公과 도명道明이 시립하는 형식을 취하고 있는데 남화사 영조탑에 모신 분도 구화산 지장 신앙이 전파되어 온 것임이 분명하다. 중국 최초의 등신불인 6조의 진신과 신라 출신 구화산 김지장이 여기서 만나고 있다는 점에서도 흥미를 갖게 하였다. 일개 스님으로서 한 분은 부처의 위치에 올랐고 또 한 분은 보살의 경지에 이르렀으니, 실로 인간이 수행하여 불보살이 된 현장에 숙연하지 않을 수 없다.

2) 도의 등의 참배처 조계 육조탑

혜능이 황매산黃梅山 5조 홍인 선사를 처음 찾아뵈었을 때 "네가 신주에서 왔다면 남방 오랑캐가 아닌가? 어찌 부처가 되려고 하는가!"라고 핀잔을 주었다고 전하는 일화에서도 알 수 있듯이 그가 나서 자란 광동은 그야말로 중국 고대사에서 보면 역사의 뒤안길에 위치하고 있었다. 그러나 혜능 같은 위인이 배출되자 이 남쪽 변방도 성지로 추숭되기에 이르렀다.

혜능은 24세에 광주 부근 신흥新興현에서 나무 장사를 하다가 황매산으로 갔으며, 5조의 의발衣鉢을 전수받고 다시 이 지역으로 내려와 활동했다. 처음

소주 곡강 남화선사에 있는 6조 혜능의 묘탑. 송 초에 안전상의 문제로 조사의 진신을 장경각으로 모셔 오늘에 이른다.

15년간은 아마도 좌선坐禪과 은둔 생활로 보냈을 것으로 여겨지지만 세상에는 5조의 의발을 탐내던 북종선北宗禪의 개산조 신수神秀(606~706) 대사 일파의 괴롭힘을 피하여 숨어 지냈다는 여러 가지 일화가 전한다. 어떻든 그는 오랜 은둔 생활을 끝내고 나이 40세 되던 무렵에 광주 법성사法性寺 인종印宗 법사를 찾아가 삭발 수계하였으며, 그 다음 해에 조계로 가서 지방 유지들의 도움으로 보림사를 행화 도량으로 삼아 영주하게 된 것이다.

보림사는 양梁 천감天監 원년(502)에 인도승 지약 삼장智藥三藏이 창건하였는데, 이는 무제가 '보림사'라는 편액을 내린 데서 비롯한다. 그 후 당 의봉儀鳳 2년(677) 혜능이 광주 법성사를 떠나 이곳으로 옮겨 주석함으로써 남종선의 조정祖庭이 되었으나 혜능 사후 사세寺勢의 흥쇠가 거듭되는 가운데 절 이름도 중흥사中興寺, 법천사法泉寺 등으로 개칭되다가 송 개보開寶 원년(968)에 남화선사로 바뀌어 오늘에 이르고 있다.

광동에서 6조와 밀접한 관계가 있는 또 하나의 절은 신흥현新興縣의 국은사國恩寺이다. 조사는 당 현종玄宗 선천先天 2년(713)에 임종을 예감하고 고향 신흥으로 가서 8월 초사흗날 국은사에서 강경講經을 하고, 저녁 무렵 산책 도중 바위 위에서 쉬다가 앉은 채 입적하였다(坐化)고 한다. 향년 76세였다. 제자들은 이 자리에 국은사를 세워 나무가 잎이 지면 뿌리로 돌아간다는 이른바 엽락귀근葉落歸根의 자연적 원리에 따라 스승의 입적을 기념하려 한 것이다. 국은사에는 또한 조사의 속가 부모의 묘소도 함께 가꾸어 놓았다. 이는 아무리 출가한 승려에게도 효행이 강조되는 중국적 유습이 작용한 것이다. 조사가 입적한 뒤 그 진신을 신주와 조계, 어느 곳에서 모실 것인가로 한동안 대립이 있었으나 결국 그해 말 조계로 모셔 천보天寶 원년(742)에 영조탑을 세우게 되었다. 우리의 여행 일정이 촉박하여 국은사 답사를 포기하게 된 것이 유감이 아닐 수 없었다.

6조 혜능의 진신이 모셔져 있는 남화사는 고래로 남종선의 중심 도량으로 중국만이 아니라 동아시아 여러 나라로부터 오는 참배객들의 향화가 끊이지 않는다. 신라에서는 남종선의 초조 도의 선사가 가장 먼저 육조탑에 참배하였다.

선사는 신라 선덕왕 5년(784) 나라 사신에 편승 입당하여 먼저 오대산을 참례한 뒤에 광동 보단사로 내려와 구족계를 받고 이어 조계로 6조의 조사당祖師堂을 찾아 참배하였다고 전한다. 이에 대하여『조당집』에서는 그가 보단사에서 구족계를 받은 뒤 "조계에 이르러 조사당에 예배를 드리려고 하니, 문이 저절로 열려 세 번 절하고 나오니 또 문이 저절로 열렸다."고 하였다. 이후 그는 대유령을 넘어 강서성 감주贛州 서당 지장西堂智藏(735~814) 문하

남화사 장경각의 육조 진신

로 들어가 돈오頓悟 선법禪法을 익히게 된다.

조계 남화사의 6조 진영을 참배한 저명한 신라 승려로 역시 명주溟州 굴산선문崛山禪門을 개창한 범일과 그 사법제자 행적을 들 수 있다. 범일이 약산을 거쳐 장안에 이르렀을 때 가혹한 회창법난을 만나 인근 상산商山으로 숨어 들어가 간고한 시일을 보내다가 법난이 해제되자 다시 조계로 향하여 구법 행각을 하였다.

당시 일을 『조당집』에서는, "그가 맹세하기를 '소주에 가서 조사의 탑에 예배하리라' 하고 천리를 멀다 하지 않고 조계에 다다르니 향기 어린 구름이 탑묘 앞에 서리고 신령스런 학이 훌쩍 날아와서 누대 위에서 지저귀었다. 이에 절의 대중이 '이러한 상서는 실로 처음 있는 일이다. 선사(6조)께서 오신 징조일 것이다' 하고 수군거렸다."고 묘사하였다.

낭공 행적 선사 역시 굴산 조사 범일의 뒤를 따라 조계를 순례하였다. 그는 담주 석상사 경제 선사 문하에서 수학하고, 인가를 얻은 다음 남악 형산衡山을 참례한 뒤 대유령을 넘어 조계의 육조보탑을 참알하고 귀국하였으니, 그들 사제가 함께 유학승으로 이름이 높았다.

이 무렵 신라로부터 오는 구법승들은 기록으로 전하는 내용 외에도 많은 분들이 조계를 찾아 조사탑전에 향을 피웠을 것이다. 그들은 스승으로부터 밀지密旨를 얻은 다음 본국으로 돌아가 행화에 임하는 경우가 많았지만, 현지에 남아 행화에 종사하는 경우도 적지 않았다. 이와 관련해서 웃지 못할 해프닝도 전해지고 있다. 이른바 신라 김대비金大悲 선사가 육신불로 천화遷化한 6조의 두상을 훔쳐 가려다 실패한 사건이다.

김대비는 개원開元 연간(714~741)에 홍주洪州(지금의 강서성 남창南昌) 개원사開元寺에 머물면서 여주汝州 양현梁縣 사람 장정만張淨滿에게 돈 2천 냥을 주고 6조 진신의 두상을 구하여 본국으로 밀반출하려고 하였으나 실패했다고 한다. 이런 일이 일어날 줄을 예상한 6조가 입적할 무렵에 제자들에게 "내가 죽은 후에 어떤 자가 나의 머리를 가져가려 할 것이니, 나의 말을 잘 들어 두었다가 방비하여라." 하고 비법을 일러 주었다고 한다. 6조가 입적하자 제자들이 그 비법에 따라 목에 쇠붙이를 써서 예방 장치를 해 두었는데, 개원 10년(722) 8월 3일 밤 갑자기 탑 속에서 쇠붙이 소리가 들려 대중이 달려가 보았더니, 도둑은 달아났고 진신의 목에 상처가 나 있더라는 것이다. 주州의 관인官人이 조사 끝에 김대비의 하수인 장정만을 체포하여 의법 처리하려 하였으나 절의 제자 스님들은 불법의 자비로 선처를 호소하여 석방시켜 주었다고 한다. 지금도 현지에서는 6조 진신의 목에 그때 상처가 흔적으로 남아 있다고 믿고 있다.

당시 사건의 장본인 김대비의 이후 행적에 대해서는 알려진 것이 없으나 경남 하동 쌍계사 금당에 모셔진 육조정상탑六祖頂相塔이 '6조의 두상을 동쪽으로 모셔왔다'는 전설과 함께 신봉되고 있어 당시의 일과 관련이 있을 것으로 전하기도 한다.

석가의 진신사리탑이 동아시아 곳곳에 넓게 퍼져 있는 것도 사실은 종교적 신앙심에 연유하는 것이지 그 전래의 내력을 알 수 있을 만큼 확실한 근거를 밝히기는 어렵다. 이와 유사한 사례로 중국 영파寧波의 아육왕사阿育王寺에는 석가모니의 진신사리가 봉안되어 있는데, 당 선종 대중大中 연간(846~859)에 한 신라 승려가 밀반출하려다 미수에 그쳤다는 이야기가 있다. 신라나 일본의 구법승들이 중국의 불상이나 불화 등 희귀한 예배 대상물을 본국으로 모셔 가 신봉하려다가 이같이 웃지 못할 이야기까지 남겼을 것이다.

우리는 남화사 답사를 마치고 늦은 점심을 해결하기 위해 기념품 파는 여인네와 아이들의 끈질긴 추적을 따돌리면서 미리 예약한 상가 건물 2층 식당으로 올라갔다. 앞쪽 조계에는 물도 별로 흐르지 않고, 뒤쪽으로는 절과 이어진 푸른 산기슭에 희끗희끗한 대나무 숲이 보인다. 우리가 답사를 떠나올 때 한국 날씨가 영하 10도 이하였는데, 꽃이 질 줄 모르는 홍콩과 광동에서는 영하 5~6도면 혹한(?)이라고 한다. 가이드의 말에 의하면 이 정도 날씨면 얼어 죽는 사람도 다수 생긴다며 저처럼 누렇게 변색한 대나무 색깔도 이번 추위로 동상에 걸렸기 때문이라고 한다.

식사 후 우리는 소관역에서 열차편으로 광주시로 이동하였다. 예약한 중심가 호텔에서 1999년 마지막 밤을 보내고 2000년 새 아침을 맞았다. 송구영신의 폭죽으로 광주의 밤이 밝고 요란한 가운데, 들뜬 분위기에 젊은 일행들은 모두 인파로 흥청대는 거리 구경을 나가고 혼자 방에 남아 새천년 새 아침이면 Y2K비행기 편으로 한가하게 집으로 돌아갈 생각을 하며 잠을 청하였다.

호남성의 한국 구법 관련 선찰 답사도

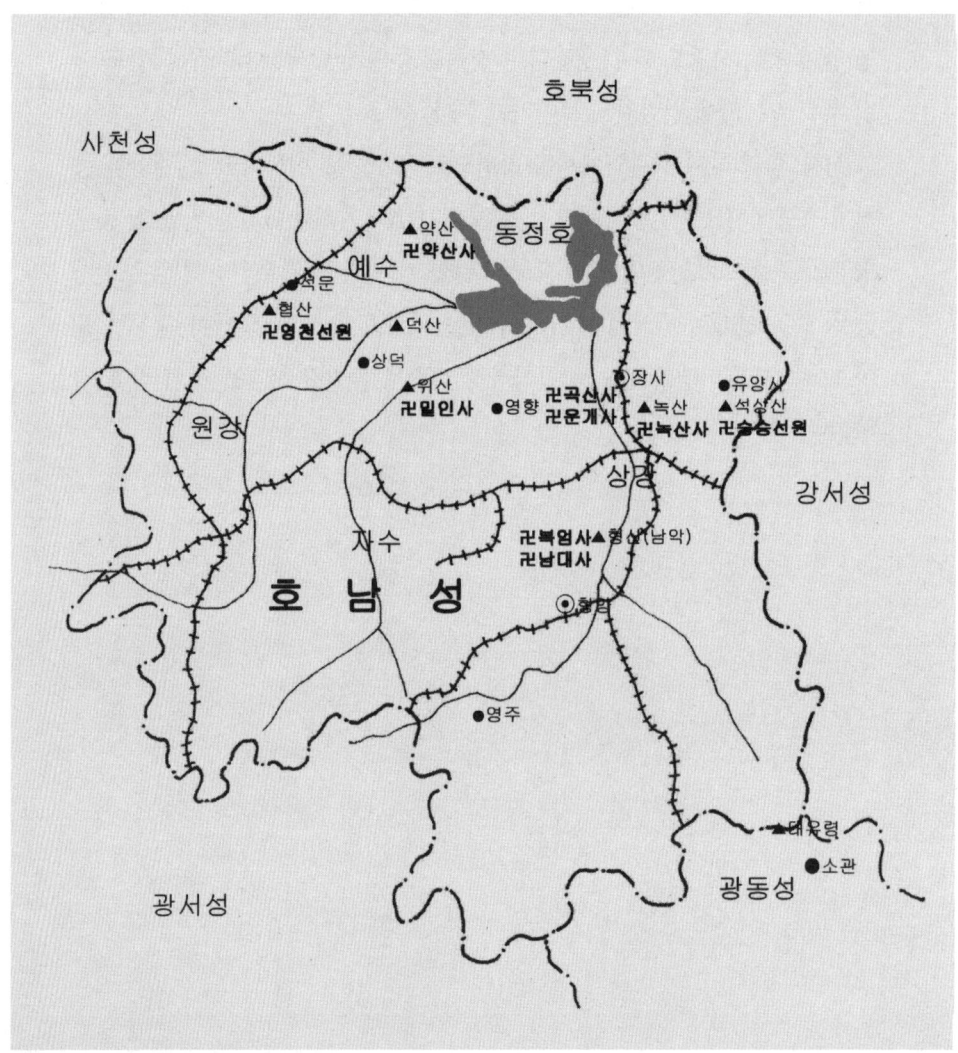

제2장

강서 홍주・조동종과
신라・고려 구법승

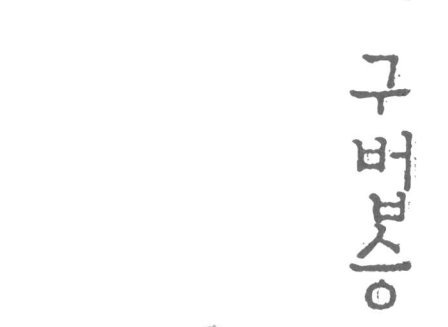

강서성 불적 답사는 1999년 8월 4일부터 10일까지 7일 동안 주로 한국과 관련 있는 선종 사찰을 중심으로 실시되었다. 참가자는 필자를 중심으로 신태광 동국대학교 강사와 진선여고 고 전중배 교사 부부 그리고 권혜경 교사로 구성되었다.

이번 답사 코스는 강서성 성도인 남창南昌에서 시작하여 상부진 백장사와 동안향 동산사를 경유하여 중부 지역의 의춘 앙산사지, 길안 청원산 정거사를 지나 남부 지역 감주 공공산 보화사를 돌아보는 것이었다. 특히 보화사는 서당 지장의 도량으로 구산선문 가운데 초기의 3산이 배출된 점에서 의미가 크다. 여기서 다시 남창으로 올라가 서북방으로 운거산 진여 선사를 거쳐 여산 동림사와 귀종사지를 찾았으며, 마지막으로 동부 지역 금계현 소산사 등을 차례로 순방하였다.

이 답사기는 2회로 나누어 『불교와 문화』(사단법인 대한불교진흥원) 2000년 9·10월 호와 11·12월 호에 게재한 바 있다. 당시에는 지면 관계로 개략적으로 서술하였으나 10여 년이 흐른 지금 사실관계를 수정 보완하여 내용을 충실하게 하였으며, 편목을 고치는 등 체제를 새롭게 한 것은 제1장의 예와 동일하다.

1.
홍주 · 조동 종찰과 신라 · 고려 구법승

1) 남창 우민사와 신라 구법승

우리 일행은 조선족 가이드 김문권 씨의 안내로 상해공항에서 오후 7시 남창행 비행기에 탑승하여 한 시간 정도 비행하여 저녁 9시경에 목적지에 도착하였다. 곧바로 숙소인 파양호대주점으로 이동하여 여장을 풀고 다음 날의 본격적인 답사를 준비하고 잠자리에 들었다. 이번 강서성 여행은 작년 겨울 복건성 여행에 이은 두 번째 한국 관련 불적 답사다. 날씨는 생각보다 덥지는 않으나 시내 풍경은 대부분 불이 꺼진 모습이어서 음침하고 답답한 분위기다. 그러나 다음 날 새벽부터 시가지는 활기를 찾기 시작했다. 남녀노소는 크고 작은 공간을 이용하여 음악에 맞춰 댄스도 하고 여러 종류의 기공체조도 하면서 부신하게 새날을 맞이하기 시작한다.

예장豫章 또는 홍도洪都 등의 다른 이름을 가진 남창은 예나 지금이나 강서성의 성도로서 널리 알려져 있다. 감강贛江이 성을 가로질러 뻗어 내린 강변에 등왕각滕王閣이 우뚝 솟아 있다. 등왕각은 호남성의 악양루, 호북성의

남창 서강 변의 등왕각. 중국 3대 누각 가운데 하나이다.

황학루黃鶴樓와 더불어 중국 3대 누각으로 당 초기의 문인 왕발이 쓴 서문이 특히 유명하여 동아시아 한자 문화권에 널리 알려져 있다. 뿐만 아니라 남창은 마조 도일의 행화 도량인 개원사, 즉 현재 우민사佑民寺가 있어 동아시아 선종사에서 그 이름이 널리 알려진 곳이다.

마조는 남악 회양의 법을 얻어 이곳 강서로 와서 남종선을 전파하는 활동을 펼쳤기 때문에 그의 선풍을 강서선江西禪, 또는 남창의 별칭인 홍주라는 지명을 따서 홍주종이라 부르기도 한다. 신라 도의를 비롯한 초기 구산선문의 조사들이 대부분 홍주종법을 도입해 갔으므로 이 지역은 신라와는 특별한 인연이 있는 곳이기도 하다.

앞에서 이미 언급하였듯이 마조 도일보다 약 반세기 앞서 신라 출신의 선승 김대비가 여기에 머물면서 남화사에 안치된 6조 혜능의 두부를 본국으로 밀반출하려던 사건으로 미루어 보더라도 개원사는 일찍부터 신라와 인연을 맺고 있었음을 알 수 있다. 더구나 마조 이후 강서와 호남에 선종이 크게 번창할 때는 교통의 요충지인 이곳에 한반도로부터 오는 구법승들의 발걸음이 잦았을 것이 틀림없으나 아쉽게도 기록으로 확인하기는 어렵다.

현재 남창시 번화가에 있는 우민사는 남조南朝 양대梁代에 창건될 때에는 대불사大佛寺라 하였으나 당 현종 개원 연간(713~741)에 개원사로 바뀌었으며, 그 뒤 '상람원上藍院', '승천사承天寺' 등으로 여러 번 명칭이 바뀌면서 성쇠를 거듭하였다. 그러다가 1929년 거사 요姚씨에 의하여 중건될 때 우

우민사 금동불상

민사佑民寺라 하여 오늘에 이르렀는데, 지금은 강서성 일급 보호문물임은 물론 전국 중점 보호문물로도 지정되어 있다.

이곳에는 오래된 유물로 당대唐代의 범종, 청淸 가경嘉慶 연간에 주조된 높이 1장 6척, 무게 3만 6천 근의 동불銅佛이 유명하며, 그 밖의 유물도 대부분 명·청 시대의 것들이다. 절이 교통 좋은 도심에 위치하고 있어 전란의 피해가 잦았고, 근래에도 문화혁명 등을 거치면서 고대 유물은 거의 훼손되었기 때문이다. 동불전銅佛殿을 위시하여 대웅보전 좌우로 앉은 고루와 종루도 최근에 조성된 것이긴 하지만 규모가 크고, 고목이 우거져 그런 대로

고찰로서의 품위를 잃지 않고 있다. 사찰은 지금도 보수가 한창 진행 중이다.

'마조馬祖'란 '마씨馬氏 성을 가진 굳센 조사祖師'라는 뜻이다. 그의 스승 남악 회양이 혜능 문하에서 득도하였을 때 자신의 문하에서 천하를 주름잡을 만큼 원기 왕성한 한 마리 말이 탄생할 것이라고 예언해 주었다는 고사에서 유래한다. 이는 후세에 날조되었을 가능성이 없지 않지만, 마조가 남종선 역사에 있어 혜능에 버금갈 정도의 걸출한 인물로서 그에 대한 추앙심에서 나온 일화임은 말할 필요도 없다.

마조는 사천성四川省 한주漢州 출신으로 어려서 나한사羅漢寺로 출가하였으며, 18세에 자주資州 덕순사德純寺 지선智詵의 제자 처적處寂에게 체발하고 수행하였다. 21세에 성도成都 정중사淨衆寺 신라 무상無相(684~762)의 문하로 들어가 수행하였고, 23세 무렵에 고향을 떠나 남악南岳 형산衡山으로 가서 반야사 회양의 문하로 들어가 약 9년 동안 연마하여 인가를 받았다. 이후 복건성 건양建陽의 불적령佛迹嶺으로 가서 개당 설법하였으나 인연이 닿지 않아 오래 머물지 않았다.

마조는 다시 강서성으로 넘어와 임천臨川, 무주撫州 등 여러 곳을 전전하며 행화를 펼쳤다. 특히 의황宜黃 석공산石鞏山에서 석공 혜장慧藏을 만난 이야기는 매우 흥미롭다. 사냥꾼 석공 혜장이 사슴몰이를 하다가 마조 도일이 주석하고 있는 절을 지나가게 되었을 때의 일이다.

마조 도일이 먼저 물었다.
"당신은 무엇 하는 사람이오?"
"사냥꾼이오."
"활을 쏘아 몇 마리를 맞힐 수 있소?"

"한 마리를 맞추지요."

"그렇다면 당신 재주는 별 것이 아니구려. 나는 한 번 쏘아 한 떼의 짐승을 잡을 수 있다오."

이 말에 석공은 대꾸하였다.

"재주야 어떻든, 짐승들도 우리와 같이 생명이 있기는 마찬가지인데 차마 그렇게 많이 죽일 수야 없지요."

"당신이 생명의 귀중함을 알면 왜 당신 자신은 쏘지 않소?"

"나 자신을 쏘려 해도 쏠 방법이 없습니다."

"이 사람, 영겁에 걸쳐 무지한 번뇌를 많이 쌓아 왔는데 이제 와서야 완전히 끊어 버렸구먼!"

마조 도일 선사상. 마조를 35세라고 한 것은 인도 선종의 초조 가섭으로부터 계산한 것이다.

이에 깨달은 바가 있던 석공은 활을 버리고 땅바닥에 엎드려 절하고 중이 되어 도일을 스승으로 모셨다. 도일이 떠난 뒤에도 석공 선사는 평생토록 이 절을 떠나지 않고 지켰다. 석공사는 문화혁명 때 파괴되어 폐사로 변하였으나 1980년대 이후 중건되어 다시 개방되고 있다고 한다. 도일의 고족 서당 지장과 백장 회해가 입실 제자가 된 것도 이 석공사에서의 일이다.

안사安史의 난亂(755~763)으로 전 국토가 대란을 겪은 뒤 도일은 60에 가까운 나이로 건주虔州(즉 감주贛州) 자사의 요청에 따라 공공산龔公山 보화사寶華寺로 옮겨 주석하였으며, 3년 뒤에는 홍주洪州 자사刺史의 청으로 홍주 개원사에 주석하여 종신 도량으로 삼아 수많은 제자들을 길러 냈다. 개원사에서의 상당上堂 법어法語 한 가지를 소개해 보자.

"그대들은 각각 자신의 마음(自心)이 부처임을 믿어야 한다. 이 마음이 곧 부처다. 달마 대사께서 남천축국으로부터 중화에 와서 상승일심법上乘一心法을 전하여 그대들로 하여금 깨닫도록 한 것이다.……무릇 법을 구하는 자는 구하는 바가 없어야 할 것이다. 마음 밖에는 따로 부처가 없으며, 부처 밖에는 따로 마음이 없다. 선도 취하지 말고, 악도 버리지 말 것이니 깨끗하고 더러운 것 모두 의지할 바 못되느니라."

이처럼 그의 설법은 6조의 기본 사상, 즉 심외무불心外無佛에 철저히 근거하고 있다. 대주 혜해大珠慧海가 처음으로 도일을 찾아갔을 때의 일화도 전하고 있다.

도일이 먼저 물었다.
"어디서 오는 길이냐?"
"대운사大雲寺에서 오는 길입니다."
"무엇 하러 왔느냐?"
"불법을 구하러 왔습니다."
"내가 지금 너에게 줄 것이라곤 아무것도 없다. 너는 어찌하여 네 집에 있는 보물을 두고 집을 떠나 방황하고 있느냐?"
이 말에 대주 혜해가 어리둥절하여 다시 물었다.
"무엇이 저의 보물입니까?"

"지금 나에게 묻고 있는 것이 바로 너의 보배다. 그것은 모든 것을 갖추어 부족함이 없다. 너는 그것을 자유자재로 운용할 수 있는데 바깥에서 무엇을 다시 구하려고 하느냐?"

이 말을 들은 혜해는 생각을 더 할 것도 없이 자신의 마음을 꿰뚫어 볼 수 있었다고 한다.

당시 일반 구도자들은 "강서에는 대적大寂(마조 도일의 시호)이 있고, 호남에는 석두石頭가 있어 학인學人들은 분주히 왕래하였다. 두 대사를 뵙지 못하면 무식하다고 했다."고 할 정도로 두 조사는 실로 우뚝한 존재였다.

도일의 제자 방온龐蘊은 유업儒業을 버리고 불문佛門에 귀의한 점에서는 단하 천연과 마찬가지였으나 천연이 삭발 수계한 출가승인 데 반해 그는 출가하지 않고 거사居士라고 하는 재가在家 신도로서 일관하였다. 그들은 마조 도일과 석두 희천의 문을 드나들면서 배웠는데 한번은 방온이 희천에게 가서 "만법과 함께하지 않는 사람은 누구입니까?" 하자, 희천은 손으로 그의 입을 틀어막아 버렸다. 뒤에 도일에게 같은 질문을 하자 "네가 서강西江의 물을 한입에 마셔 버릴 때 대답해 주지."라고 대꾸하였다.

서강은 남창을 동쪽으로 끼고 파양호로 흘러드는 감강의 지류를 말한다. 두 선사의 대응은 달랐지만 입으로 말할 수 없다는 의미에서는 마찬가지였다. 희천의 선법이 미끄러웠다면 마조의 선은 너무나도 평탄하면서도 때로는 격렬하였다.

한번은 도일의 제자 등은봉鄧隱峰이 수레를 끌고 오는데 도일이 길에 다리를 죽 펴고 앉았다. 제자가 다리를 오그려 달라고 했으나 도일은 "나는 일단 펴면 오그리지 않는다."라고 하였다. 이에 등은봉은 "저는 일단 나아가면 물러서지 않습니다." 하고는 그대로 지나가 스승의 다리를 다치게 하였다.

이에 도일이 도끼를 들고 나와 내리찍는 시늉을 하자 등은봉은 목을 쑥 내밀고 기다리는 것이었다. 이렇듯 도일은 제자를 육성함에 있어서 기회를 적절히 포착하여 그들에게 두려움 없는 담력을 길러 주었다.

그런가 하면 때로는 방편(임기응변)을 적절히 사용하여 상대방으로 하여금 판단하여 스스로의 길을 찾도록 계도해 주기도 했다. 어느 고관高官이 '육식하고 음주하는 일이 나쁜 일인가' 물었을 때 "먹고 마시는 것은 영감님의 녹이고, 주육을 금기하는 일은 영감님의 복입니다." 하였다.

이와 같이 도일은 남창 우민사에서 정력적으로 활동하여 139명의 입실제자를 길렀다. 그 제자들은 다시 각처로 펴져 각기 한 지방의 전법을 담당한 종주宗主가 되어 '평상심이 곧 도(平常心是道)'라고 하는 종지宗旨를 가르쳐 마조의 홍주선풍을 크게 일으켰다.

앞에서 잠시 언급한 바와 같이 마조 도일은 생애 후반 18년간 강서 개원사를 종신 도량으로 하였지만 그 직전 3년 동안에는 건주 공공산 보화사에서 왕성하게 전법 활동을 하여 많은 제자들을 배출하였다. 그는 안사의 난을 겪기 전까지 남악 형산을 비롯하여 복건 및 강서 남부의 여러 지역을 바쁘게 돌아다니며 전법 활동에 여념이 없다가 대력大曆 3년(768) 57세 때 건주虔州 자사 배서裵諝의 청으로 건주 남강군南康郡(즉 공현贛縣) 공공산 보화사로 와서 주석하게 되었다. 그 후 그가 63세에 개원사로 옮겨 주석한 것은 홍주 자사 노사공路嗣恭의 요청에 의해서였다. 백장 회해를 비롯한 그의 초기 제자들은 대부분 공공산 시절에 배출되었으며, 특히 서당 지장은 이 지역 출신으로서 평생토록 스승의 그림자처럼 제자 가운데 수석 자리를 지켰는데 이에 대해서는 뒤에 다시 살펴보기로 한다.

그런데 이상하게도 『조당집』의 마조 도일과 서당 관련 기록에는 도일이 홍주 개원사에 주석하기 전 3년간 공공산 보화사에서 활동하였던 중요한 전법 내용에 대한 언급이 없고 단지 개원사에서의 활동만을 기술하고 있다. 신라 도의를 비롯하여 실상사 홍척洪陟과 동리산 혜철惠哲(혹은 慧徹) 등 세 산문이 모두 개원사 서당 지장에게서 법을 이었다고 하여 보화사와의 관계를 누락하고 있다는 점은 이해할 수 없는 일이다. 후술하겠지만 서당 지장은 스승 마조가 입적한 뒤 건주 보화사로 내려가 서당西堂에 거처했다고 해서 생긴 이름이라는 사실은 다른 모든 불교사에서 일치된 기록이다.

혜능이나 마조 도일과 같은 위대한 선사에게도 고향을 찾는 인간미가 있었음은 세상 사람들과 마찬가지였던 것 같다. 안사의 난을 겪은 뒤 도일은 한 차례 사천성 한주漢州의 고향을 방문하였다. 이때도 늘 그림자처럼 시봉하던 지장이 배행하였을 것으로 보인다.

당시 이런 일화도 전한다. 지역민들의 환영 잔치로 부산할 때였다. 이웃집 노파가 담 너머로 보고서는 "웬 소란인가 했더니, 옛날 마씨네 집 머슴애로구먼!" 하는 것이 있다. 고루하면 고정관념을 벗어나지 못하는 법이다. 이에 도일은 혼자서 읊조렸다. "그대에게 권하노니, 고향엘랑 가지 말게. 고향에선 도인道人이 따로 없나니. 시냇가에 살던 옛 아주머니가, 아직도 나를 그 머슴애라 부르네."라고. 반은 유머러스하고 반은 감상적인 콧노래로 흥얼거린 것이다.

마조 도일은 입적 1년 전 정원 4년(788) 건창建昌 석문산石門山에 올라 제자와 함께 거닐다가 보봉寶峰 아래, 늑담泐潭 옆 어느 아늑한 자리를 발견하고, "수개월 후 내 늙은 몸은 이리로 옮겨 와야겠다." 하더니 얼마 뒤 앓아 누웠다. 그러던 어느 날 도일은 목욕하고 옷을 갈아입은 뒤 가부좌한 채 조용히 열반에 들었다. 향년 80세였다. 홍주 마조 도일 선사의 돈오선법을 처음으로 신라에 도입한 도의 국사가 입당한 것은 784년으로 그 4년 뒤에 마조 도일이 입적하였다. 이 무렵 도의는 아마도 조계의 육조 도량六祖道場을 참배하고 건주 보화사 서당 화상을 찾아 대유령을 넘고 있었을지 모를 일이다.

마조 도일의 원적 도량이 보봉사寶峰寺로 남창 서북 200여 킬로미터 되는 보봉향에 위치하고 있다. 마조의 묘탑이 모셔진 보봉사가 이번 답사에서 제외된 것은 유감스런 일이다. 강서성 사회과학원 역사·종교연구소 연구원 조국경曹國慶 씨는 이러한 사정을 알고 1999년 10월 20일에 있었던 불상개광佛像開光 및 일성一誠 스님의 방장승좌식方丈升座式 기념사진을 보내 주었다.

2) 봉신현 백장사와 신라 구·전법승

8월 4일, 우리를 태운 봉고차는 8시가 못 되어 호텔을 출발하여 곧장 남창 8·1대교를 건넜다. 남창은 고대에도 이름난 곳이지만 현대사에 있어서도 중국공산당 초기 근거지로서 유명한 곳이다. 1927년 8월 1일 중국공산당이 봉기하여 이날이 인민해방군의 기념일로 지정되었는데 그를 기념하기 위하여 이 다리를 건설한 것이다.

얼마 후 우리는 신건新建·봉신현奉新縣 소재지를 지나 9시 반경에 상부진上富鎭을 거쳐 감방甘坊에서부터는 비포장도로를 달렸다. 서탑西塔 방향으로 개울을 따라 터덜거리면서 한참 달리자 산이 나타나고 탑이 보였다. 탑지에서부터 산길로 15킬로미터를 더 가야 백장사百丈寺가 나온다. 중국에서는 큰 사찰 어귀에 서 있는 탑들을 종종 보게 된다. 산에는 죽림이 무성한데 굽이굽이 돌아갈 때마다 암자가 보이는가 하면 계단식 밭이 펼쳐지기도 하고, 군데군데 산촌에서는 아낙네가 빨래하고 오리와 닭이 모이를 찾아 한가롭게 노닌다. 길은 대나무를 실은 트럭들로 막혀 한 시간 가까이 지체되다가 오전

11시가 지나서야 절 앞에 도착할 수 있었다.

백장사는 백장산 대운봉大雄峰 아래 내려앉아 있고, 그 앞으로는 논밭과 인가들이 여기저기 흩어져 있다. 대나무로 만든 산문에는 '백장선사百丈禪寺'라는 현판이 달려 있다. 천왕전은 보수 중이고, 대웅보전을 비롯하여 조사당과 옥불전 정도가 있을 뿐 사찰 규모가 옛 명성에 비하여 너무도 왜소하고 볼품이 없다. 우리를 친절하게 맞아 주는 주지 달자達滋 스님은 70세 정도의 호인으로서 절의 내력에 관해서 아는 것이 별로 없고, 옛날 절이 흥성할 때는 대규모였다고 자랑한다.

백장사는 당 대력大曆 연간(766~779)에 암자로 출발하였으나 뒤에 유명한 백장 회해가 주지로 부임함으로써 백장사라 부르게 되었다. 회해 선사가 '백장청규百丈淸規'라는 선종의 제반 법규를 정하고 '천하의 모든 승려는 여기에 따라 행할 것'을 주장하여 선종 발전에 크게 기여하였음은 잘 알려진 일이다. 백장사는 대중大中 원년(846), 즉 회창법난 직후 즉위한 선종宣宗이 '대지수성선사大智壽聖禪寺'라는 편액을 내린 이후 선종 사찰로서 발전을 거듭하여, 흥성할 때는 그 규모가 3사寺 5묘廟 48암자를 갖추었다. 그러나 근세에 들어 산중 사찰은 교통이 불편한 데다 여러 화란이 겹쳐 재기 불능의 지경에 이르렀다고 한다. 예컨대 태평천국 시기에 석달개石達開와 이수성李秀成의 군대가 연이어 주둔하면서 크게 파손되었으며, 가까이는 문화혁명 시기에 폐사되었던 것을 지금에 이르러 이 정도라도 수복을 서두르고 있는 형편이라 한다.

백장 회해의 속성은 왕王씨이며, 복건 장락長樂 사람이다. 젊어서 용천사龍泉寺 혜조慧照 선사에게 출가하여 계戒·정定·혜慧 3학에 정진하였다. 후에 마조 도일이 강서 공공산에 주석한다는 말을 듣고 문하로 들어가 서당 지장, 남전 보원 등과 함께 삼대 고족高足이 되었으며, 그 뒤 마조 도일이 홍주 개원사로 옮겨 가자 선사를 따라가 6년간 시봉하면서 마침내 심인心印을 얻었다. 한번은 도일이 백장과 함께 길을 가다가 마침 들오리가 푸드덕 소리를 내며 날아가는 것을 보고 물었다.

"저것이 무엇이냐?"

"들오리입니다."

"어디로 가느냐?"

"날아가 버렸습니다."

도일이 이 말을 듣고 대뜸 회해의 코를 잡아 비틀었다. 회해가 아프다고 소리를 지르자 도일은 "또 날아갔다고 하겠느냐? 여기 이렇게 있지 않느냐?" 하여 진정한 자아는 바로 그 자신임을 가르치니, 회해는 크게 깨닫는 바 있었다. 이를 선가에서는 '백장과 들오리(百丈野鴨子)'라는 공안公案(혹은 화두話頭)으로 널리 알려져 있다.

하루는 어느 스님이 회해에게 묻기를 "부처는 누구입니까?"라고 하자 회해는 "당신은 누구요?"라고 답했다고 한다. 누구나 소아를 버리고 진정한 자아를 발견한다면 모순도 장애도 없는 자유로운 세상을 누릴 수 있다는 의미였다. 자아가 도와 하나가 되어 선의 세계에 노닐 수 있기 때문이다.

'백장과 들여우(百丈野狐)'라는 화두는 그의 제자 황벽 희운黃檗希運과 관련된 이야기로 유명하다.

백장 회해가 법당에서 설법할 때마다 한 노인이 끼어 있다가 어느 날 회해에게 "저는 옛적 가섭불迦葉佛 시대에 이 산에서 선을 지도하고 있었는데, 어느 학인의 인과因果에 대한 질문에 잘못 대답한 과보果報로 500년 전에 여우의 몸으로 태어났습니다. 이 업보에서 벗어나도록 해 주십시오."라고 간청하였다. 백장이 그 질문을 다시 해 보라고 하자 그는 "크게 수행한 선지식善知識도 역시 인과因果에 떨어집니까?"라고 물었다. 이에 회해가 "인과에 어둡

'백장선사' 현판을 단 대나무로 된 문

지 않느니라."라고 답했다.

참으로 도를 깨치면 인과의 법칙에 지배를 받는 현상계를 무시하지 않는다는 뜻일까? 이 한마디에 노인은 크게 깨닫고 여우의 몸에서 벗어나게 되었고, 이리하여 회해는 여러 제자들과 함께 산중에서 여우의 시체를 찾아내어 고승의 예로 장례를 치러 주었다.

이를 지켜본 황벽 희운이 저녁 설법에서 "옛 사람은 잘못하여 여우의 몸으로 떨어졌는데, 묻는 말마다 바른 대답만 하시는 방장스님은 어떻게 됩니까?"라고 묻자 회해는 "이리 가까이 오면 알려 주마."라고 했는데 희운은 가까이 다가와 스승의 뺨을 쳤다. 제자에게 얻어맞은 회해는 오히려 박장대소하며 "너야말로 진짜 빨간 수염의 텁석부리 달마로구나!" 하고 칭찬해 주었다고 한다.

사제 사이의 언행에는 이처럼 거침이 없었다. 회해의 수제자로는 위산 영

백장 회해 선사상

우와 황벽 희운이 으뜸이었으며, 다시 위산 영우의 제자에 앙산 혜적이 나오고 황벽의 문하에 임제臨濟 의현이 나와 선종사에 또 하나의 큰 획을 그었다.

한국 선종의 초조 도의 선사도 백장의 문을 거쳐 갔다. 그러나 6조 혜능으로부터 중국 강남 지방에 뿌려진 남종선의 씨앗이 남악과 청원의 두 세대를 거치고, 다시 마조 도일과 석두 희천의 세 세대를 거치는 동안 신라 구법승의 관심은 아직도 여기에 미치지 못하다가 도일의 다음 세대에 이르러서야 그들의 내방이 있었다. 도의와 홍척 그리고 혜철이 그들이다. 도의가 서당 지장에게서 인가를 받은 다음 백장산으로 찾아왔을 때 회해 선사는 반갑게 맞으면서 "강서의 선맥禪脈이 모두 동국의 승려에게 돌아가는구나!"라고 칭찬해 마지않았다. 서당 지장의 사제로서 서당의 여러 신라 출신 제자들을 유심히 관찰하였을 백장이 그의 심중을 꾸밈없이 토로한 말에 틀림없을 것이다.

이제 앞에서 언급한 '백장청규'에 대하여 살펴볼 차례다. 이 규정집이 책으로 출간되자 사원의 모든 승려들이 지킬 직무와 생활 일과에 대한 선종의 제반 제도가 체계를 잡게 되었다. 출가승이 되기 위해서는 '살생하지 말고, 도둑질하지 말며, 사음하지 말고, 망언하지 말며, 음주하지 말 것'의 5계五戒를 지켜야 하며, 이에 더하여 '높고 넓은 침대에 앉거나 눕지 말고, 때 아닌 때에 식사하지 말 것' 등의 다섯 가지 청규를 서약하면 머리를 깎고 승려가 될 수 있도록 규정한 것이다. 그중에서도 백장이 확립한 이 제도의 특징은 무엇보다 승려로서 농사짓는 의무를 규정한 것이다. 즉 "하루 일하지 않으면, 하루 밥 먹지 아니한다(一日不作 一日不食)."는 조목이다.

본래 인도의 승려들에게는 농사일이 금지되어 있었다. 모름지기 승려의 본분은 생산에 종사하지 않고 걸식하면서 행화에만 힘쓸 것을 주장하였기 때문이다. 이러한 제도는 김을 매거나 밭을 갈 때 생물을 다칠 우려가 있을 뿐 아니라 인도와 같은 열대지방에서는 야자나 바나나 같은 과일만으로도 배를 채울 수 있어 가능한 일이었다.

중국은 인도와 환경이 다르지만 종래 탁발 구걸하는 전통적 관례를 중시하여 여기에 따르고 있었다. '백장청규'는 이러한 전통의 틀을 깨고 승려들의 기생적 풍조를 일시에 청산하려는 것이었다. 모든 승려들로 하여금 자신의 노동에 의해 생활할 수 있게 하고, 보시는 부수적인 것으로 하도록 하였을 뿐만 아니라 사찰은 속인과 마찬가지로 세금도 내야 한다고 주장하였다.

이러한 혁명적인 견해로 인하여 그는 당시 보수파 세력의 공격을 받기도 했지만 다른 모든 위대한 혁명가와 마찬가지로 불퇴전의 용기로 난관을 극복하였다. 그는 스스로도 자신이 정한 규칙을 철저히 지켰다. 늙어서도 농사일을 쉬지 않을 정도였다.

한번은 제자들이 이를 안타깝게 여겨 농기구를 감추어 버린 일이 있었다. 여기저기 찾아보았으나 끝내 찾지 못하자 그는 단식을 시작하였다. 일을 하지 않았으니 먹지 않겠다는 것이었다. 제자들은 부득이 감추었던 농구들을 내놓지 않을 수 없었다. 이러한 일화는 그의 노농 정신에 대한 신념이 얼마나 철저하였는지 전해 주는 대목이다.

백장 회해는 814년, 94세를 일기로 타계하였다. 사찰에서 자체적으로 만든 『백장사간사』에 의하면, "회해가 백장사에서 청규를 세우면서부터 사찰의 명성이 떨쳐지고 선학의 대가가 폭주하였으며, 당송 이래로 백장사의 주지로서 홍법의 고승이 대대로 끊이지 않았으니 당대에는 유정惟政 등이 있고, 오대五代 때는 명조 안明照安(한국인씨韓國人氏), 송대에는 도항道恒……원대에는 대흔大昕 · 덕휘德輝 선사 등이 있어……수복과 중건 및 불법의 홍전에 매우 큰 공헌을 하였다."라고 하여 각 시기의 대표적 고승들을 열거하고 있다. 이 인용문에서 오대의 명조 안 선사를 '한국인씨韓國人氏'라고 표기하였는데, 이는 아마도 원래 '동국인'이라고 되어 있는 것을 문화혁명 이후에 정리하면서 '한국인'으로 고쳐 놓은 것으로 여겨진다. 『조당집』에 오대 민월閩越 설봉의존 문하에서 이름을 얻은 영조靈照와 현눌玄訥 선사를 동국인이라 표기한 경우를 떠올리게 하는 대목이다. 이들은 신라인으로 입당하였으나 중국에서 활동할 때는 신라가 고려로 바뀌었으니 응당 나말 · 여초 사람이라고 해야 정확한 표현이 되는 것이다. 어떻든 명조 안 선사는 오대 시기 백장사를 대표하는 나말 · 여초의 선승이었음은 틀림없는 사실이다.

이제 동국승 안 선사에 대해서도 잠시 살펴볼 필요가 있다. 본래 신라 국적이던 안 선사의 법호는 명조, 생몰년월은 밝혀져 있지 않으나 대개 신라 말에 입당하여 강서 무주撫州(현 임천臨川) 소산 광인을 은사로 득도한 후에 백장산에서 개법하였다. 그가 백장산을 찾았을 때 백장 회해 선사의 문인들이 자기 스승의 진영을 그려서 벽에 걸었는데, 그 찬贊에 이렇게 썼다.

> 눈에 보이는 저 달의 찬란한 빛 누가 와서 그렸는가?
> 비취 빛 푸른 연못에 해와 달이 잠겨 있네.
> 첩첩이 둘러싸인 수미산을 빙빙 돌고 돌아,
> 한 손가락으로 가리킨 달 호망도 하여라.

對日誰寫蟾輝
碧池日面月面
輪圓須彌須彌
一指月面豪芒

안 선사가 와서 이를 보고 다음과 같이 평해 좌중을 놀라게 했다고 한다.

먼 곳의 먼지를 지적하지 못하듯
대비심이라 한들 어찌 내 뜻을 깨우칠까?
높고 큰 공덕을 두고 제멋대로 시비만 일삼는구나!
遠方方尖不指
大悲何起我謂
玄空胡是胡非

여기서 안 선사의 선가의 계보에 대하여 유의할 것이 있다. 소산 광인은 동산 양개의 사법제자이며, 동산 양개는 약산 유엄의 법을 이은 운암 담성의 제자로 계보상 남악 회양과 청원 행사 양쪽에 걸쳐 있다. 그러나 두 계통을 엄밀하게 따지는 버릇은 후대의 일이고, 초기에는 상호간 출입이 자연스러웠기 때문에 안 선사가 소산과 백장산을 내왕하면서 법을 구하고 널리 전파하는 일을 동시에 수행했다고 하여 조금도 이상할 것이 없다. 다음으로 신라 스님들이 백장산에 와서 홍법하였던 편린을 잠시 살펴보기로 하자.
안 선사가 백장산에서 법문을 열었을 때 어느 학승과의 문답이다.

학승이 먼저 물었다.

"한번 원광(一藏圓光)을 감추면 그 본체本體는 어떠합니까?"

"그대는 수고롭게도 멀리 왔구려."

"혹시 온통 원광을 감춘 것입니까?"

"차 한 잔 더 들게."

그러자 학승이 말을 바꾸어 다시 물었다.

"스님의 가풍家風은 어떠합니까?"

"수건은 1촌 반의 베로 만들었지."

"만법이 하나로 돌아간다면, 하나는 어디로 돌아갑니까?"

"한 개도 없으면 묻지도 않겠지."

"무엇이 최고의 법칙입니까?"

"빈 왕궁에 95계단을 오르는 것이며, 시골 노인의 뜰 앞에는 사람을 세워 놓지 않는 것이다."

이에 학승이 마지막으로 물었다.

"인연을 따라 깨달을 때는 어떠합니까?"

"깨닫지 못했을 때는 어떠한가?"

선사의 선지禪旨는 대개 이러하였다.

안 선사와 함께 소산 광인의 문하에서 배우고, 백장산에도 같이 주석한 신라 스님으로 초超 선사가 있었다. 어느 스님이 떠나면서 묻기를 "오늘 하산하는데 누가 스님의 법을 묻는다면 무어라고 할까요?" 이에 초 선사는 "그에게 이 말만 하시오. '대웅산 위에 호랑이가 사자 새끼를 낳았다'고." 대웅봉大雄峰은 백장산의 백장사가 앉은 뒷산 봉우리로서 산승들 사이의 문답에 가끔 등장한다.

어느 수행자가 백장 회해 선사에게 "이 세상에서 가장 기특하고 훌륭한 일은 무엇입니까?" 묻자, "혼자 이렇게 대웅봉에 앉아 있는 일이지." 하고 답한 경우를 연상할 수 있다. 광인 선사 문하에서의 안과 초, 두 선사의 인적 사항에 관해서는 뒤에 다시 논하기로 한다.

회해의 탁월한 작품『백장청규』는 이후 시대에 따라 개편을 거듭하였다. 『선원청규禪苑淸規』는 북송 말에 종색宗賾이 찬한 것이며, 오늘날의 대장경에 수록된 것은 원대元代 백장 덕휘百丈德輝가 여러 종류의 청규를 집대성한 것이다.『백장청규』가 책으로 출간됨으로써 역사상 중대한 영향을 끼쳤으니 하나는 불교사적 측면에서이고, 다른 하나는 중국 사상계 일반에 있어서다. 불교사 측면에서 끼친 영향은 백장 입적 후 약 30년 만에 발생한 회창법난과의 관계에서 살필 수 있다.

845년 무종武宗이 내린 파불령破佛令은 "한 사람이 밭 갈지 않으면 다른 사람이 굶게 되고, 한 여인이 베를 짜지 않으면 다른 사람이 추위에 떨게 된다. 현재 절에는 비구들과 비구니들이 헤아릴 수 없이 많지만……"으로 시작하여 일하지 않고 사치를 일삼는 불교 때문에 국가가 쇠약해졌다고 단정하였다. 그러나 이러한 파불의 이유는『백장청규』의 정신을 받아들이고 있던 선종 사찰에는 해당되지 않았으며, 실제로 불교 박해로 인한 피해를 남종선의 사찰에서 가장 적게 입었다.

중국 출신 재미在美 학자 여영시余英時 교수는 그것이 송대 이후의 성리학에 미친 영향이 다대하였다고 주장한다. 즉 남송 신유학의 대가 주희朱熹와 육구연陸九淵 등의『유문학규儒門學規』역시『백장청규』의 영향 아래 만들어졌다며 유교와 불교가 서로 대립만 한 것이 아니라 상호 교섭하면서 발전한 측면을 지적하였다. 뿐만 아니라 백장 회해의 '하루 일하지 않으면, 하루 밥 먹지 아니한다'는 가르침은 송대 이후의 사상계에 한하지 않고 집집마다 속담처럼 유행하면서 민간에 전파되었다고 한다.

백장산 바위에 '벽운 천하청규'라고 각자한 송대 명필 유공권의 글씨

너무 아득한 일이라고는 하지만 백장사 경내에서는 백장 선사에 관한 이렇다 할 유적을 발견할 수 없었다. 주지 달자 스님은 사찰 뒤 죽림으로 우리를 안내하여 당대唐代 석각石刻이라는 자연 암석을 보여주었는데, 위에는 '벽운碧雲'이라고 전자로 쓰고, 그 아래로 당대의 명필 유공권柳公權의 글씨라고 하는 '천하청규天下淸規' 석각이 보인다. 벽운은 선종 황제의 백장산 시詩에 나오는 문구라고 한다. 선종이 즉위하기 전 승려 생활을 할 때 백장사에 머문 적이 있다는 기록은 현지 사찰의 여기저기서 발견된다.

우리는 주지스님더러 문헌상으로 보이는 백장 회해 선사의 묘탑 '대보승륜탑원大寶勝輪塔院'에 참배하겠다고 하니, 절에서 300미터쯤 조그만 야산 등성이를 넘어 허름한 구옥으로 안내한다. 건물 안에는 근래의 그림인 듯한 개산조 백장 회해 선사의 초상화가 걸려 있고, 그 뒤쪽으로 석재 파편들만

수북하게 쌓여 있는 자리가 원래 탑지였다고 한다. 몇 년 전까지만 하더라도 민가로 이용되다가 지금은 사찰에 귀속되었다고 한다.

절 부근에는 이 밖에도 여러 가지 볼거리들이 있는데, 그중에 우리가 그냥 지나칠 수 없는 사연을 지닌 대의석大義石이란 바위가 있다.

백장 회해 선사의 제자 가운데 열반涅槃이란 법호를 가진 고승이 있었는데, 『백장청규』의 대의를 명확히 인식하고 실천한 선승이어서 대의라는 별명이 붙었다고 한다.

신라 출신의 어느 스님이 대의의 선풍을 듣고 배우기 위하여 천신만고 끝에 이르렀으나 이미 입적한 뒤였다. 신라 스님은 "나는 법을 위해 왔거늘 스님이 입적하셨으니 누구에게서 배울 것인가?" 탄식하고 절벽 아래로 투신하였다. 수일 지나 그 문도가 시체를 찾아보니 절벽 아래 단정히 앉았는데, 몸에 조금의 손상도 없었다. 가슴에 품고 있던 게송에는 "삼천 리 길 멀다 않고 스님 뵈러 왔는데, 스님은 입적하여 탑 속에 계시네. 귀신도 곡읍哭泣하지만 맞아 줄 이 없는데, 빈 산속 졸졸졸 물소리만 들리누나."라고 적혀 있었다. 이에 문도들은 향불을 피워 제사지내고 대의탑 곁에 정자를 세워 임심정臨深亭이라 하였다고 한다. 그러나 지금은 대의석만 남아 있고 그 탑이나 정자는 간 곳이 없다.

이 이야기는 청대 『강서통지江西通志』 가운데 '신라승'이라는 제목 아래 소개되어 있을 뿐이며, 그의 법명이나 생몰년 등에 관해서는 일체 알려진 것이 없다.

우리는 주지스님을 따라 하산하여 절에서 점심 공양과 차 대접을 받았다. 다음 행선지 동산까지 가는 도중에는 이용할 만한 음식점이 없을 뿐 아니라 이미 점심시간이 지났기 때문에 가이드가 점심 주문을 한 모양이었다. 약간의 시주와 인삼차를 선물하고 하산을 서둘러야 했다. 백장사가 이름을 떨쳤을 당시 적지 않은 신라의 스님들이 유력하였던 인연 있는 곳이었다는 상념에 젖어 죽림이 무성한 산길을 따라 터덜거리는 차에 몸을 맡겨 하산하였다.

3) 의풍시 동산사와 신라 구법승

1시 반, 우리가 탄 차가 감방 상부진까지 왔던 길을 되돌아 나와 상부진에서 다시 남쪽으로 달려 동안洞安에 이르니 3시가 좀 지났다. 동안에서 동산洞山까지는 약 30분 정도 걸리는 평탄한 시골길이다. 차를 산 아래 세워두고 산길을 따라 올라가야 한다. 고목이 빽빽한 깊은 숲속으로 들어가 매미 울고 산새 지저귀는 소리를 들으며 개울물 흐르는 골짜기를 따라 한참을 걸어 올라가면 저 유명한 봉거교를 만난다. 다리를 지나면서부터 왼쪽으로 야합산夜合山 등성이를 오르면 주로 명·청 시대 스님들의 탑림塔林이 나타나고, 탑림을 지나면 동산사洞山寺가 푸른 산으로 둘러싸인 분지 속에서 비로소 그 단아한 자태를 드러낸다. 야합산이란 이름은 봉거교를 지나 길 양쪽으로 놓인 바위들이 밤이 되면 저절로 합친다는 전설에서 유래하였다는데, 과연 이 길만 막히면 동산사는 속세와는 별유천지가 될 만큼 기묘한 형세를 이루고 있다.

우리가 동산에서 가장 먼저 만난 봉거교는 동산 양개 선사가 저 유명한 「오도송悟道頌」을 짓게 된 사연이 있는 곳이다. 스님 생존 당시에는 봉거교 자리에 돌다리만 있었다고 한다. '봉거교逢渠橋'라고 음각된 이 다리는 북송 시대에 놓인 것으로 높이가 10여 미터 이상이 될 듯한데, 아래로는 개울물이 흐르고 있다.

동산 양개가 스승 운암 담성에게 참문하고 동산으로 올 때 돌다리를 건너면서 개울물에 비친 자신의 그림자를 보고 문득 깨달은 바를 다음과 같은 오도송으로 표현하였다.

> 다른 데서 그를 찾지 마라, 나에게서 멀리 떠나 버리리라.
> 이제 나 혼자 스스로 가니, 가는 곳마다 그를 만나네.
> 그는 이제 바로 나이지만, 나는 지금 그가 아니네.
> 모름지기 이렇게 깨달아야, 바야흐로 하나로 되리니.
> 切忌從他覓 迢迢與我疎
> 我今獨自往 處處得逢渠
> 渠今正是我 我今不是渠
> 應須恁麼會 方得契如如

이 게송에서 가장 중요한 대목은 "그는 이제 바로 나이지만, 나는 지금 그가 아니네."로서, 대체로 '도는 밖에서 구할 것이 아니라 내 안에서 착실히 구하여 가면 된다. 내가 도와 하나가 되면 지금껏 도라고 생각해 온 것은 하나의 허깨비일 뿐이다'라는 뜻을 내포하고 있다. 그림자를 보고 깨쳤다 하여 이 깨달음의 노래를 「봉거게逢渠偈」라고 부르기도 한다.

동산 양개의 이 「오도송」은 스승 운암 담성으로부터 '그저 이것'이라는 하나의 공안을 받아 이를 골똘히 되새기면서 동산으로 돌아올 때 지은 것이다. 그는 일찍이 위산 영우의 소개로 운암 담성을 찾아가 만나자마자 다음과 같은 문답을 하게 되었다.

"무정無情이 설법할 땐 누가 들을 수 있습니까?"
"무정이 들을 수 있지."

"스님은 들을 수 있습니까?"

"내가 만일 들었다면 나는 법신法身이 되었을 테고, 그랬더라면 자네는 나의 설법을 못 듣게 되었을 테지."

"제가 왜 듣지 못할까요?"

이에 운암 담성은 먼지떨이를 집어 들고서 다시 물었다.

"이 소리 들리나?"

"안 들립니다."

"자네는 내 설법도 듣지 못하는데, 무정의 설법을 어찌 듣겠나?"

"무정의 설법은 어느 경전에 나옵니까?"

"『아미타경』에 '시냇물, 새, 나무 모두가 불법을 외운다'고 하였다."

이 말에 동산 양개는 무정 설법에 대한 깨침을 얻었다. 이리하여 담성의 처소로 하직 인사를 가게 된 양개는 "만일 스님께서 입적하신 뒤 누가 저더러 '스승은 어떤 분이셨나?' 하면 어떻게 대답할까요?" 하고 물었다. 운암은 한동안 침묵하다가 "그저 이것뿐이지." 하였다. 양개는 담성에게서 받은 화두 '이것'을 골똘히 참구하였으며, 후에 봉거교를 건너면서 깨달음을 얻은 것이다.

양개는 절강 회계會稽(즉 소흥紹興) 사람으로 속성은 유兪씨다. 어려서 출가하여 스님의 『반야심경』 강의를 듣게 되었는데, '무안이비설신의無眼耳鼻舌身意' 대목에 이르러 "저는 눈, 귀, 코, 혀 등을 이렇게 갖고 있는데, 왜 없다고 하십니까?" 하고 질문할 정도로 탐구심과 독립 정신이 강하였다. 이 돌출한 제자를 다스리기 어려웠던 스님이 그를 다른 곳으로 가도록 주선하였다. 이리하여 20세가 되기까지 여러 곳을 유력하다가 후에는 남전 보원과 위산 영우 문하에 참문하였다.

그가 지주池州 남전 보원 선사를 찾아갔을 때 마침 그 다음 날이 마조 도일의 제삿날이었다. 보원이 "내일 스님께서 제사 잡수시러 오실까?" 하자 양개가 나서서 "상대될 사람이 있으면 오시겠지요." 하였다. 보원이 "이 녀석, 갈고 닦아 볼 만하겠군." 하자 "스님, 자유인을 억지로 노예로 묶어 두려 하지 마십시오." 하여 또 한 번 독립 정신을 보여주었다.

그 무렵 보원 문하에는 신라 도윤道允(798~868) 선사가 참문하고 있었으므로 혹시 양국의 뛰어난 두 젊은 선사가 만났을지도 모를 일이다.

그가 위산에게 가서는 무정물無情物의 설법에 관한 의문을 풀지 못하고, 운암 담성에게 가서 해답을 얻은 다음, 다시 '그저 이것뿐'이란 공안을 갖고 그 문하를 떠난 것이었다.

양개 선사가 동산에서 방장 노릇을 하게 된 것은 860년경, 그의 나이 50여 세 되어서였다. 하루는 어느 제자와 운암 담성의 '그저 이것'에 대한 문답이 있었다.

"스님께선 운암 담성 스님께서 '그저 이것'이라고 하신 뜻을 아셨습니까?"
"그때 자칫 잘못 이해할 뻔했지."
"그분 자신은 '이것'이 '있다'는 걸 알고 계셨을까요?"
"만일 그분이 '있다'는 걸 알지 못했으면 어떻게 그렇게 말할 수 있었겠으며, 또 만일 알았다면 어떻게 그렇게 말할 수 있었겠느냐?"

이 대화에서 '이것'이란 참된 자아를 말하는 것이고, '있다'는 것은 실재하는 것(實有) 또는 본체를 가리킨 것이다. 또 운암 담성의 제사를 맞은 어느 날 한 제자가 물었다.

동산 양개 선사가 동산의 봉거계곡을 건너면서 오도송을 지은 것을 기념하여 송대에 세운 봉거교

"스승으로부터 무슨 가르침을 받으셨습니까?"
"별다른 가르침이 없으셨네."
"그렇다면 어째서 제사까지 모십니까?"
"그 분이 나에게 이 비밀을 설파해 주시지 아니한 바로 그 점 때문이야."
"어쨌든 은사의 견해에 완전히 동의했기 때문이 아닙니까?"
"반은 동의하지만 반은 동의하지 않아."

이 대화에서도 느낄 수 있듯이 동산 양개는 몽둥이를 휘두르거나 고함치는 일이 없었으며, 또한 까다로운 공안으로 남을 골리는 일도 없었다. 그의 성품은 항시 온후하여 어리석은 질문을 받아도 현묘한 지혜의 바다로 인도해 주는 도약판이 되었다.

봉거교를 건너고 야합탑림을 지나면 들판 저쪽 산자락 숲속으로 둘러싸인 사원과 함께 오른쪽으로 조금 떨어져서 옛 탑원이 그림처럼 나타난다. 흙벽 담 산문에는 '조동조정曹洞祖庭'이라고 적혀 있고, 문 양쪽으로 "동중에 서린 안개 삼동을 녹여 주고, 산간에 이는 바람 여름 더위 식혀 주네(洞中雲鎖三冬暖 山澗生風九夏寒)."라는 대련이 있다.

산문 옆으로 고목 나한송 한 그루가 서서 절의 연륜을 말해 주듯 할 뿐 여기서도 건물들은 새 단장에 몸살을 앓고 있다. 천왕전 앞에 놓인 향로에 동산보리선사洞山普利禪寺라 하였는데, 본래 절 이름을 광복사廣福寺라 하였다가 북송 때 보리선사라 하였으며 속칭 동산사洞山寺라 불렸다. 동산사가 회창법난을 당해서도 큰 피해를 입지 않았던 것은 다른 산중 사찰과 마찬가지로 '백장청규'의 영향이 컸기 때문이며, 이후 불교 부흥기에 조동조정으로서 남종선의 발전에 기여한 바 컸음은 물론이다.

사찰을 중심으로 계곡 깊숙한 곳에 각 시대에 걸친 스님들의 부도탑지가 있고, 동산 양개의 묘탑은 절 가까이에 있다. 높이 약 3미터의 기와지붕을 한 육각형 탑으로서 전면 중앙에 '개산시조 동산양개선사 혜각보탑開山始祖 洞山良价禪師慧覺寶塔'이라고 씌어 있다.

당 함통咸通 10년(869)에 칙령으로 건립한 탑에는 사법제자들의 이름이 열거되어 있는데, 본적本寂, 광인匡仁, 보만普滿, 도출道出, 거둔居遁, 성계成啓, 금장金藏, 도응道膺, 사건師虔, 문수文邃, 화산禾山, 둔유遁儒, 보개寶蓋, 능광能光, 도전道全, 본인本仁, 통현通玄, 휴정休靜, 건봉乾峰, 석도釋道, 관자觀子의 총 21명이다.

이들 가운데 조산의 본적과 소산의 광인, 그리고 운거雲居의 도응과 함께 일곱 번째로 신라 금장 선사의 법명이 보이는 것이 아닌가! 사실 동산 양개의 묘탑에서 신라 금장 선사의 이름을 처음 발견한 것은 전혀 뜻밖이었다.

조동종의 두 조사 가운데 한 사람인
동산 양개 선사의 묘탑

이럴 땐 정말 땀 흘리며 먼 길을 찾아 답사하는 현장의 쾌감을 만끽하게 된다. 이 묘탑은 1989년 11월 18일 자로 신축된 것이지만 여기 적힌 문자는 원래의 것을 재록한 것임에 틀림없다.

양개 선사 선 사상의 핵심은 본래(正)와 현실(偏)이 둘이 아니라 회호回互하며 본래성 그대로가 현실이라는 점, 그리하여 일물一物이라는 본래성이 항상 현실에서 움직이고 있음(常動用中)을 특히 강조한 데 있다. 또한 그는 불조佛祖로부터 내려오는 올바른 선법(正傳)은 자성自性이 청정한 일심一心을 깨달아 수행(悟修)하는 길밖에 없다고 하였다. 그리고 그 일심을 설명하는 데 있어서 특히 정편오위正偏五位(진리를 정위正位로 하고 사물을 편위偏位로 하여 그 편·정 2위를 교호交互하여 학자의 수행 증득을 바로잡음)의 역학적 해석을 가하였다. 선종 5가의 조동종은 동산 양개와 그의 수문 제자 조산 본적曹山本寂(840~901)에 의하여 창시되었다. 따라서 엄격히 말하면 동조종이라 해야 할 것이지만 굳이 조동종曹洞宗으로 불리게 된 까닭은 조계曹溪의 조曹 자를 앞세우려 한 의도 때문이다.

양개의 신라 출신 제자 금장 선사에 대해서는 『경덕전등록』에 따로 전하는 기연어구機緣語句가 없다고 하여 그 이름만 등재되어 있을 뿐, 그 밖의 인적 사항이나 활동에 대하여 전혀 알려진 것이 없다. 하지만 그가 양개의 묘비 건립에 참여하여 이름을 올렸다는 사실은 예사로 보아 넘길 일이 아니다. 양개 선사가 동산에서 본격적으로 활동할 당시 천하의 인재들이 운집하여 일대 문중을 이루었으며, 그 가운데서도 조산, 소산, 운거 등은 다시 일방一方을 맡아 전법의 등불을 크게 밝히지 않았던가! 금장은 그들과 어깨를 나란히 한 인물이다. 그도 필시 보람 있게 살다 간 범상한 선사가 아니었음이 분명하지만 그 행적을 더 이상 밝히기 어렵다는 사실은 안타까운 일이다.

5시에 하산하여 출발하려는데 이번에는 목재 실은 트럭이 길을 가로막아 한참 지체했다. 야산이 많아 비포장이지만 길은 별로 험하지 않았다. 우리는 의춘宜春으로 가는 도중에 만재万載에서 식사를 하고, 시내로 들어가 10시가 거의 다 된 늦은 시간에 의춘빈관에 여장을 풀 수 있었다.

2.
강서 중남부의 신라·고려 구법승

1) 나·려 청원·현휘 등의 구봉산 구법

강서성 동북 지역 일대에는 선종 사찰들이 모를 부은 듯 빽빽하게 자리 잡고 있다. 이미 둘러본 백장산과 동산, 그리고 내일 오를 앙산 이외에도 황벽산黃檗山을 위시하여 양기사楊岐寺와 구봉사九峰寺가 이웃하고 있어 당·송 시대에 하나의 선종 중심권을 이루고 있었다. 그러니 우리 구법 스님들의 발걸음이 이들 지역에 잦았던 것은 당연하다.

임제종의 조정祖庭인 황벽산은 동산의 서쪽에 위치하고, 그 아래쪽에 상고현上高縣의 구봉산이 있다. 그리고 앙산仰山이 있는 의춘시宜春市 동북쪽 호남성과의 경계 지역에 양기 방회의 도량 양기사 등이 오밀조밀하게 자리 잡고 있다. 그러나 우리는 이들 주요 선찰들을 지나치는 일이 많았다. 정해진 일정에 맞춰 답사를 서두르다 보면 꼭 가 보아야 할 곳을 빠뜨리는 것이 특별한 일은 아니다. 하지만 우리 스님들이 직접 참문하였다는 기록이 없는 황벽산과 양기산이 원래 답사 대상에서 제외된 것까지는 그렇다 치더라도 직접 관계가 있는 구봉사지마저 시간 관계로 포기할 수밖에 없다는 점은 아쉽기만 했다.

동국 출신의 스님 청원淸院과 현휘玄暉(혹은 원휘元暉) 선사가 참문하였다는 구봉산은 지도상으로 보면 의춘시로 가는 중간 지점인 만재에서 좌측으로 서가도진徐家渡鎭 부근에 위치하고 있다. 이 일대의 옛 지명은 원주袁州이다. 거리도 별로 멀지 않아 웬만하면 잠시 들러 갈 수 있을까 기대했지만, 현지 가이드의 말로는 절도 폐사가 된 지 오래일 뿐 아니라 길도 험하여 도저히 가기 어렵다고 한다. 안타까운 일이지만 포기하지 않을 수 없었다.

구봉 도건九峰道虔(891?~921) 선사의 속성은 유劉씨이며, 복주 후관侯官 사람이다. 석상 경제의 제자로서 마음이 활달하고 명철하여 총림을 담당할 만한 위인이었으며, 경제가 입적할 때 시자로 있었다. 대중은 경제의 수좌首座를 청하여 주지로 삼으려 하였으나 도건은 "찬성할 수 없다. 선사의 뜻을 분명히 밝힐 수 없으면 안 된다."며 반대 의견을 제출하였다. 수좌가 선사의 뜻이 무엇이냐고 묻자 도건은 대답 대신 도리어 묻기를 "스승께서 '고묘古廟의 향로香爐, 일조一條의 백련白練'이라고 하셨는데 이를 어떻게 이해하십니까?" 하였다. 수좌가 "이는 일색변사一色邊事를 밝힌 것이지."라고 대답하니, 이에 도건은 "역시 회득會得한 것이 아닙니다." 하였다. 이번에는 수좌가 "그대가 나를 긍정치 않는구면. 향불을 피워 향연이 꺼질 때 내가 만일 좌탈입망坐脫立亡(앉아서 입적함)하면 선사의 뜻을 회득한 것이고, 그렇지 못한다면 회득하지 못한 것이 될 것이다." 하고 말을 마치자 향불을 피워 향연이 끊어지기 전에 앉은 채 입멸에 들었다. 이에 도건은 "좌망했다고 하더라도 이는 스스로 정한 기준일 뿐 선사의 뜻을 밝혔다고 할 수 없습니다."라며 자신의 의견을 접지 않았다고 한다.

이 대화를 통하여 우리는 경제 선사의 후계자 문제가 꽤 복잡하였으며,

도건 선사의 영향력이 얼마나 강하였는지 알 수 있다.

도건은 스승 경제의 영탑을 지키며 3년을 살았다. 상을 끝내고 그는 강서 구봉말산九峰末山의 숭복사崇福寺로 옮겨 주석하였으며, 후에 다시 마조 도일의 탑이 있는 석문산으로 가서 늑담泐潭 제1대 조사가 되었다. 오吳 순의順義 초(921)에 늑담에서 좌화하니 대각 선사大覺禪師의 시호가 내렸으며, 탑명을 원적圓寂이라 하였다.

도건 선사에게는 구봉과 늑담에서 양성한 많은 제자들이 있으나 저명한 제자로 늑담 신당泐潭神黨, 화산 무은禾山无殷, 늑담 모산泐潭牟山 등 10여 명의 이름이 전하고 있다. 이들 가운데 신라 출신 청원淸院 선사가 있어 우리의 관심을 끈다. 청원 선사의 생몰년이나 확실한 입당 구법 시기 등에 대하여는 알려져 있지 않으나 대개 9세기 말경에 입당하여 당 말 오대 초기에 활동한 것으로 보인다.

그의 법호를 청원이라 한 것은 그가 월주越州 경청원鏡淸院에 주석하여 홍법하였던 사실과 관계 있지 않을까 추측된다. 하지만 그가 경청원에서 행화한 시기가 구봉산으로 들어가기 전인지 후인지는 단정하기 어렵다. 그 전이건 후건 청원이 주석하였던 월주(소흥) 경청원은 그 뒤 민월閩越 설봉산雪峰山으로부터 경청 도부鏡淸道怤와 신라 출신 영조靈照 선사가 여기 주석하면서 오월吳越의 선풍을 진작시킨 사찰로 이름을 얻었다.

청원 선사가 어느 스님과 묻고 답한 내용 한두 가지를 소개하면 다음과 같다.

스님이 선사에게 물었다.
"말 타고 공놀이를 한다면 누가 잡을까요?"
"누가 잡지 못할까?"

"그렇다면 공놀이를 하지 않는 것이 옳을까요?"

"설사 하지 않는다 하더라도 잘못은 있지."

이에 스님이 다시 물었다.

"어떻게 해야 잘못을 면할 수 있을까요?"

"요컨대, 잃지 말아야지."

"잃지 않는 자리를 어떻게 단련하면 됩니까?"

"두 손을 받들어 일으키지 말아야지."

이러한 문답으로 미루어 그가 높은 수준의 선장禪丈이었음을 알 수 있다. 하지만 전술한 바와 같이 선사의 활동에 대해서는 별로 알려진 것이 없는 점으로 보아 아마도 귀국하지 않고 계속 중국에 머물렀던 것으로 보인다.

다음으로 구봉산을 찾은 고려 법경法鏡(879~941)도 주목할 만하다. 선사의 속성은 이李씨이며, 법명은 현휘이다. 효공왕 10년, 즉 당 천우天祐 3년(906)에 입당선을 만나 강절江浙 연해에서 등륙하여 금화부金華府를 거쳐 강서로 들어가 팽택彭澤(호구현湖口縣)을 경유, 균주筠州(현재 고안현高安縣)에 이르렀다. 곧 구봉산 도건 선사의 처소를 방문하여 대사에게 큰절을 올리며 제자로 받아 주기를 청했다. 당시 두 사람의 대화가 전한다.

대사께서 물었다.

"아사리(스님)의 머리가 왜 세었는가?"

"저(현휘)는 눈으로 아사리를 알지 못합니다."

"자기를 왜 알지 못하는가?"

"자신의 머리는 세지 않았습니다."

"그대와 작별할 때를 미루어 생각하니, 얼마 되지 않은 것 같은데 여기서 다시 만나게 될 줄을 어찌 알았으랴!"

그리고는 그를 문하로 받아들여 입실 참선하도록 허락하였다고 한다. 보름 지난 뒤 도건이 몰래 심요心要(밀지)를 전해 주니, 현묘한 이치가 부합(玄契)하였다.

이후 현휘는 구봉을 하직하고 호남湖南 공촉邛蜀(즉 사천성)과 천태天台 육조영탑六祖靈塔 등을 두루 유력하면서 조사들의 옛 절을 참방하였다. 그리고 마지막으로 명주로 돌아와 귀국길에 올랐다. 도건을 통하여 그 스승 석상 경제의 인을 차고 귀국한 것이다. 이때가 고려 태조 천수天授 7년, 후당 동광同光 2년(924)으로서 태조는 스스로 제자의 예로서 현휘를 맞으며 국사國師에 준하는 예로 우대하였다. 천수 24년(941) 세수 64로 입적하니 시호는 법경法鏡, 탑명은 자등慈燈으로 최언위가 조서를 받들어 탑비명을 지었다.

이외에도 석상산 경제 선사의 법계에는 동국 출신의 스님들이 의외로 많다. 석상산을 중심으로 한 이들 석상 문도들은 지역적으로는 대부분 호남성에 위치하고 있는데 오직 구봉 도건만이 강서에 떨어져 있는 셈이다.

2) 신라 순지 · 혜청 등의 구법과 의춘 앙산

의춘宜春이라는 지명이 말해 주듯 늘 봄날 같은 이 지역의 날씨가 산중의 선불교를 꽃피우게 한 것일까? 위앙종의 선법을 익히기 위해 신라 스님들의 발길이 잦았다. 대표적으로 오관산五冠山 순지順之를 비롯하여 대통大通과 혜청慧淸 같은 거장들을 들 수 있다.

어느덧 8월 5일이다. 숙소에서 아침 식사를 마치고 8시 30분 의춘시를

신라 순지 선사 등이 참문한 앙산사지 입구에 안내 스님들과 함께 선 답사반원들

출발했다. 약 한 시간 걸려 홍강향洪江鄕에 도착하여 앙산사지를 물어 보았으나 아는 사람이 없어 향 정부로 찾아갔다. 다행히 문화재 관계 담당자인 듯한 직원이 안내해 주겠다며 따라나섰다.

그다지 높은 산은 아니지만 길이 굽이지고 험난하여 승합차가 달리는 데 애를 먹었다. 중도에 시불교협회 부회장 석성과 釋聖果 스님을 비롯한 세 분을 만나 동행하게 되었다. 어제 가이드가 답사지를 확인하면서 오늘 한국 방문객이 이곳을 찾을 것이라고 얘기해 줘서 마중 나오는 길이었다고 한다. 죽림을 지나고 개울과 논밭도 지나 10시 30분경이 되어서야 마을이 나타났다. 여기서 우측 협곡으로 들어서니 삼면이 산으로 둘러싸인 삼각주형 농지가 나타났다. 옛날에는 1,700명의 승도를 수용했다는 앙산사의 규모를 대충 짐작할 수 있었다.

양쪽으로 흐르는 개울이 하나로 합쳐지는 입구, 고목 두 그루가 서 있는 지점에 '앙산사지仰山寺址'라고 쓰인 표지판을 세워 놓았다. 띄엄띄엄 민가가 서 있는 가운데 초석이며 여기저기 널려 있는 석재들은 사원 건축에 이용되었던 것들이다. 그중에 불상 등이 조각된 것들도 눈에 띈다. 앙산 혜적 선사의 묘탑을 물었더니 산 밑 대나무 울타리가 둘러쳐진 채소밭으로 안내한다. 파괴된 석재가 눈에 띄지만 전혀 형체를 알아볼 수 없다. 부근에 훌륭한 작품으로 보이는 1기의 송대宋代 부도탑이 있으나 주인공이 누구인지 확인하기 어렵다. 다시 안내를 받아 오른쪽 골짜기를 돌아 나오니 명·청 시대 승려의 부도탑 수십 기가 산재해 있다. 비편碑片이나 다른 유물들도 더 이상 확인할 수 없어 죽재竹材가 널려 있는 길을 헤치며 하산을 서둘렀다.

앙산 혜적仰山慧寂(814~890, 일설에는 809~883)은 스승 위산 영우潙山靈祐(771~853)와 함께 선종 5가의 위앙종을 형성하였다.

혜적의 성은 섭씨葉氏, 광동 소주 출신으로 어려서 출가하려 하였으나 부모의 반대로 17세에 이르러서야 남화사南華寺 통通 선사 문하로 들어가 체발하였다. 그 뒤 그는 강서성 신간현新干縣 탐원산耽源山으로 응진應眞 선사를 찾아가 수년간 수학하였는데, 이때 응진이 "일찍이 혜충慧忠 국사께서 6대 조사의 원상圓相 95개를 전해 받아 나에게 주었는데……이 원상을 그대에게 줄 터이니 잘 간직하여라."라고 하였으나, 앙산 혜적은 이를 받아 한 번 보고는 불태워 버렸다고 한다. 그 후 어느 날 탐원 응진이 "원상도圓相圖는 잘 간직하고 있느냐?"라고 묻자 "그때 보고 불태워 버렸습니다."라고 답했다. 이에 꾸중을 들은 혜적이 원상도를 그림으로 그대로 복원하니, 스승이 노여움을 푼 것은 물론이요 칭찬까지 마지않았다고 한다.

일반적으로 스님들의 상당법어 시에 손가락으로 동그라미를 지어 보인다거나 먹으로 동그라미를 그려 보이는 것은 혜적의 일원상一圓相 가풍에 연유한다.

앙산사지 여기저기에 산재한 명·청 시대 유물로 보이는 고승의 묘탑 앞에 선 대원들

혜적이 탐원산을 떠나 호남으로 위산 영우 선사를 참문하게 되었을 때 "참 부처가 어디에 있습니까?"라고 묻자 위산은 "생각이 있으면서도 생각이 없는 묘함으로써 끝없이 신령한 불길의 무궁함을 생각하라. 생각이 다하면 근원에 돌아가게 되니, 그곳은 성품과 형상이 영구불변하며, 현상과 본체가 합하여 하나가 된다. 여기에 참 부처가 있느니라."라고 답했다. 혜적은 이 말에 활짝 깨닫고 절을 올렸다. 이리하여 위산 영우를 14, 5년간 좌우에서 모신 뒤 왕망산王莽山으로 옮겨 처음으로 개법하였다.

회창會昌 초(841)에 원주袁州(즉, 의춘현宜春縣) 앙산으로 와서 초옥을 엮어 주석하다가 점차 무종의 법난이 심해지자 부근 깊숙이 숨어 살았다. 신종이 즉위한 뒤 '서은사栖隱寺'라고 사액하여 여기서 다시 법석을 크게 여니 해내외에서 승도가 운집하였고, 그는 작은 석가釋迦라 칭송되기까지 하였다. 그 뒤에는 신건新建의 고불령古佛嶺 관음원 등 강서에서 4, 50년 동안 전법 활동에 임하다가 만년에 고향 가까운 소주 동평산東平山으로 옮겨 주석하였다.

일찍이 위산 영우 선사가 스승 백장 회해를 시봉하고 있을 때의 일화 하나가 전한다.

회해가 화로에 불이 있는지 보라고 하자 영우가 한 번 찔러 보고는 "불이 없다."고 대답하였다. 이 말을 들은 회해가 손수 화로를 뒤져 불씨를 찾아낸 뒤 "이건 불이 아니냐?"고 다그치자 영우는 문득 깨달았다.

앙산 혜적의 깨달음도 영우가 회해에게서 불씨로 인하여 깨달음을 얻은 사정과 비슷하다.

한 번은 영우가 혜적과 차를 따면서 "우리가 온종일 차를 따면서도 나는 너의 말소리만 들을 뿐 너의 모습은 볼 수 없구나."라고 말하자 혜적이 이 말을 듣고 차나무를 잡아 흔들었다. 이를 본 영우가 "너는 단지 용用을 알 뿐 그 체體는 알지 못하는구나." 하자, 혜적도 지지 않고 "그러면 스님은 어찌하시겠습니까?"라고 되물었다. 이에 영우가 침묵하자 다시 혜적이 "스님께서는 본체를 알 뿐 그 작용은 보지 못하십니다." 하였다고 한다. 이 말에 스승 영우가 "너는 몽둥이 30대는 맞아야겠어." 하자 제자 혜적은 "스님의 몽둥이는 맞지요. 그럼 저의 몽둥이는 누가 맞습니까?"라고 대꾸하며 지지 않았다. 이에 영우가 "네 몽둥이 30대는 나에게 돌려주면 되지." 하고 답했다고 한다. 영우는 이처럼 온화하였으나 속은 불덩이처럼 열정적이었다. 영우가 앉아 있는 방으로 혜적이 불쑥 들어왔을 때의 일화도 전한다.

영우가 먼저 입을 열었다.

"사미야, 어서 말해라. 우물쭈물 하지 말고!"

"저는 어떤 신앙도 필요 없습니다."

"믿기 때문에 필요 없느냐, 믿지 않아서 필요 없느냐?"

"저 자신 외에 또 무엇을 믿습니까?"

"그렇다면 너는 선정禪定에 매달리는 소승인小乘人에 불과하구나."

"저는 부처도 보려 하지 않습니다."

"『열반경』 40권 중에 부처가 말한 것과 악마가 말한 것이 얼마가 되느냐?"

"모두 악마의 말이지요."

이 말에 스승은 크게 기뻐하여 "이 뒤로 너를 당할 자는 다시 없으리라."라고 외쳤다고 한다. 이외에 다음과 같은 사제 사이의 기지에 찬 유머와 조용한 대담이 백장청규의 가풍을 더러 보여주기도 한다. 어느 여름에 혜적이 휴가를 마치고 와서 영우에게 문안을 드렸을 때의 일이다.

영우가 먼저 물었다.

"애야, 여름 동안 어디서 무엇을 하였더냐?"

"네, 저는 밭 한 뙈기를 갈아 파종하고 왔습니다."

"그랬다면 이번 여름을 헛되이 보내지 않았구나."

이번에는 혜적이 스승에게 여름을 어떻게 지나셨느냐고 묻자 이렇게 답했다.

"낮에는 밥 먹고, 밤에는 잠잤지."

"그러셨다면 스님도 여름을 일 없이 보내지는 않으셨네요."

이와 같이 위앙종의 품격은 다른 종파들처럼 날카롭거나 주도면밀하지 않으며, 그렇다고 활달한 면도 덜하지만 온유하면서도 깊은 맛이 있다. 혜적에게는 항상 따르는 제자와 대중이 1천여 명에 이르렀다고 한다. 그만큼 그의 이름이 크게 떨치자 황제의 명으로 붉은 가사와 징허澄虛 대사의 존호가 내려졌다. 선사가 891년 동평산에서 입적하니 세수 77이었으며, 남탑 광용南塔光湧 선사가 영골을 앙산으로 옮기고 탑을 세웠다. 시호는 지통智通, 탑호는 묘광妙光이다.

혜적의 저명 문도를 들기 전에 먼저 법형제 사이인 향엄 지한香嚴智閑(810~898)과의 일화를 간단히 살필 필요가 있다.

하루는 혜적이 후참자인 지한에게 어떤 소식을 얻은 바 있냐고 물었더니, 지한이 "작년의 가난은 가난이 아니었고, 금년의 가난이 정말 가난이로다. 작년 가난에는 송곳 세울 땅은 있었지만, 금년 가난은 송곳 하나 세울 땅도 없구나!" 하였다. 이를 들은 혜적은 "여보시오, 그대가 여래선如來禪은 조금 이해하고 있네만 조사선祖師禪에 도달하려면 아직 멀었네." 하였다. 그러자 지한이 또 하나의 게송을 지었다.

> 내가 하나의 기틀(昵機, 즉 심心)을 지녀,
> 단번에 저(伊, 즉 성性)를 본다.
> 이 이치를 깨닫지 못하는 자,
> 그를 사미라 부르지 말지니라!

이에 혜적은 지한이 이미 조사선의 경지에 이르렀음을 알고 크게 기뻐하여 위산 영우에게 가서 아뢰었다.

이 두 번째 게송은 아마도 그가 어느 날 마당을 쓸다가 기와 조각이 대나무에 부딪쳐 탁! 하는 소리를 듣고 깨달은 경험 이후의 것이리라. 이처럼 위앙종이 선종사에 끼친 중요한 영향 중의 하나는 여래선과 조사선을 구분한 데 있다는 사실을 기억할 필요가 있다.

앙산 혜적의 제자로서 저명한 이는 무착 문희無着文喜(821~900)를 비롯하여 서탑 광목西塔光穆(852~940)과 남탑 광용南塔光涌(850~938), 그리고 신라 제자로서 원랑 대통圓朗大通(815~883)과 오관산 순지 요오順之(또는 支) 了悟(825~910) 선사를 꼽을 수 있다. 그리고 혜적의 손제자에는 남탑 광용의 제자 청화 전부淸化全怤(882~947)와 신라 파초 혜청芭蕉慧淸(885~960)을 들 수 있다. 혜적의 법을 널리 전파한 몇몇 대표적 제자들 가운데 신라 스님들이 당당히 한 자리씩 차지하고 있는 것이다. 이제 이들의 행적을 간단히 살펴보기로 하자.

앙산 혜적을 참방한 신라 선사로서 원랑 대통 선사를 먼저 언급하는 것이 순서이다. 대통은 박씨로 통화부通化府 사람인데 20세에 유학을 공부하였으며, 뒤에 불교 경전을 보고 깨닫는 바가 있어 삭발하였다. 문성왕 7년(845)에 구족계를 받고 단엄사丹嚴寺에 거주하였으며, 이후 여러 스님을 찾아 공부하였다. 드디어 입당 구법한 사형 지인慈忍 선사의 권유로 유학을 결심하고 문성왕 18년, 당 대중大中 13년(859) 하정사의 배편으로 바다를 건넜다. 여러 선림禪林을 유력하다가 마지막으로 원주 앙산으로 혜적 선사 문하를 찾아갔다. 이곳에서 총명함과 지칠 줄 모르는 구도 자세를 인정받아 결국 스승의 심인을 얻었다.

이후에도 여러 명산을 순력하다가 입당 7년 만인 경문왕 6년, 즉 당 함통咸通 7년(866)에 회역사回易使 진량陳良의 배편으로 귀국하였다. 경문왕이 멀리서 재원을 증여하였다. 월광사月光寺를 중심으로 선법의 홍전에 힘쓰다 헌강왕 9년(883) 68세로 입적하였다. 진성여왕이 원랑이란 시호를 내리고, 태수 김영金穎에게 탑명을 쓰게 하여 탑명을 대보광大寶光이라 하였다.

다음은 순지 요오 선사다. 그는 신라 헌안왕 2년, 당 대중 12년(858) 입당사의 배편으로 중국에 이르자 곧장 앙산 혜적 선사를 찾아가 법을 물었다.

혜적이 빙긋이 웃으며 "어째서 늦게 왔는가? 인연이 어찌 이리 늦었는가? 기왕 선문에 뜻을 두었으니, 네 뜻에 따라 하라." 하였다. 이리하여 그는 스승의 좌우를 떠나지 않고, 현묘한 뜻(玄旨)을 전수하였는데 안회顔回가 공자를 모시듯, 가섭迦葉이 석존을 모시듯 하니 주위가 탄복하였다고 한다. 경문왕 대에 귀국하여 동 11년(871)에 송악松岳 오관산五冠山 용암사龍岩寺(후에 서운사瑞雲寺)에 주석하였으므로 그를 속칭 오관산 서운사 화상이라 하였다. 세수 65에 입적하니, 시호는 요오 대사, 묘호는 진원지탑眞原之塔이다.

순지 요오는 대통 선사와 달리 위앙종 선의 요체(禪要)인 원상법圓相法을 전수받고 이를 동국에 전하였다. 원상은 '일원상一圓相'이라고 하는데, 본래 우주의 본체인 심성心性의 진상은 형상도 소리도 없는 것으로 이를 원으로 상징한 것이다. 원래 혜적에게 전해진 원상은 97개였다고 하지만 순지 요오는 혜적으로부터 그 원상을 전해 받아 다시 16개의 원상으로 정리하여 대·소승 교의敎義와 수증修證에 관한 모든 것을 총망라하여 하나의 선문법전禪門法典을 만든 것이다. 따라서 순지 요오는 원상으로 법을 펴는 위앙종의 종지를 종합 대성한 것이다.

원랑 대통과 순지 요오의 동문인 남탑 광용의 문하에 신라 출신으로 중국에서 왕성하게 활동한 혜청 선사가 있다.

혜청의 출신 씨족과 입당 시기에 대해서는 모두 알려져 있지 않다. 다만 28세에 앙산 남탑 광용 선사 문하에 입실했다는 사실만 전할 뿐이다. 광용이 어느 날 상당上堂하여 설법하는 가운데 "여러분들이 만약 사내대장부라면 어머니 뱃속에서 나올 때처럼 다시 한번 사자후를 토할 수 없겠는가?" 하였다. 혜청은 이 말에 몸과 마음이 함께 편안해짐을 느꼈다. 그리하여 그는 5년간 시봉하면서 그 심인을 얻었으며, 그 후 영주郢州(호북 종상현鍾祥縣) 파초산에서 문도를 받아 개법하였으므로 그를 파초 혜청이라 부른다. 혜청의 스승 광용은 앙산 혜적이 '육신불'이라고 칭찬할 만큼 뛰어난 제자였으며, 혜청은 청화 전부와 나란히 남탑 광용의 수문으로 꼽힌다.

파초 혜청은 법당에 올라서 짚고 있던 주장자拄杖子를 들어 대중에게 보이면서 이렇게 말했다. "그대들에게 주장자가 있는 것은 내가 준 때문이고, 그대들에게 주장자가 없는 것은 내가 그대들에게서 빼앗았기 때문이다." 그리고 그는 주장자를 짚고 내려왔다.

이 밖에도 많은 기연어구가 전등사에 전한다. 그의 전법 제자로는 파초산의 계철繼徹·우웅·원聞·한閑·영준令遵을 비롯하여 영주鄜州 홍양산興陽山의 청양淸讓·홍주洪州 유곡산幽谷山의 법만法滿·팽주彭州 승천원承天院의 사화辭確·흥원부興元府 우두산牛頭山의 정精·익주益州 각성원覺城院의 신信선사 등 10여 명이 있다.

위앙종이 이와 같이 중국 승려들보다 한국 승려들에 의하여 성행하였던 까닭이 어디에 있었을까? 구명해 볼 만한 일이다.

우리 일행이 앙산사지 답사를 끝내고 홍강향의 공무원과 불교협회 관계자 몇 분의 안내로 다시 향鄕 정부로 돌아오니, 향 서기가 직접 나와 친절하게 맞이하면서 구내식당에서 푸짐하게 점심을 대접해 주었다. 불교협회 관계자는 앙산사 재건 계획을 설명하면서 우리가 다시 의춘시로 가서 협회를 방문해 줄 것을 재삼 권하였지만, 완곡하게 사양할 수밖에 없었다. 다음 행선지로 갈 길이 촉박했기 때문이다.

홍강향은 주위가 높은 산들로 둘러싸인 분지로 아주 한적한 산촌이다. 우리는 1시가 넘어 출발하여 높은 산을 넘고 안복현安福縣을 지나 60킬로미터나 떨어진 다음 목적지 길안吉安으로 차를 몰았다.

3) 청원 행사의 수선 도량 청원산 정거사

우리는 오후 4시가 훨씬 넘어서야 길안시吉安市로 들어가 백로빈관에 여장을 풀었다. 길안시는 강서성 중부 지역의 최대 도시로 옛 이름은 길주吉州다. 오후에는 시내에서 각자 자유롭게 보내기로 하여 서점을 찾아 지도나 향토 선물 등을 살 수 있었다. 그러나 섭씨 35도에 이르는 더위로 모두들 과일을 사 들고 호텔로 와서 가이드와 함께 내일 일정을 상의하는 것으로 하루를 마감해야 했다.

백로호텔의 명칭은 백로주서원白鷺洲書院에서 유래한다고 한다. 백로주는 길안시를 끼고 도는 감강 변에 수목이 울창하여 백로 떼가 찾아드는 경치 좋은 명소를 일컫는데, 여기에 세워진 서원이 이 지역에서는 가장 오래되었다. 남송 당시에는 이 서원이 많은 수의 진사를 배출하는 등 문명을 떨쳐 이종理宗이 사액하여 사액서원이 되었으며, 한때는 청원서원靑原書院이라 하였다. 명대에는 왕양명王陽明(1472~1528)이 여기서 강학하여 양명서원으로 고쳤다가 지금은 중학교로 사용하고 있다고 한다. 남송의 충신이며 문인 학자였던 문천상文天祥(1236~1282)이 이곳 출신이었다는 사실도 이 지역에 성리학이 성행하게 된 한 요인이 되었을 것이다.

다음 날 우리는 감강대교를 건너 약 한 시간 20분 만에 청원산靑原山 한적한 산기슭에 위치한 정거사淨居寺에 도착하였다. 정문에 '청원산'이라 쓴 패방牌坊형 산문을 들어가서 만나는 '정거사'라고 쓴 편액은 고 조박초 불교협회장의 글씨이다.

정거사는 청원 행사의 수선修禪 도량으로 당 신룡神龍 원년(705) 창건 당시에는 안은사安隱寺라 하였으며, 송대에 와서 정거사라 하여 오늘에 이르고 있다. 문화혁명 당시에 크게 파손되었으나 1984년부터 복원되기 시작하여

청원산 정거사

지금은 온전하게 수복 정비되었다.

현재 천왕전과 대웅전을 비롯하여 비로각, 탑전이 주된 전각이며, 유적으로는 조탑祖塔 · 조관祖關 · 대월교待月橋 · 조어대釣魚臺 등을 손꼽을 수 있다. 특히 탁석천卓錫泉과 측백 고송은 청원 행사 당시의 것으로 전하여 온다. 대웅전과 비로각 사이에 직사각형의 인공 연못과 여기서 낚시를 하여 방생하였다는 조어대도 특징적 모습을 하고 있다.

이 절의 대표적 건물은 역시 칠조탑전七祖塔殿으로 사찰 뒤편 높은 지점에 덩그러니 들어서 있는데, 안에는 역시 문화혁명 당시 파괴되었던 것을 근년에 복원하였다는 20여 미터 높이의 7층탑이 모셔져 있다.

원래 탑에 7조 청원 행사의 육신이 봉안되어 있었다고 하지만 어느 때부터인가 그 행방을 알 수 없게 되었다고 한다. 새로 세운 탑 1층에 행사 선사의 상을 중심으로 하고, 7층까지의 각 면에는 달마에서부터 청원 법계法系의

청원 행사 선사상

저명한 선사들이 조상되어 있다.

청원 행사의 속성은 유劉씨로, 이곳 길주 출신이다. 어려서 출가하여 구족계를 받은 후 조계 남화사로 가서 6조 혜능을 참례하고 다음과 같은 문답을 행하였다.

"어떻게 해야 상대적 층차層次에서 벗어나 절대적 진리의 세계로 들어갈 수 있습니까?"

"요즘 너는 어떤 공부를 하였느냐?"

"성제聖諦조차도 수련한 바가 없습니다."

"그렇다면 너의 공부가 어느 단계에 이르렀는가?"

"성제도 수련하지 않았는데 무슨 층차라니요?"

이에 혜능은 그가 법기法器임을 알아차렸다고 한다. 그 뒤 혜능은 행사에게 법을 전하면서 이렇게 당부하였다.

"고래로 의발衣鉢과 법을 전하였으니 의는 신표信表요, 법은 곧 인심印心이다. 내가 지금 사람을 얻었으니 무엇을 믿지 못하리오? 내가 의발을 전수받은 이래로 많은 환란을 당했으니, 하물며 후대에 분쟁이 끊일 날 있겠는가? 의발은 진산문鎭山門에 남겨 두고 그대는 마땅히 한 지방을 나누어 교화하여 끊임이 없게 하여라."

이같이 6조의 법을 이어받은 행사는 길주 청원산 정거사로 와서 선법을 일으키니, 남악 회양의 복엄사와 나란히 7조 도량이 된다.

여기서 우리는 선종의 전등설傳燈說에 대하여 잠시 살펴볼 필요가 있다. 선종사에 있어서 달마를 중국 선종의 초조로 하고 2조 혜가慧可, 3조 승찬僧璨, 4조 도신道信, 5조 홍인弘忍에 이르는 법통法統의 계승에 있어서는 별다른 이설이 없었으나 다음 6조의 법통 계승에 있어서는 양론으로 갈린다. 북종北宗에서는 신수를 6조로 추존하는 데 반해, 남종에서는 혜능을 6조로 받들면서 분파 현상이 일어나기 때문이다.

처음에는 제도帝都 중심의 불교를 이끌던 신수계의 북종선이 우세하였으나 당 현종 개원 20년(732)을 전후하여 하택 신회荷澤神會(684~758)를 지도자로 하여 제도로부터 밀리 떨어진 남방의 선종, 이른바 남종선을 주장하는 신세력이 등장하였다. 신회는 활대滑臺의 대운사大雲寺에서 무차대회를 열어 "신수의 북종선은 방계傍系이다. 보리달마로부터 비롯된 남종의 정법을 이은 6조는 혜능이다."라고 선언했다. 이를 이른바 '활대의 종론宗論'이라 한다. 강남 지방의 남선종에 속하는 각파도 그에 대하여 적극적인 지지와 협조를 아끼지 않았음은 물론이다. 혜능과 남악 회양, 그리고 혜능과 청원 행사로 이어지는 계보도 이러한 과정에서 생성된 것이다.

다시 말하면 회양의 제자에 마조 도일이 나오고, 행사의 제자에 석두 희천이 나와 각각 그 문하에서 걸출한 선장들을 배출하여 천하를 누빔으로써 별다른 두각을 나타내지 못하던 회양과 행사 선사가 일약 7조로 등장하게 된 것이다. 후세에 전하는 남악 회양과 청원 행사, 두 선사에 관한 전기는 그들이 7조로 추앙되기에는 사실상 너무나 소략하며, 『육조단경六祖壇經』에 보이는 혜능의 제자들 가운데에서도 그들의 이름이 보이지 않는 미미한 존재였다. 따라서 혜능에서 마조 도일과 석두 희천 사이를 이어야 하는 선종 법계의 확립을 위하여 두 7조의 등장이 후대에 날조되었다는 추측을 낳게 하는 것도 무리는 아니다.

하지만 행사 선사의 행적이 크게 드러나지 않았다고 하여 그의 존재를 부정할 이유는 없다. 비록 후대에 만들어진 선종사라 할지라도 그가 청원산 정거사에 주석하여 조계의 선지禪旨를 폄에 따라 문하에서 많은 문도들을 배출하였으며, 그들 후계자들을 '청원하靑原下' 또는 청원계靑原系라 부르게 된 것이다. 6조 혜능의 입적 후 하택 신회와 석두 희천이 청원 행사를 찾아와서 행한 문답이 전한다.

처음 신회가 찾아오니, 행사가 물었다.
"조계曹溪의 종지가 어떠하던가?"
신회가 대답 대신 몸을 흔들자 행사가 다시 물었다.
"아직도 기와 조각들을 매달고 있구먼."
"스님께선 요즘 사람들에게 순금을 주시지 않습니까?"
"설사 있어 자네에게 준들 어디다 쓰겠는가?"

이렇게 행사가 체體와 용用의 일여一如함을 설하여 신회를 한 번 눌렀다.

어느 날 다시 한 스님(신회라고도 한다)이 행사를 찾아와 물었다.
"불법의 대의는 어떠합니까?"
"여릉廬陵의 쌀값은 얼마나 하던가?"

하여 체에 대한 용, 즉 '평상심이 곧 도'라는 조계의 의지意旨를 일러 주었다. 다음으로 석두 희천이 조계에서 처음 찾아왔을 때 행사 선사가 물었다.

"조계에서 무얼 얻어 왔는가?"

"조계에 가기 전에도 잃은 것이 없었습니다."

"그러면 무엇 하러 갔던가?"

"가지 않았더라면 잃지 않은 줄을 모를 뻔했습니다."

이에 행사는 "여러 짐승의 뿔이 많지만 기린의 뿔 하나로 만족한다."면서 그를 수제자로 삼았다.

희천은 이후 남악으로 옮겨 선풍을 크게 떨쳐 강서의 마조 도일과 쌍벽을 이루었다. 그리고 다시 희천의 문도로 천황 도오 · 약산 유엄 · 단하 천연 같은 거장들이 배출되어 청원 행사의 계파를 이루었음은 앞에서 이미 보아 온 바와 같다. 『오등회원五燈會元』「행사전」에 의하면 그는 당 개원 28년(740) 12월 13일, 법당에 올라가 제자들을 불러 고별하고 가부좌한 채 입적하였다. 이에 제자들은 본사에 진신을 모셔 탑을 세우니, 희종僖宗은 '홍제弘濟 선사禪師의 귀진지탑歸眞之塔'이라는 탑명을 내려 주었다.

정거사는 주위에 소나무가 무성하고, 물이 여러 갈래로 흘러 청정 도량으로서의 자태를 보여주고 있다. 대도시에 가까운 절일수록 사찰의 규모가 클 뿐 아니라 주위가 정결하고 윤택하게 변모하고 있다. 중국의 개혁 개방 이후로 경제력 있는 화교들의 지원이 그만큼 커졌음을 말해 주는 것임에 틀림없다. 남종선의 초기 단계였던 청원 행사 선사의 행화 당시에는 구법 스님들이 제도帝都 불교에 관심을 두고 주로 북방 순력巡歷에 힘썼지만 도의 이래 남종 선법을 익히려고 강 · 호 지역에 발길이 잦았을 때는 적지 않은 분들이 정거사를 거쳐 갔을 것이다.

우리 일행은 답사를 끝내고 오전 9시 20분경에 출발, 길주시까지 되돌아 나와 공공산 보화사 답사를 위해 감주로 이어지는 남행 국도를 따라 달렸다.

태화현泰和縣 사촌沙村을 거치면서부터 비포장에다 때로는 험한 산령을 넘어 11시 30분경 고흥高興에 도착하여 조금 이른 점심으로 식당에서 권하는 사성망월채四星望月菜라는 이 지역 특유의 음식을 맛볼 수 있었다. 주덕과 모택동 같은 초기 공산당 간부들이 정강산井崗山을 중심으로 빨치산 활동을 할 때 즐겨 먹던 요리라고 한다. 글자대로 풀이하자면 네 개의 별이 가운데 달을 향하여 쳐다본다는 뜻으로 넓은 접시에 요리 모양도 그렇게 만들었다. 우리 입맛에도 맞아 기대하지 않았던 산촌 음식치고는 괜찮은 점심 요기였다고 모두 입을 모았다.

정강산은 여기서 서쪽 호남성과의 경계 지역에 있으며, 서금시瑞金市는 동쪽 복건성과의 경계 지역에 있다는 사실을 보아서도 이 강서성 중남부 지역은 대단한 오지에 속한다. 이렇게 험한 산악 지역임에도 중국 정부에서는 혁명의 성지라 하여 도로 교통 환경 등 여러 가지 면으로 지원을 아끼지 않는다고 한다.

4) 신라 도의 등의 구법처 공공산 보화사

길주에서 감주까지 이르는 국도는 철도와 동무하여 나란히 달린다. 고흥에서 한 시간을 더 달려 남당南塘을 지나 야산 지대의 좁은 산촌 길로 접어들었다. 공공산 보화사는 행정구역상으로는 감현贛縣 전촌진田村鎭 동산촌東山村에 속한다. 물어서 동산촌으로 가는 10여 리 길은 가도 가도 10리 그대로인 것 같다. 그렇게 험한 산길은 아니지만 길을 파서 만든 농수로의 황토가 비에 씻겨 나가 달리는 동안 승합차가 덜컹거려 기사는 진땀을 흘렸다. 마을 어귀에서 못을 끼고 산비탈 길을 덜컹거리며 한참 오르던 차가 기어이 멈추고 만다. 마을에서 절까지는 걸어서 4, 50분을 더 가야 한다고 하니 정말 야단이다.

우리를 안내하는 현지가이드 왕건王建 씨는 남창의 어느 전문학교 지리학과 교수로서 아르바이트 나온 사람인데, 우리 답사 팀에 대한 관심이 각별할 뿐 아니라 책임감도 있고 하여 안절부절못했다. 먼저 마을로 들어가 교통수단을 백방으로 알아본 후 농가에서 쓰는 오토

공공산 보화사 산문에서 주지 회창 스님이 필자 일행과 함께

바이와 자전거를 있는 대로 구하여 각자 따로 타고 가기로 하였다. 오토바이라 해야 대형 자전거 정도의 크기지만 이 깊은 산촌에서는 부유한 농민들이 타고 다닌다고 한다.

사진 찍는 일이 중요하기 때문에 오토바이 한 대를 구하여 고 전중배 교사가 먼저 타고 가고, 내가 또 한 대를 구하여 타고 뒤따라 가다가 내리막 돌길에서 펑크가 나는 바람에 위기일발의 순간을 맞기도 하였다. 중도에서 우왕좌왕하다가 다른 한 대를 겨우 얻어 탈 수 있었고, 왕건 씨와 권혜경 교사도 간격을 두고 오토바이 뒷좌석에 매달려 뒤따라 왔다. 가이드 왕 교수로부터 미리 연락을 받은 절에서는 우리 일행을 환영하는 뜻으로 폭죽 터뜨리는 소리가 요란하였다.

보화사는 특히 우리 구산선문과는 인연이 각별하다. 보화사에서 세필로

써서 영인한 『보화사간사寶華寺簡史』는 근래 사찰의 내력을 소개한 홍보 책자다. 여기 소개한 신라 불교와의 관계 부분을 보면, '조선불교 삼산三山(가지산·실상산·동리산)의 근원'이라는 제목 아래 다음과 같이 적고 있다.

조선의 불문에 '오교구산五敎九山'이 있는데, '구산'이란 선종의 아홉 개 파벌을 지칭한다. 그 가운데서 가지산파, 실상산파, 동리산파는 모두 공공산 지장智藏 선사에게서 직접 법을 이어받았다. 9세기 초, 중국의 선종이 조선에 전해질 때 신라 선덕왕 5년(784)에 도의道義(또는 道儀)는 광주廣州 보단사 寶壇寺에서 수계한 다음 서산당西山堂 지장에게서 심법心法을 배워 그 법맥을 얻었다. 821년에 귀국하여 염거廉居에게 법을 전하였으며, 다시 보조普照에게로 이어져 신라 선문 '가지산파'를 형성하였다. 흥덕왕 3년(828)에는 '동국의 실상 화상' 홍척洪陟(또는 홍직洪直)이 입당하여 서산당 지장을 배알하고 법을 이어받았다. 귀국한 후에 실상사에서 선법을 선양하니 '실상산파'의 창건자로서 '증각 대사証覺大師'라 시호하였다. 혜철惠哲(혹은 慧徹)의 자는 체공体空으로 서기 814년에 입당하여 서산당 지장에 나아가 인가를 받았다. 후에 중화에 유력하다가 839년에 귀국하여 축맹사逐虻寺를 세워 '동리산파'를 일으키니 '적인寂印 선사'라 시호하였다.

이렇게 한국 9선종 산문 가운데서 3산이 서당西堂(西山堂의 준말) 지장의 문하에서 나왔음을 간략하게 적고 있다. 신라 진공眞空 대사 항수恒秀도 그 문하에서 배출되었다. 사실 서당 지장 문하에는 신라 출신 제자들이 수문首門을 차지했을 뿐만 아니라 그들을 제외하면 달리 손꼽을 만한 제자가 별로 없다. 중국 선종사에서 마조의 수문 제자로 대우받아야 할 서당 지장의 지위가 다른 제자들에 비하여 위축되고 낙후된 까닭은 아마도 중국의 우수한 제자들을 두지 못한 영향 때문이었을 것이다.

서당 지장의 속성은 요廖씨로 강서 남강南康(옛 건주虔州) 사람이다. 8세에 출가하였으며, 13세에 마조 도일이 의황宜黃 석공산石鞏山에 암자를 지어 사냥꾼 혜장을 제자로 맞아들일 무렵 백장 회해와 함께 입실 제자가 되어 7년간 사사하여 인가를 얻었다. 그 뒤로 도일이 감주 공공산으로 옮겨 당 현종 천보天寶 연간(742~755)에 보화선원을 지어 주석하였다. 당시 도일의 문풍을 사모하여 사방의 학자들이 운집하였는데, 저명한 제자로는 서당을 비롯하여 백장 회해와 남전 보원 외에도 등은봉鄧隱峰·제안·무등無等·도통道通·방온龐蘊과 그 딸 영조靈照 등을 들 수 있다.

어느 날 한 학인이 도일에게 물었다.
"스님께서 사구백비四句百非(두 개의 사상이 있을 때 4구의 범주로서 분별 해석하는 법)를 떠나서 조사가 서쪽에서 온 뜻을 바르게 가르쳐 주십시오."
"나는 오늘 피곤하여 말할 기분이 아니니 지장한테 물어보아라."
이리하여 지장에게 물었더니, 지장이 대꾸하였다.
"왜, 스님께 묻지 않나?"
"스님께서는 상좌께 물어보라 하셨습니다."
"오늘은 나도 머리가 아프니, 회해 사형에게 물어보게."

그래서 회해에게 물었더니 "나는 모르네." 하고 잘라서 말하였다. 그 학인이 할 수 없이 도일에게 가서 자초지종을 아뢰니 마조는 "지장의 머리는 희고, 회해의 머리는 검구나." 하였다. 진리에 대한 물음에 병을 핑계한 지장이나 일언에 답을 거절한 회해의 대응이 피장파장이라는 평가를 내린 것이다.

하루는 도일이 지장에게 물었다.

"너는 왜 경을 읽지 않는가?"

"경이라고 어찌 다르겠습니까?"

"그렇지만, 후인을 위해 읽어야 할 것이야."

"저는 자신을 위한 공부를 근심할 뿐 감히 남을 위한다 할 수 없습니다."

이에 도일이 "너는 노년에는 반드시 세상을 일으키리라!" 하니 지장이 공손히 절하였다.

당 대력大曆 6년(771)에 강서 관찰사 기국공冀國公 노사공路嗣恭이 마조 도일 대사에게 남창 개원사에 주석하여 남종 선법을 널리 전파해 달라고 청했다. 이때 도일은 공공산의 사찰 업무를 응당 지장에게 맡기려 하였으나 지장은 다른 스님을 대신 시키고 자신은 계속 스승을 시봉하려 하였다. 건중建中 원년(780)의 조칙에 모든 승려는 본래 주석하던 옛 사찰로 돌아가도록 했으나 당시의 홍주 자사 포방鮑防은 도일 대사를 참례한 뒤 그의 이석移錫을 만류하여 계속 개원사에 머물도록 하였다. 도일 같은 큰스님이 성의 도심에 머물러 주기를 희망하였기 때문이다. 이에 도일은 가사를 지장에게 물려주어 공공산의 주지직을 맡도록 했으나 지장은 굳이 사양하고 계속 홍주에 남아 스승을 모시게 되었다.

그 후 도일이 입적하자 지장은 3년 만인 정원貞元 7년(791) 대중의 요청으로 공공산에 서당西堂(서산당西山堂)을 열어 비로소 주석하게 되었다.

당시에 태수 이고李翶가 어느 스님에게 물었다.

"마조 도일 대사는 어떤 언교言敎를 남겼습니까?"

"대사는 때로는 즉심즉불卽心卽佛이라 하고, 때로는 비심비불非心非佛이라고 하셨습니다."

이고는 아무 말 없이 지장에게 가서 물었다.

"마조 도일 대사께서 어떤 언교를 남기셨습니까?"

이에 선사는 대답을 하는 대신 이고를 불렀다. 이고는 "예." 하고 답하였다. 선사는 "이것이 바로 북과 피리가 상응相應하는 것이오." 하였다.

부르고 대답하는데 무슨 인위나 조작이 있겠는가. 그저 자연일 뿐이다.

지장 선사가 서당에 있던 어느 날, 한 속인 선비가 물었다.

"천당과 지옥이 있습니까?"

"있지."

"불·법·승의 삼보三寶가 있습니까?"

"있지."

"스님께서 있다고만 하시는데, 잘못 알고 계신 것 아닙니까?"

"자네는 어떤 존숙尊宿(장로)을 뵌 적이 있는가?"

"전에 경산徑山 스님을 만난 적이 있습니다."

"경산은 그대에게 무어라고 하던가?"

"'모든 것은 없다'고 하였습니다."

"그대에게 아내가 있는가?"

"있습니다."

"경산도 아내가 있는가?"

"없습니다."

"경산이 모든 것이 없다고 한 말은 맞구먼."

서당 지장 선사의 옥석탑. 서당의 문하에서 신라의 도의·홍척·혜철 선사가 배출되었다.

이같이 유무有無는 절대적이 아니라 상대적 개념임을 일깨워 주자 선비는 곧 깨닫고 절한 뒤에 물러갔다.

스승 도일은 항상 좌우에서 그림자처럼 시봉하는 충실한 제자 서당 지장을 믿고 일을 맡겼다. 때로 장안의 남양 혜충南陽慧忠(?~775) 국사나 경산 국일徑山國一(714~792) 선사에게 서신을 전하는가 하면, 어디서 자신에게 설법해 달라고 초청하자 지장에게 마납가사磨衲袈裟를 주면서 자신 대신 학자들을 만나 처리하도록 시키기도 했다. 도일 주위에서 시봉하던 서당 지장이나 백장 회해, 남전 보원 같은 제자들과 함께 수선 공부할 때에도 대체로 지장에게 먼저 질문을 던졌다. 이러한 일들을 미루어 보아 지장이 제자 서열 중 첫째였음을 짐작할 수 있다.

그는 언제나 스승을 가까이 시봉하면서 스승이 연만年滿하여 홍주 자사와 같은 정부 고관을 상대하는 일 등에 불편을 느낄 때에도 격무를 도맡아 처리

해야 하였다. 스승이 입적한 후 남쪽으로 내려와 보화사 서당에 주석하였을 때는 중국의 젊은 제자들을 받아들이기에는 이미 늦은 57세 노경을 맞고 있었다. 대신 장년의 신라 출신 제자들이 찾아와 서당 지장의 문을 빛냈던 것이다.

서당 지장 선사의 입적에 대해서는 다소 엇갈린 주장이 있지만 일반적으로 원화元和 9년(814) 4월 8일 본당에서 80세에 입적하였던 것으로 추정한다. 절 후원에 탑을 세우니 탑명을 '대보광大寶光'이라 하였다. 강서 관찰사 설방薛仿이 그 일을 주도하고 이발李渤이 비명을 찬하였으며, 헌종憲宗이 '대선교 선사大禪教禪師'라는 시호를 내렸으나 태수 이발이 선행을 칭찬하여 일반에 알리도록 정표旌表할 것을 청하여 목종穆宗이 장경長慶 원년(820)에 '대각 선사大覺禪師'라는 시호를 다시 내렸다.

무종의 파불로 말미암아 탑과 비석이 모두 파괴되었으므로 법손인 법통法通이 함통咸通 5년(864, 대중 7년이라는 설도 있음)에 탑을 원래 자리에 중건하였는데, 당지唐技가 이전 비에 의거하여 비명碑銘을 다시 찬술하였다.

지금 대웅전 뒤 대각전 안에 모셔진 대보광탑大寶光塔은 송 신종 원풍元豐 2년(1079)에 각현覺顯 선사가 중건한 것으로 일명 옥석탑玉石塔이라고도 하며, 1957년에 성급省級 보호문물로 지정되었다. 홍갈색 옥으로 조성한 이 7층탑은 높이 4.5미터에 앉은 폭(座幅) 2미터로 탑신에는 동물 그림과 함께 각현이 쓴 「신심명信心銘」(선종 3조인 승찬僧璨이 선의 이치를 노래한 글)이 조각되어 있다. 전면 중앙에는 감실龕室을 만들어 지장의 상을 봉안하고 석탑 앞에는 따로 지장의 좌상을 가운데 안치하고 좌우로 시자를 시립시키고 있다.

옥석탑은 보화사의 보물 제1호다. 주지 회창 스님은 탑전을 비롯하여 이곳저곳으로 친절하게 안내해 주었다. 원래 보화사에는 이 옥석탑을 비롯하여 천인와千人瓦·천인상千人床·천년백千年栢·천년행千年杏·용천정龍泉

井·출목정出木井·사방죽四方竹·고정종古鼎鐘·도재총倒栽蔥의 열 가지 보물이 있었다고 한다. 그러나 오늘까지 전하는 것으로는 옥석탑을 비롯하여 용천정과 천년백 그리고 천년행 등에 불과하며, 고래로 전하던 등은봉의 소나무와 방거사의 대나무도 찾아볼 수 없다고 한다.

현재 사찰은 천왕전·대웅보전·관음전·대각전·재당 등으로 구성되어 있으나 모두 허술하기 짝이 없고 다만 주위 환경이나 풍모만이 고찰로서의 분위기를 자아낼 뿐이다. 주민이 사는 마을과 한참 떨어져 있는 보화사는 사방이 산으로 둘러싸여 있으며, 고목으로 녹음이 우거져 청정 도량으로서 손색이 없다.

우민사와 보화사에서는 특히 '선불장選佛場(선법과 교법을 수련하는 곳)'이라는 현판이 눈에 띈다. 마조 도일이 참선參禪 선불選佛의 방편方便 법문法門을 열어 놓았기 때문이다. 선불이란 문제를 내어 답을 요구하는 것으로 마치 과거로 진사를 선발하는 제도에 비유한 것이니, 참선으로 말하자면 화두를 내어 '깨달아 부처가 된다(開悟成佛)'고 하는 이른바 '심공으로 급제하여 돌아감(心空及第歸)'을 일컫는 말이다. 마조 도일 당시에 유사儒士 천연天然이 장안으로 과거를 보러 가는 길에 어느 승려가 '과거는 선불만 같지 못하다'라고 하는 말을 듣고 그 연유를 물었다. 그랬더니 그 승려는 '지금 강서에서는 마 대사가 선불을 하고 있다'고 하므로 천연은 진사 되기를 포기하고 강서로 가서 선불에 임하였다는 이야기가 있다.

이제 서당의 신라인 제자들에 대하여 살펴볼 차례인데, 신라 남종선의 초조 도의 선사부터 보는 것이 순서다. 『조당집』「도의전」에 의하면, 그의 본래 법명은 명적明寂으로서 건중 5년(784)에 사신 김양공金讓恭을 따라 입당하여 먼저 오대산으로 가서 문수의 감응을 받았으며, 다음으로 광부廣府 보단사寶壇寺로 가서 구족계를 받은 후 조계의 조사당을 참례하였다고 한다. 그런 다음 그는 "강서 홍주洪州 개원사에 이르러 서당 지장 대사의 처소로 가서 알현하고 스승으로 삼으니 의문이 풀리고, 막힌 곳이 뚫렸다. 대사는 (도의를 맞음이) 돌덩이 속의 보석(을 캐는 것) 같고, 조개 속에서 진주를 따는 것 같아서 '진실로 법을 전할 자, 이 사람이 아니고 누구이겠는가?' 하면서 이름을 도의라고 고치게 하였다."

그런데 도의 선사의 행적에 관심을 두고 현지답사를 하다 보면 그가 찾은 '서당 지장의 처소'가 홍주(남창) 개원사가 아니라 '건주虔州(감주贛州의 옛 이름) 보화사'가 되어야 할 것으로 보인다. 왜냐하면 서당 지장은 스승 마조 도일이 정원 4년(788)에 입적하자 대중의 요청에 따라 그 3년 뒤인 791년에 건주 보화사에 서산당을 열고 입적할 때까지 계속 여기에 주석하였기 때문이다. 『경덕진등록』에도 '건주 서당 장 선사藏禪師의 법사法嗣'로 도의 등 신라인 제자들을 꼽고 있으며, 『송고승전』에도 지장의 절은 역시 건주 서당으로 되어 있다. 이로 보아 홍주 개원사를 지장의 절이라고 한 것은 오류임이 분명하다.

그렇다면 도의는 6조의 영당과 보단사가 있는 소주에서 서당 지장이 마조 도일의 수문 제자라는 소식을 접하고 대유령을 넘어 곧장 강서 남부의 건주 보화사 서당으로 찾아간 것이다. 서당 지장이나 백장 회해 같은 초기 제자들이 마조 도일의 문하에 있을 때 창건한 보화사는 당시 선종의 중심 센터의 하나로 이름을 크게 떨치고 있었을 뿐 아니라 소관에서 홍주 개원사로 가기 위해서 반드시 거쳐야 할 교통의 요충지에 있었다.

도의가 서당 지장의 인가를 얻고 난 후 백장사로 회해 선사를 참문하였다면 노정으로 보아 감주에서 길주를 거쳐 백장산으로 올라가야 하는 것이다. 이에 두타 행자의 모습으로 백장 회해의 처소에 나아가 서당 지장 화상에게와 똑같이 대하니 백장은 '강서의 선맥이 모두 동국의 승려들에게 돌아가는

구나!' 했다고 한다. 이같이 도의가 마조 도일의 수제자인 서당 지장과 백장 회해 등을 참문하면서 마조 선법의 정통을 계승하였던 것이다.

도의 선사가 중국에서 구법한 기간은 매우 길다. 최치원의 '문경봉암사지 증대사적조탑비'에 의하면 도의는 784년에 입당하여 장경長慶 초(821)에 귀국하였다고 하니, 약 37년간 중국 각지를 유력하면서 구법한 것이 된다. 20세 전후에 입당하였다면 그의 귀국은 60세 가까운 나이였을 것이다. 입당사신을 따라 등륙하여 먼저 북방의 오대산으로 갔다가 뒤에 남방의 서당 지장 처소로 와서 홍주선법을 배운 것이 791년 이후이다. 8세기 말은 마조 도일과 석두 희천 문하에서 배출된 선장들이 강서와 호남을 중심으로 한 강남 지방 곳곳에 법등을 밝혀 남종선이 융성을 극하고 있을 무렵이었다.

서당 지장 등 마조 도일의 수문들이 각기 일방을 맡아 스승의 선지를 선양하고 있을 무렵 도의가 바로 그들의 문을 두드렸던 것이다. 따라서 도의가 지장을 참문한 처소는 건주 보화사 서당이며, 다음에 홍주 개원사에 들러 아직도 식지 않은 마조 도일의 숨결을 느꼈을 것이다. 홍주(남창)는 지금도 그렇지만 당시에도 강서의 수도로서 교통의 요지일 뿐 아니라 마조 도일의 활동 중심지였다. 도의가 서당 지장을 참문한 이래 약 30년 동안 강서 등지에서 활동하였다면 홍주 개원사도 활동의 주요 근거지였을 것이다.

도의의 뒤를 이어 건주 보화사 서당 지장 문하에서 수학한 홍척洪陟(또는 홍직洪直)의 생몰년이나 입당 시기에 대해서는 알려진 것이 없다. 다만 그는 도의보다 조금 늦은 신라 흥덕왕 원년(826)에 귀국하여 구산선문의 하나인 실상사를 개창하여 강서의 선지를 널리 전파하였다. 이리하여 불교계에서는 그들 두 선사가 '북산北山 의義, 남악南岳 척陟'이라 불리며 나란히 남종선의 기치를 드날렸음은 주지하는 바와 같다.

다음 혜철 선사가 바다를 건너 건주 공공산 보화사로 서당 지장을 찾아간 것은 당 원화元和 9년(814)이라고 한다. 그가 지장 선사를 뵙고 "제가 먼 길을 물어 중화로 찾아와 청익請益(가르침을 바람)코자 하오니 장차 무설의 설(無說之 說)과 무법의 법(無法之法)을 세상(海表)에 유전시킨다면 이에 더 바랄 것이 없 습니다." 하니 지장은 그 뜻이 굳고 품성이 명민함을 알고 단번에 친숙하여 비밀히 심인을 전해 주었다. 얼마 후 스승이 입적하자 혜철은 각지의 명산 과 승지를 유력하는 가운데 특히 서주西州(양주揚州 부근으로 추정됨) 부사사浮沙 寺에서 3년 동안 대장경을 열람하여 심오한 경지를 궁구하고 비밀한 이치에 통달하였다. 839년에 귀국하여 태안사泰安寺를 세워 동리산문桐里山門을 여 니, 그를 동리산 화상이라고도 불렀다.

이 밖에도 신라의 항수恒秀 선사가 강서로 서당 지장 선사를 배알하고 밀 지密旨를 얻어 환국하여 설악산사雪岳山寺에 주석하여 마조 도일의 선법을 널리 선양하였다고 한다. 그러나 그의 생몰년이나 입당 구법한 시기는 알려 지지 않고 있다. 대개 도의와 홍척 등과 비슷한 시기에 서당의 문을 두드렸 을 것으로 추측될 뿐이다.

우리 답사반원들이 흩어져서 사진을 찍기도 하고 이 구석 저 구석 살펴보 고 있는데 주지스님을 비롯한 사찰 측 여러 분이 접빈실에 차와 다과를 준비 해 놓고 인도하였다.

그들이 보여준 약간의 자료와 설명서들에 의하면, 중화민국 시기의 항 일 전쟁 당시에는 감주로부터 '유유중학幼幼中學'을 이리로 옮겨 와 적지 않 은 인재를 배양하였다고 하며, 해방 이후에는 문화혁명으로 사찰이 파괴되 고 승려가 환속되었다고 한다. 그러나 1980년대 중국의 개방으로 종교 활동 이 점차 활발해짐에 따라 사찰의 면모를 새롭게 하면서 전화와 텔레비전, 자 전거 등도 갖추게 되었다고 설명을 덧붙였다. 그리고 1990년대 본사를 내방 한 외국인들을 소개하는 대목에서는 한국·일본·대만인 들을 들었다. 한국

감강대교를 건너 강서 남부 최대의 도시 감주(고대에는 건주)가 있다. 강은 북쪽으로 남창시를 거쳐 파양호로 흘러든다.

에서는 근년에 중앙일보사 이은윤 기자의 방문이 있었고, 일본에서는 임제종 국태사國泰寺의 방문단과 도쿄 아이치(愛智)학원대학 영목철웅鈴木哲雄 교수 일행이 자필 서명 등 뚜렷한 기록을 남겼다.

한국과 밀접한 관련이 있는 사찰에서 오히려 일본인 신자와 학자들이 특기되고 있음을 보면서 우리네 불교계의 무관심이 아쉽다는 생각을 떨쳐 버릴 수 없었다.

보화사에서 한동안 시간을 보낸 뒤 우리 일행은 스님들과 기념 촬영을 하고 떠날 채비를 서둘렀다. 그런데 우리들을 태우고 갈 오토바이 임자들이 운임 계산부터 먼저 하라고 나섰다. 그들이 가이드와 한 처음 약속은 한 대당 10원씩으로 하였는데, 20원씩 내라고 하여 실랑이가 있었으나 초과분은 우리가 부담하겠다고 중재하여 마을까지 다시 돌아 나왔다. 일행 중 신태광 강사는 오토바이를 구할 수 없어 자전거를 빌려 타고 오다가 브레이크 고장으로 약간의 부상을 당하여 마을 보건소에서 치료를 받고 기다리고 있는 중이었다. 도중에 기다리던 승합차를 다시 타고 되돌아 나올 때 비로소 우리 모두는 안도의 한숨을 내쉴 수 있었다.

대로까지 나와 한 시간 이상 달려 감현贛縣에 이르고, 감강대교를 건너 감주 시내 명주明珠대반점에 여장을 푸니 8시가 되었다. 감주는 북송 시대까지 건주虔州라고 불렸으나 이후 감강의 이름을 따서 감주라 불렸다. 양자강에서 강서성을 남북으로 거슬러 올라가는 감강은 감주시를 감싸고 다시 동서의 장수章水와 공수貢水로 나뉜다. 도시와 관련하여 보면 감강은 감주에서 길안과 남창을 거쳐 파양호로 흘러들어 강서성의 남북을 가로지른다. 강을 따라 국도와 철로가 남북으로 간선을 이루어 나란히 달리고 있어서 우리는 이번 답사에서 가는 곳마다 이 강을 만난다. 강서에서 백장산으로 갈 때 감강(일명 서강西江)을 건너고, 길주에서 정거사淨居寺로 갈 때 또 한 번 건넜으며, 이번이 세 번째 건너는 것이다.

8월 7일, 오늘은 다시 남창으로 돌아간다. 아침에 감주를 출발, 감강대교에서 기념 촬영한 다음 12시에 길안에서 오찬을 하고, 계속 북상하여 저녁 무렵에 남창에 도착하였다. 오늘도 파양호대주점에 여장을 풀었다.

3.
강서 북서 · 동부의 신라 · 고려 구법승

1) 고려 이엄 · 여엄 등의 운거산 구법

8월 8일, 오늘 답사는 먼저 운거사雲居寺를 거쳐 여산 동림사東林寺까지 마치도록 되어 있다. 구강시九江市 영수현永修縣 서남부에 있는 운거산으로 가려면 남창에서 다시 8·1대교를 건너 북쪽으로 가야 한다. 두 시간가량 달려 인근 농민들을 위한 정기 시장이 열리는 마을에 다다르니 '진여사眞如寺'라고 쓰인 표지판이 보인다.

여기서부터 산길로 다시 반 시간을 올라가 '운거산' 현판을 단 산문에 이르면 그야말로 푸른 하늘 위로 떠 있는 흰 구름과 함께 시원하게 트인 새로운 산야가 별천지처럼 전개된다. 산의 높이는 1천여 미터, 산세가 웅위하여 항시 운무가 서려 있다 하여 붙여진 이름이란다. 입구에는 여관과 상점과 주차장 등의 시설이 있고 정기 버스도 다닌다고 한다.

산문을 들어서면 나지막한 산으로 둘러싸인 푸른 들과 맞은편 산자락 수림에 싸인 운거사가 멋지게 어울려 한 폭의 그림처럼 아름답게 보인다. 둘러

운거사 산문

싼 산이 연꽃잎(蓮瓣)과 같고 그 안의 분지가 화심花心을 닮았다고 하여 연화성蓮花城이라는 별칭이 있다고 한다. 방생지를 지나 잘 포장된 보행로로 약 20분을 걸으니 절에 이르렀다. '진여선사眞如禪寺'란 현판은 역시 고 조박초 불교협회회장의 글씨인데, 이는 중국의 개혁 개방에 따른 종교 정책의 완화로 전국 명산대찰의 복원이 허용되면서 실시된 조치의 일환이었다.

당 원화元和 초(806)에 도용道容 선사가 운거선원을 개창한 이래 사세가 크게 번창한 것은 중화中和 3년(883) 대중과 진남절도사鎭南節度使 종전鍾傳의 연청延請으로 운거 도응雲居道膺(835?~902) 선사가 주석하면서부터라고 한다. 소종昭宗이 '용창선원龍昌禪院'이라는 이름으로 개명하여 사액하였으며, 북송 진종眞宗이 '진여선원'이란 편액을 써서 내리니, 이때부터 오늘의 이름으로 전해 온 것이다.

도량은 매우 정결하고 단정하게 가꾸어져 있었다. 중앙으로 천왕전 · 대웅보전·장경각(법당)이 일직선으로 들어서고, 좌측으로 종루鐘樓(객당)를 비롯하여 가람전과 재당과 영당이 배열되었으며, 오른쪽으로는 고루鼓樓(공덕당)와 조당祖堂과 방장실이 즐비하게 늘어섰다. 신구 선당禪堂은 좌우 양쪽으로 있고, 장경각은 수리 중이다. 운거 도응 선사가 친히 심었다고 전하는 두 그루의 은행 고목이 절의 서편에 앞뒤로 나뉘어 그늘을 드리우며 섰고, 그 뒤쪽으로 허운화상기념당이 자리하고 있다.

허운虛雲 스님은 호남 출신으로 아편전쟁이 일어나던 1840년에 태어나 1959년 120세를 일기로 입적할 때까지 실로 중국 선불교의 중흥에 진력한 거장이다. 기념당은 그가 입적한 광동 운문사에서와 마찬가지로 농선農禪을 병행하는 선림禪林의 전통을 몸소 실천한 이곳 운거사에도 세워져 있다. 운거사의 선당은 이러한 전통으로 인하여 중국 국내 불교계뿐만 아니라 한국과 일본을 포함한 외국의 스님들도 와서 참례하는데, 현재 130명이 수련중이라고 한다.

도용과 도응에서부터 비롯된 선종의 시원이 큰 흐름을 이루어 허운 대사를 거쳐 오늘에 이른 것이다. 운거 도응 선사의 속성은 왕王씨로 하북河北 옥전玉田 출신이다. 어려서 교법敎法을 배우다가 25세에 범양范陽의 연수사延修寺에서 구족계를 받고 계율을 익혔으며, 취미산翠微山을 찾아 예방한 3년 후에는 강을 건너 동산洞山으로 가서 배웠다.

동산 양개良价 선사가 물었다.
"이름이 무엇인가?"
"도응입니다."
"위로 향한 법을 다시 말하라."
"위로 향하는 길이라면 도응이라 하지 않습니다."

"내가 운암雲巖에 있을 때 답하던 것과 다르지 않구나."

이리하여 후일 양개 선사의 제자 가운데 으뜸 자리에 올라 동산을 떠났다. 처음에 의풍宜豐 삼봉三峰에 옮겨 전등에 임하였으나 덕화가 그리 넓지 못하더니, 나중에 운거산에 주석하면서부터 사방에서 도중이 운집하였다. 운거는 상당할 때마다 이렇게 말했다.

"대저 출가한 사람은 다만 자기의 분수에서 결택決擇(의심을 결단하여 이치를 분별함)할지언정 절대로 분수 밖에서 찾지 말지니라.……결택할 때엔 얇은 얼음을 밟듯이 조심스럽고 부지런히 지극한 도를 구하되 머리에 붙은 불을 끄듯이 해야 하거늘 다시 무슨 여가가 있겠는가?……모든 일이 단지 하나의 방향에 달렸으니, 만일 이 소식을 알지 못하면 만겁萬劫, 천겁千劫의 우둔함에 머물리라."

여기서 동산의 가풍家風을 느끼게 된다. 다음은 운거 도응 선사의 다른 상당법어이다.

"좋은 사냥개는 자취를 잘 쫓는데 만일 영양이 뿔을 걸고 매달려 있으면 자취뿐 아니라 숨소리조차도 모른다."

이에 대하여 어떤 스님이 물었다.

"영양이 뿔을 걸었을 때에는 어떠합니까?"

"육육이 삼십육이니라. 알겠는가?"

"모르겠습니다."

"종적이 없다 하지 않았는가?"

그 스님이 조주 종심趙州從諗(778~897)에게 가서 이 일을 전하니, 종심이

"운거 사형이 아직 계셨구나!" 하였다.

그 스님이 같은 질문을 하였다.
"영양이 뿔을 걸 때는 어떠합니까?"
"구구 팔십일이니라."
"그렇게 말하기가 어렵습니까?"
"무엇이 어렵겠는가?"
"스님께서 말씀해 주십시오."
"신라新羅니라, 신라니라."

이것이 운거 도응의 유명한 '영양괘각羚羊挂角'의 화두로서 종심도 여기에 참예하고 있다. 매우 장수한 종심 선사는 노경에 각처를 참방하던 중 마침 용창선원 도응 선사의 명성이 높음을 듣고 운거산으로 방문하였다. 여기서 잠시 머물 동안 두 노장이 함께 차를 마시며 깊은 뜻(奧義)을 연마하여 서로 개발되는 바 있었다고 한다. 영양괘각의 화두도 이 무렵에 나왔으며, 운거산의 '조주관趙州關'도 그러한 인연의 유적이다.

조주관은 야합산의 좁은 입구, 즉 명월호 동쪽 전방 약 20미터 지점에 있다. 전하는 이야기로는 조주 종심이 운거사에 올라 도응 선사를 방문한 뒤 하산할 때 도응이 여기까지 와서 작별하였는데, 당시 사람들이 이를 기념하기 위하여 돌을 세웠다고 한다. 오랜 세월을 거치면서 그 돌은 사라졌다가 나타나기를 몇 차례 반복하다가 끝내 없어지고 지금 것은 근래 세운 것이라고 한다.

여러 선종 사서의 「운암전」을 읽으면 더러 '신라'나 '신라승'이라는 어구가 등장한다. 예컨대, 신라의 중이 묻기를 "불타파리佛陀波利(서역 계빈국 승려로서 중국에 왔다가 「불정존승다라니」를 구하는 사람이 있어 귀국하여 「다라니」를 갖고 다시 와서 번역하였음)가 오대산 문수상을 배알한 뒤 왜 돌아갔습니까?" 하니, 대사가 "가지고 오지 않았기 때문에 돌아갔을 뿐이다."라고 한 대화도 있다. 운거 도응의 사법제자로서 알려진 고려 고승 중에 형미, 여엄, 이엄 등이 있지만 이 밖에도 적지 않은 분들이 문하를 거쳐 갔을 것이다.

도응 선사가 살던 시대는 중국에서는 당唐 말에서 오대五代에 걸치고, 한반도에서는 신라 말에서 후삼국에 이르는 매우 불안한 시대였다. 한번은 말 탄 병사들이 운거산으로 몰려들었으므로 모두 피하였으나 선사만은 평시처럼 단정히 앉아 있었다.

지휘관이 예의도 차리지 않고 마주 앉으며 물었다.
"세상이 언제쯤 평안을 되찾겠습니까?"
"장군의 마음이 흡족해지기를 기다려야 합니다."
이에 그는 얼른 일어나 선사께 절을 올렸다.

도응 선사가 운거산에 주석하기 30년, 그의 명성이 드날릴 때에는 1,500명의 신도가 모여들어 운거선원이 천하 총림叢林(선원禪苑 또는 선림禪林. 많은 승려들이 모여 수행하는 곳의 총칭)의 하나가 되었다.

동산 양개 선사가 창시한 군신오위君臣五位(조동종에서 군과 신의 두 위에 비유하여 도리를 밝힌 비요秘要)의 종지와 회호의 선풍을 이은 조산 본적이 그것을 완성시켜 조동종을 형성하였으나 문도가 흥성하고 종지를 널리 전파시킴에 있어서는 운거가 앞섰다. 남창의 남평왕南平王 종전鍾傳이 도응 선사를 스승으로 모시면서 황제 소종昭宗에게 상주하여 가사와 존호尊號가 하사되었으며, 천복天復 원년(901) 가을에 선사께서 병을 얻어 이듬해 초사흗날 조용히 입적하였을 때도 치상과 장례를 봉행할 뿐 아니라 시호를 홍각弘覺이라 하고 운거산에 묘탑을 세우는 일도 모두 그가 맡아 시행하였다.

사찰 경내를 대충 살펴본 우리 일행은 운거사 방장스님에게 드릴 약간의 선물을 준비해 갔으나 부재중이었다. 방장 일성一誠 스님은 허운의 제자로서 현재 강서성불교협회 회장직을 맡으면서 마조의 원적 도량인 보봉사寶峰寺 복원을 위해 동분서주하기 때문에 절에 머물 시간이 별로 없다고 한다. 우리는 사감스님의 호의로 스님들의 점심 공양이 다 끝난 재당에 안내되어 산채 몇 가지와 국으로 간소한 요기를 하였다. 오후에는 절에서 조금 떨어진 묘탑으로 안내되어 갔으나 개산조 도용 선사의 탑만 있을 뿐 도응 선사의 부도는 없었다. 다시 중진스님의 안내를 받아 사찰에서 나와 조주관 밖 150미터 지점에 위치한 '당唐 천복 2년에 세우다(天復二年 建), 홍각선사탑弘覺禪師塔'이라 또렷이 음각된 묘탑 앞에 참배한 후 사진을 찍고 탁본도 하였다. 문화혁명 시기에 조난을 당했으나 1980년대에 복원한 것이라 한다.

운거 도응의 제자로서 나말·여초의 기록에 보이는 분들만도 5~6명이나 된다. 이제 이들의 면면을 차례로 살펴보자.

첫째로 선각先覺 대사 형미迥微(864~946)를 꼽을 수 있다. 그는 891년 봄에 사신을 따라 도해하여 바로 강서 운거사로 도응 선사를 찾아 그 문하에 들어갔다. 선사가 "자네가 돌아왔구나, 내 미리 알았지. 자네가 승당僧堂에 들어오려고 하니 그 보배가 감추어진 곳을 가르쳐 주마. 내가 바라는 바는 마음의 보물을 보고 선교禪敎의 종지를 전해 받도록 하여라." 하였다. 이리하여 그는 깊고 현묘한 이치를 보아 명망을 얻으니, 담주 태수 마은(후의 초왕楚王)과 부사 김가金賈 등이 도풍道風을 듣고 와서 경배를 올렸다. 아마도 당시 형미가 담주(長沙)의 여러 선찰을 유력하던 중에 그들의 방문을 받았을 것이니, 왜냐하면 강서와 호남이 이웃하여 있을 뿐 아니라 석상 경제와 동산 양개가 약산 유엄 선사의 손제자로서 그들 문하는 서로 왕래가 잦았기 때

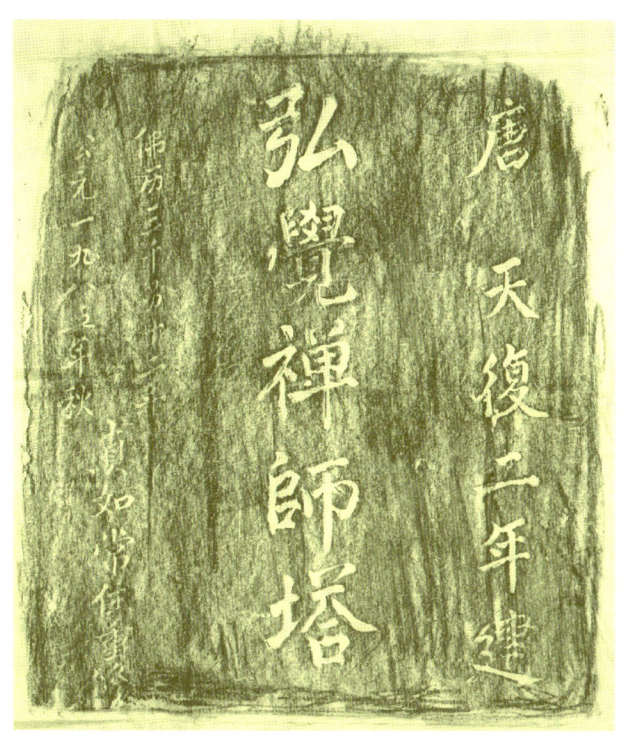
도응 문하에서 사무외대사 등 나말·여초의 많은 스님들이 법을 얻었다.
운거 도응 선사의 부도탑 탁본

문이다. 902년, 스승이 입적하자 선사는 그 법인法印을 차고 905년 오월吳越(절강)을 거쳐 귀국하였다. 다음에 열거할 고려 사무외대사四無畏大師 가운데 한 분이다.

두 번째는 진철眞澈 대사 이엄利嚴(870~936)이다. 896년 사신 최예희崔藝熙를 따라 절강 은강구鄞江口에 등륙하여 곧장 강서로 가 운거산 도응 선사를 친견하였다. 도응 선사가 물었다. "서로 이별한 지 오래지 않았는데 다시 만남이 이리 빠른가?" 이에 이엄이 "일찍이 모신 적이 없는데 어찌 다시 왔다고 하십니까?" 하자, 선사는 묵묵부답하고 입실을 허락하니, 이엄은 6년간

제2장_강서 홍주·조동종과 신라·고려 구법승 • 179

의 수행을 조금도 게을리하지 않았다. 어느 날 스승은 "도는 본래 사람을 멀리하지 않으나 사람이 능히 도를 넓히는 것이므로 도신과 홍인의 종지가 타인의 손안에 있지 아니하며, 불법의 중흥이 바로 나와 너에게 달려 있다. 나의 도가 신라로 흘러갈 것이니, 이것을 생각하며 또한 이 뜻을 놓치지 마라." 하였다. 이렇게 도응의 심인을 이어받은 선사는 스승이 입적하자 운거를 떠나 영남嶺南과 하북河北을 유력하고, 다시 북으로 항산恒山과 태산泰山, 남으로 형산衡山과 여산廬山에 이르기까지 널리 순유한 뒤 911년 귀국하여 고려 태조의 우대를 받았다. 후에 해주 수미산須彌山에 광조사廣照寺를 세우니, 구산선문 중 마지막 수미산문이다.

세 번째는 대경大鏡 대사 여엄麗嚴(859~929)이다. 선사는 대략 892년 전후에 도해, 먼저 강표江表(즉 강절 지역)에 도착하여 남창을 거쳐 운거 도응을 친견하였다. 선사는 "그대와 이별한 지 그리 멀지 아니한데 여기서 다시 만나게 되었네. 내가 조실로 있을 때 자네가 찾아온 것을 기뻐한다." 하고 "그대가 법을 물어 오니 나 그대를 위하여 대답을 아끼지 않으리라." 하였다. 그로부터 수년간 온갖 노력 끝에 인가를 받자 여엄은 "내 비록 국경 없는 대아大我의 경지에 있는 수행인이나 어찌 본국을 잊으리오." 하고 귀국코자 하니, 스승 역시 "그대가 나서 온 곳은 고국이니 지체 말고 떠나라." 하였다. 902년 스승이 입적하자, 선사는 운거를 떠나 각지를 우유한 뒤 효공왕 13년(909)에 귀국하여 세상이 어지러운 가운데서도 선법을 전하는 일에 정열을 쏟았다. 고려 태조 13년(930)에 입적하니 시호는 대경이며, 탑호는 현기玄機이다. 고려 사무외대사 중 한 분이다.

네 번째로 법경法鏡 대사 경유慶猷(871~921)를 들 수 있다. 18세에 구족계를 받고, 얼마 되지 않아 사신의 배에 편승하여 입당하였다. 화정華亭(상해 부근)으로 상륙하여 강서 운거 도응 선사의 명성을 듣고 그 문하로 들어가 법을 전수받았다. 스승은 "드디어 나의 도가 동쪽으로 흘러 들어가니, 경유 한 사람만이 나의 마음을 발명하였다." 하였다. 도응의 법인을 전해 받은 그는 효공왕 12년(908)에 귀국하여 법등을 전하여 한 지방을 교화하는 주인공(化主)이 되었으며, 후삼국의 궁예와 고려 태조 왕건의 극진한 대우를 받았다. 시호는 법경이며 형미·이엄·여엄과 더불어 운거의 법을 이어받고 돌아와 개당(開堂)하여 경(經)·율(律)·논(論) 삼장(三藏)을 가르치고 선을 지도하였다. 세상에서는 이들 네 선사를 사무외대사라 칭송하게 되었다.

이 밖에 다섯 번째인 운주(雲住) 선사도 위의 사무외대사와 함께 도응의 법을 인가받았다.

> 그가 스승 도응에게 질문하였다.
> "여러 부처님들이 말씀하지 못한 것을 누가 말합니까?"
> "내가 말할 수 있지."
> "부처님들이 못한 말씀을 어찌 스님께서 말씀하시겠습니까?"
> "부처님들이 나의 제자이다."
> "그 뜻을 말씀해 주십시오."
> "군왕을 상대하지 않았더라면 20방망이는 때렸어야 하겠구나."

마지막의 '군왕을 상대하지(君王相對)'란 말은 조동종의 군신오위 및 정편오위의 설과 관련지어 볼 것으로 이 문답은 분명 조동선(曹洞禪)의 영향 아래서 이루어진 것임을 알 수 있다. 운주 선사의 생몰년이나 그 밖의 입당과 귀국 여부에 대해서는 일체 알려진 바가 없다.

여섯째로 혜(慧) 선사를 들 수 있다. 그러나 선종사서에는 그의 법명 이외의 사항에 관해서는 전혀 알려져 있지 않다. 『경덕전등록』에는 사무외대사 가운데 경유 선사 한 분만 이름이 올라 있으며, 운주와 혜 선사도 함께 신라 출신으로 취급하고 있는데 아마도 뒤의 두 분은 귀국하지 않고 중국에서 생애를 마친 것 같다.

　이상 나말·여초 사무외대사를 비롯하여 운거 도응 문하에서 나온 여섯 분 선사들의 활동을 살펴보았다. 특히 이엄 선사는 수미산문의 개산조이다. 그럼에도 불구하고 운거산에 현존하는 금석문이나 『운거산지雲居山志』(1992)에서는 이들에 대한 언급을 전혀 발견할 수 없다. 추측컨대 이들이 입당 구법한 시기가 나말·여초, 즉 중국의 당 말 오대십국이라는 혼란을 극하던 때라서 외국 구법승들에 관한 기록들이 정리되지 못한 때문이라 여겨진다. 하지만 혹시나 하던 기대가 무산되었을 때 갖게 되는 허탈감은 어찌할 수 없다. 우리는 1시가 넘어 하산을 서둘러야 했다.

2) 여산 불교와 도의·혜소 등의 순력

　운거산에서 하산한 뒤 수수修水를 건너 북상하였다. 강서의 서북 지역을 가로질러 파양호鄱陽湖로 흘러드는 수수의 이름을 따서 수수 또는 영수永修 등의 지명이 생겼음이 분명하다. 덕안德安을 지나고 여산 동림사에 이르는 데에 두 시간 가까이 걸려 3시경에 도착했다.

　여산의 동림사東林寺는 동진 시대의 고승 혜원慧遠(334~416)이 창건한 사찰이다. 잘 아는 바와 같이 혜원은 왕권이 약해진 남북조 시대에 『사문불경왕자론沙門不敬王者論』, 즉 승려는 국왕에게 경례하지 않아도 된다는 논설로 불교의 독자성을 강조하려 했다는 점에서 일약 유명해진 인물이다. 동림사로 들어가는 길 어귀에는 혜원의 사형인 혜영慧永의 서림사西林寺가 있다. 본래 혜원은 서림사에 와서 잠시 머물다가 여산의 경치에 혹하여 동림사를 창

동림사의 '백련구사白蓮舊社'. 동진의 혜원 스님이 동림사를 창건하고, 유교와 도교의 거장들과 함께 백련결사를 조직하여 수행하던 옛터

건하였다고 한다. 동림사에 도착하자 주차장 입구 광장에서 제일 먼저 만나는 것이 절 앞으로 흐르는 저 유명한 호계虎溪다. 그러나 호계는 듣던 이름에 비하여 초라하기 짝이 없다.

사원 경내로 들어가 방생지를 지나면 건축물들이 웅장하게 둘러 있는데, 그 가운데서도 우리의 관심을 끄는 것은 여기저기 산재한 혜원의 백련결사 관련 이름들이다. 예컨대 '옛 백련사(白蓮舊社)', '삼소당三笑堂', '호계삼소도虎溪三笑圖'와 같은 현판과 글귀들이 친숙하게 다가왔다. 절 뒤로 돌아가면 혜원이 지팡이(錫杖)로 팠다는 총명천聰明泉이나 육조송六朝松과 같은 수목들이 고찰의 풍모를 실감하게 하였다. 사찰 후원에는 동림사의 개산조 혜원 법사를 기념하기 위해 세워진 원공탑遠公塔이 우뚝 솟아 있으나 근래 시멘트로 건립되어 오히려 어색하기만 하다.

혜원은 어려서 유교를 공부하였으나 노장사상에도 밝았으며, 뒤에 명승

도안道安(312~385)을 따라 불교를 배우면서 불교에 귀의하였다. 이리하여 그는 불교를 종으로 하고 유교와 도교를 횡으로 하는 삼교합일三敎合一을 통하여 인간은 현세의 고해를 벗어나 염불정토의 극락세계에 태어날 수 있다는 독창적 이론을 세웠다. 그리고 이를 실행하기 위하여 그 지역의 유·불·도 삼교의 거장들을 모아 염불정토회, 즉 백련결사白蓮結社를 조직하였다. 혜원은 교제 범위가 넓어 승려는 물론 거사들, 이를테면 불교에서는 서림사의 혜영이나 학자 출신의 거사 유유민劉遺民, 뇌차종雷次宗 등을 대표로 하는 전체 123명으로 구성된 백련사를 운영하여 천하에 그 이름을 드러내었다.

이러한 백련결사와 관련하여 후세에 호계삼소의 이야기가 등장하게 된 것이다. 하루는 여산 남록에 사는 시인 도연명과 도사道士 육수정陸樹靜이 동림사를 방문하여 차와 고담준론으로 즐거운 시간을 보내다가 떠날 때 혜원이 앞개울을 건너자 기르던 호랑이가 어흥! 하고 울었다. 자존심 강한 혜원은 어떤 고관이 방문하더라도 문 앞의 개울을 건너 전송하는 일이 없었는데 이날은 예외였으므로 호랑이가 울었다는 것이다. 이래서 세 사람이 마주 보며 웃었다 하여 '호계삼소'의 이야기가 생겼다고 하며, 이러한 고사에 따라 시인, 묵객墨客들이 다투어 시를 짓고 그림을 그려 천하 사람들에 회자되었다. 그러나 여기에 등장하는 저명인사들은 실제로는 서로 시대도 어긋날 뿐 아니라 이야기의 상당 부분이 후세인들의 날조라는 웃지 못할 사실 역시 흥미를 자아내게 한다.

이와 같이 여산 동림사는 역사가 실로 오래이며 산의 경치 또한 수려하여 고래로 불교계는 말할 것도 없고 동아시아 문화사에 있어서도 백미로 꼽힌다.

우리 일행은 동림사에서 약 한 시간 동안 스님의 설명을 들으며 바쁘게 돌아다니다가 4시경에 호계광장에 모여 차를 산으로 몰았다. 동림사에서 여산 고령진牯嶺鎭까지 한 시간 걸려 5시경에 도착하여 고잠반점牯岑飯店 별관에서 먼저 저녁을 먹었다. 산 정상의 높이는 1,447미터인데, 여기까지는 1,100미터라고 한다. 식사 후 이웃에 예약된 유소기별장으로 가서 여장을 풀고 거리에 나서니 산정의 여름은 춥지도 덥지도 않은 쾌적한 날씨였다. 거리에는 신화사서점新華社書店이나 찻집을 비롯하여 쇼핑할 상가가 있어 여객들의 호기심을 불러일으켰다.

여산은 아름답기도 하려니와 중국 대륙 중심부에 자리 잡고 있어서 모택동, 장개석과 같이 중국 현대사를 만들어 간 유명 인사들의 별장이 산재해 있어 산을 찾는 이들로 하여금 그 영욕의 세월을 느끼게 한다.

8월 9일 일요일. 새벽부터 들리는 매미소리가 청아하다. 아침 식사 후 약나탑원, 소천지小天池, 망강정望江亭을 지나 금호琴湖를 보고 금수곡錦綉谷에 올라서니 저 멀리 동림사를 내려다볼 수 있었다. 죽림사竹林寺와 선인동仙人洞을 지나 도교의 선인仙人을 모신 태상노군전太上老君殿을 관람하고 어비정御碑亭에 이르러 이곳 풍경을 읊은 어느 시인의 멋진 구절을 감상하였다.

사방 벽에는 구름 산이요, 구강에 노 젓는다.
정자에는 가는 비 내리고, 일만 골짜기에는 송림뿐이로다.
四壁雲山 九江棹
一亭煙雨 萬壑松

여산의 남록 또 다른 골짜기에 있다는 수봉秀峰과 수봉사는 이번 걸음에는 과문할 수밖에 없지만 이백의 "폭포수가 삼천 척이나 날아 흐르니, 은하수가 구천에 떨어지는 것 같구나!(飛流瀑布三千尺 疑是銀河落九天)"라는 유명한 시가 저절로 흥얼거려짐은 어쩔 수 없다.

선인동 구경을 끝으로 식당을 찾아 점심 식사 후 1시 40분에 하산을 서둘 렀다. 모택동이 여산을 오르면서 지었다는 시에 "산 하나가 날아와 큰 강변에 우뚝 솟았네(一山飛峙大江邊)."라고 장강 변에 우뚝 솟은 여산을 노래하는 부분이 있다. 여산이 속한 구강시는 북쪽으로 장강이 흐르고 동쪽으로는 중국 최대의 호수 파양호가 감싸고 있다. 우리는 지그재그로 가파른 산길을 내려왔다. 구강시에 도착하자 먼저 스케줄에 들어 있는 귀종사歸宗寺를 수소문하였는데 그 유적지를 찾는 데는 그리 많은 시간이 걸리지 않았다. 사찰은 간곳없고 주위에 늘어선 고목들만이 여기에 고찰이 있었다는 사실을 짐작하게 해 준다.

귀종사는 마조 도일의 제자 지상智常 선사의 행화 도량이다. 동림사와는 반대 방향의 구강 지역에 있는 여산 남쪽 산기슭의 귀종사는 동진 시대에는 왕희지가 글씨 공부를 하던 별장이었으나 후에 인도승 달마다라가 주석함으로써 사찰이 되었으며, 마조 도일로부터 법을 얻은 지상이 여기에 주석하면서 비로소 선종 사찰이 되었다. 송 진승유陳聖兪가 찬한 『여산기廬山記』에 "보력寶曆 초初(825)에 이발이 강주부江州府의 남쪽 2~3리에 있는 서현사棲賢寺를 오로봉 아래로 옮겨 지상을 거주하게 하였다." 하고 다시 "지상에게 배우는 자 수백 인이 되었으며, 봄과 여름에는 서현에 거주하고, 추동에는 귀종에 거주하였다."고 하였다. 자사 이발은 서당 지장의 시호를 주청하고, 그 탑명을 쓰는 등 선종의 외호자外護者(즉 신자)로 소문난 이다.

그런데 『송고승전』의 「귀종사 지상전」에 따르면, 그가 여기 주석하게 된 것은 원화元和 연간(806~820)의 일이라고 한다. 시기적으로 조금 차이가 있는 것 같지만 만일 지상이 귀종사의 전신인 서현사 시절부터 주석하고 있었다면, 그는 806년 이래 구강 지역에 계속 머물렀다는 추측이 가능하다.

지상 선사의 출신지나 생몰년은 일체 밝혀진 것이 없다. 다만 남전 보원

구강시의 귀종사 유지

을 따라 마조를 참문하였으나 남전 보원보다 나이가 많아 사형 대접을 받으며 가까이 지냈다는 이야기들을 전하고 있다. 『경덕전등록』「지상전」에는 이발과의 문답 대목이 다음과 같이 전한다.

하루는 강주江州(즉 구강九江) 자사 이발이 물었다.
"대장교大藏教에서 어떤 것을 밝혔습니까?"
대사가 주먹을 들어 보이면서 물었다.
"알겠습니까?"
"모르겠습니다."
"조대措大(즉 선비)는 주먹도 모릅니까?"
"스님께서 설명해 주십시오."
"사람을 만나면 도망을 칠 때라도 전해 주고, 만나지 못하면 세속의 진리만이 퍼집니다."

나중에 대사가 열반에 드니, 지진 대사至眞大師라는 시호가 내려졌다.
구강 귀종사 지상 선사에게는 신라인 제자 대모大茅가 있었다. 한번은 그가 상당하여 다음과 같이 설법하였다.

"모든 부처님과 스승을 알려고 하면 무명내심無明內心을 향하여 인식하라. 상주常住하여 조락凋落하지 않는 성품을 알려고 한다면 온갖 나무가 변천하는 곳을 향하여 인식하라."

어느 스님이 "무엇이 대모大茅의 경계입니까?" 하자, 선사는 "칼날(鋒)은 노출시키지 않느니라." 하였다. 다시 "왜 칼날을 노출시키지 않습니까?" 하니, "당할 자가 없기 때문이니라." 하였다. 대모 선사가 본국 신라로 귀국하였다거나 그 밖의 사적은 일체 알려진 것이 없다.

대모 화상이 귀종사에서 스승 지상을 시봉하고 있을 당시 신라 도의 선사도 지상 선사를 참문하였을 것으로 보인다. 고려 천책天頙이 저술한 『선문보장록禪門寶藏錄』에 인용된 『해동칠대록海東七大錄』에 의하면 도의 선사가 헌덕왕 13년(821)에 신라에 돌아와 지원智遠 승통僧統과의 문답을 통하여 남종선이 화엄 교학에 우선한다고 주장하였다. 이 자리에서 지원 승통이 "일대장경一大藏經이 무엇을 밝히는 것인가?"라고 한 질문에 대하여 도의 선사는 "당나라 귀종 화상이 단지 권두拳頭만을 들어 보였다."는 대목을 인용한 구절이 있다. 여기 인용한 대목은 『경덕전등록』에 강주江州 자사 이발과 대화하고 있는 장면으로서 이는 아마도 도의가 강서에서 구법 순례할 당시 강주(구강) 귀종사의 지상 선사를 찾아가 직접 참문하였던 자료로 보아 무리가 없을 것으로 여겨진다.

앞 장에서 본 바와 같이 『조당집』 「도의전」에 의하면, 처음에 그는 화엄사

華嚴師으로서 오대산五臺山 구법에 올랐다. 당시 중국에서는 새로 일어나는 남종선의 열기가 달아오르고 있을 때였으므로 그도 신진의 구도자로서 호기심이 발동하였을 것이다. 이에 구법 행각의 방향을 바꾸어 곧바로 영남으로 내려가 소주 보단사寶壇寺에서 구족계를 받고, 곡강曲江으로 가서 조계 보림사의 육조탑에 참배하였다. 그 후 다시 건주 서당 지장을 찾아 홍주의 남종 선법을 전수받은 뒤 백장산으로 가서 회해 대사를 배알한 뒤 귀국하였다.

이같이 요약된 전기는 37년이라는 그의 오랜 순례 행각에 있어서 특히 그 후반부의 많은 부분들이 생략되었다는 사실을 알아야 한다. 더구나 구강九江과 남창(홍주)은 서로 가까운 거리에 있었으므로 출입이 잦았을 것이다.

이와 같은 추측을 가능케 하는 또 하나의 사례는 그가 신라의 혜소慧昭 선사와 만나 제방으로 구법 행각을 함께 하였다는 기록이다. 최치원崔致遠의 「하동쌍계사혜소비문河東雙溪寺慧昭碑文」에 의하면, 혜소가 804년에 바다를 건너 창주 신감滄州神鑑 선사에게 법을 얻은 뒤 고국의 선배 도의를 만나 동행 구법하였다고 한다. 즉 "그때 마침 고향의 승려 도의가 먼저 와서 도를 구하고 있었는데 우연히 만나 반가워하니, 서와 남으로 다니며 친구를 얻고, 사방 멀리 참방하여 불타의 지견知見을 얻었다(西南得朋 四方參尋)."고 한 것이 그것이다. 이는 그들이 함께 사방 먼 지역으로 순례하였음을 말하는 것이다.

그러나 이 비문에는 혜소가 법을 얻었다는 '창주 신감'에 대한 이력이 전혀 밝혀져 있지 않으며, 다만 혜소가 6조 혜능의 현손玄孫이라는 사실만 언급하고 있을 뿐이다. 혜소가 마조 도일의 홍주종파에 속한다는 기록은 고려 초 긍양의 비문, 즉 「정진대사비문靜眞大師碑文」에서 처음으로 나타난다. '창주 신감'의 계보가 이같이 불분명할 뿐 아니라 중국의 다른 어떤 기록에서도 신감과 혜소가 마조의 선법을 이었다는 사실을 확인할 수 없다.

그런데 신감이라는 이름으로 홍주 마조 도일을 참문한 이가 있으니, 『송고승전』「감통感通」편에 전기傳記가 있는 '당주唐州 운수산雲秀山 신감'이 그 사람이다. 그는 강서 구강九江 사람으로 어려서 부친이 연리椽吏(지방관)로 있던 호북성湖北省 황주黃州에서 승도僧徒들이 연주하는 범패梵唄(불교음악)에 혹하여 승려가 되려고 하였다. 그래서 몰래 동림사 정소貞素 율사를 찾아가 배우고 뒤에 『열반경涅槃經』을 배웠으며, 마지막으로 홍주 마조 도일을 찾아가 배웠다고 한다. 그 후 섬서성 회안懷安 서북산에 살면서 호환虎患을 줄여 도가 높다는 칭송을 들었으며, 뒤에 낙양 남쪽의 당주 운수산으로 옮겨 교화에 임하였다고 한다.

이와 같이 그가 마조 도일에게 참문한 일이나 범패와의 관련성 등 여러 가지 점들이 쌍계사 혜소의 행적과 닮았다. 이러한 점에서 혜소가 법을 얻었다는 창주 신감이 혹시 당주 신감으로서 두 사람이 동일한 인물일 가능성이 있으며, 동일인이라면 그 까닭을 구명해 보아야 할 일이 아닐 수 없다.

만일 혜소의 스승이 당주 운수산 신감과 다르지 않다면 그가 도의와 동행하여 순행하였다는 구법 행정行程도 새로운 그림으로 그릴 수 있을 것 같다. 다시 말하면 혜소가 800년대 초에 당주 신감의 문하에 들어가 낙양 소림사에서 구족계를 받은 다음 아마도 신감의 연고지인 강서성 구강 귀종사와 동림사를 비롯하여 남창 개원사 등 선종 관련 여러 유적지를 광범위하게 순력했을 것이다. 스승이 어려서 범패를 즐겼던 황주가 가까우므로 오가며 범패를 익히는 일도 게을리하지 않았을 것이다. 이 지역은 스승의 연고지일 뿐만 아니라 원래 선종의 본거지였기 때문이다.

한 가지 중요한 사실은 그 무렵 도의 선사가 그 지역에 머물면서 두 사람이 만났을 가능성이 있다는 것이다. 다시 말하면 도의는 791년 이래 건주 서당 지장의 문하에 들어가 814년 스승의 입적 시까지 선 수행에 전념하면서 강서 일대 남종南宗의 연고 지역은 물론 장강長江을 건너 황매黃梅 동산東山

과 쌍봉산 등 가까운 지역으로 순력하였을 것으로 추측된다. 두 사람은 장강 중류 지역에서 만나 동쪽으로는 지주 남전산南泉山과 금릉金陵(남경南京)으로 나아가고, 서쪽으로는 호남의 총림과 사천성 신라 무상 대사의 영당 등을 참배하는 일을 어렵다 여기지 않았을 것이다. 이러한 광범한 지역으로의 순행 사실을 최치원은 "동서에서 친구를 얻어 사방 먼 곳으로 순례하였다."라는 몇 마디로 요약한 것으로 추측된다.

도의는 혜소보다 20여 년 먼저 입당하여 홍주종의 종지를 투철하게 깨달은 상태에서 혜소와 수년간 동행 구법하는 사이 많은 영향을 끼쳤을 것이다. 사실 신감은 전기에 보이는 바로는 홍주의 선법을 교화한 선승으로서의 역할은 거의 보이지 않는다. 그에 비하면 도의야말로 마조의 돈오선법을 계승한 홍주종의 적통嫡統이었다.

혜소는 도의가 821년 귀국한 뒤 곧장 종남산으로 가서 선정禪定(참선)을 닦아 큰 향상을 얻은 다음 하산하여 짚신을 삼아 널리 보시하는 두타행頭陀行을 본분으로 삼아 6년 세월을 보냈다. 그 후 태화太和 4년(830)에 도의의 뒤를 이어 귀국하여 남종선의 등불(禪燈)을 높이 달았다. 진감 혜소가 국내에서 교화한 비중에 비추어 보면 대표적 선문으로 꼽히지 못한 데에는 이같이 사자상승師資相承(스승으로부터 제자에게 법맥法脈을 전하여 끊어지지 않게 함) 관계의 불명확성 때문이 아니었을까?

구강은 남종선의 역사에서 초기부터 등장하는 유서 깊은 곳이기도 하다. 광주 출신의 노盧 행자行者(6조 혜능)가 황매 5조 홍인 대사로부터 의발을 전수받고 남의 이목을 피하여 밤중에 강을 건너 당도한 곳이 구강 지역이었다. 지금 구강시 지역 내에는 도연명과 사령운謝靈雲 그리고 육수정의 간적관簡寂觀을 비롯하여 송대 주렴계의 애련지愛蓮池, 주희의 백록동서원白鹿洞書院 등 역사 유적들이 산재해 있다. 어제 여산에서 가이드가 여행사를 통하여 시

장강 중류 남쪽 연안에 위치한 구강시는 고래로 유·불·도의 삼교 문화가 발달하였다. 송대 주자의 백록동서원도 그중 하나로 손꼽힌다.

내에 가까이 있는 백록동서원 답사를 추가 신청해 달라고 하였으나 수리 중이라 불가하다는 것이었다. 이 지역 유적지를 두루 관람하려면 하루를 더 머물러야 하기 때문에 다음 기회로 미룰 수밖에 없었다.

  귀종사 답사를 마치고 구강-남창 사이의 고속도로를 타고 두 시간을 달려 묵고 있던 파양호호텔에 짐을 내려놓고, 서둘러서 등왕각藤王閣 관람 시간에 닿을 수 있었다. 이번 남창에서는 오가며 세 번이나 지나치면서도 선종사찰 답사에 몰두하여 등왕각 구경은 뒤로 밀어 두었다. 현대식으로 건축한 저 웅장한 규모나 양식은 이미 옛 누각 그대로가 아니다. 하지만 엘리베이터를 타고 6층까지 올라갔다가 내려오면서 보는 강상의 풍경은 그야말로 장관이다.

  잘 알려진 바와 같이 등왕각은 무한武漢의 황악루黃鶴樓, 호남의 악양루岳陽樓와 함께 중국 3대 누각으로 손꼽히는 명소이다. 파양호는 구강시와 남창시의 동쪽 멀리 가로놓여 있고, 감강은 강서성 남부 도시 감주로부터 흘러내려와 남창시 서쪽을 지나 파양호로 흘러든다. 그래서 남창 사람들은 이 감강 하류를 서강西江이라 부른다. 강변에 임하여 있는 누각에 올라 흐르는 강물을 바라보면서 「등왕각서」에 나오는 한 구절을 떠올려 본다.

> 떨어지는 노을은 외로운 물새와 가지런히 날고,
> 가을 물은 먼 하늘과 같은 색이로다.
> 落霞與孤鶩齊飛
> 秋水共長天一色

이 구절은 특히 동아시아 풍류객들 사이에 널리 회자되어 온 구절이다. 이 '서강의 물'이 마조 대사의 설법에도 가끔 등장하는 것은 당연한 일이다.

3) 나말 여초의 경보 · 안 · 초 선사와 소산사

8월 10일, 오늘 소산사疎山寺 답사를 끝으로 강서성 답사 일정이 모두 마무리된다. 남창에서 남동방으로 무하撫河와 나란히 나 있는 국도를 따라 임천臨川을 경유하여 다시 금계金溪로 가는 도중에 소산사가 있다. 소산과 조산曹山이 있는 이 지역에 무하가 흘러 무주撫州라고 불려 왔다. 임천에는 송나라 정치가로서 신법당의 영수였던 왕안석王安石과 「모란정환혼기牡丹亭還魂記」로 이름난 명 말의 문인 탕현조湯顯祖, 두 사람의 기념관이 있어 관람한 다음에 점심 식사를 하였다.

여기서부터 우리의 목적지 호만진滸灣鎭의 소산사까지는 약 40분이 더 걸린다고 한다. 야산 등성이를 넘어 사찰에 이르는 포장된 길은 지방 행정부에서 관광지 개발을 위해 200만 위안을 들여 닦은 신작로라고 한다. 그러나 아직 찾는 이들이 많지 않아 한적한 시골길 위에는 벼나 농산물을 말리는 등 농가에서 사적으로 이용하고 있는 형편이다.

산자락에 내려앉은 절은 마을처럼 한적하다. 절 문 중앙에는 '소산고찰疎山古刹'이라 하고, 담벼락에는 큰 글씨로 '조동종풍曹洞宗風, 소산고찰疎山古刹'이라고 가로질러 써서 조동종의 종찰宗刹임을 표시하고 있다. 평지에 자리잡은 소산사는 태평천국 시에 전소되었으나 청 광서光緒 연간에 재건되었으며, 최근에는 문화혁명 시기에 훼손되었다가 개방 후에 수축되어 오늘에 이르렀다고 한다.

규모는 작으나 매우 정결하고 따뜻한 분위기다. 대웅전엔 삼존불三尊佛을 모셨으며, 좌우로는 18나한이 입상立像으로 모셔져 있다. 사찰 뒤에는 광인 선사의 초상을 모신 방장실과 전통이 있다는 수계당授戒堂 자리가 위치하고 있다. 앞뜰에는 창건할 때 심었다고 전하는 수령 천 년의 나한송이 생명력을 잃고 말라 버렸으나 그 뻗어나간 가지며 전체적 자태가 오히려 고고하다. 안내판에는 남송의 시인 육유陸游가 이 나무를 두고 "늙은 나무 푸른 얼굴엔 고색을 띠고……"라고 읊은 시가 적혀 있다. 나무가 말라죽은 원인은 흰개미가 뿌리를 갉아 먹었기 때문이라는 설도 있고, 나무 옆에 물길을 잘못 파서 그렇게 되었다는 견해도 있다고 한다. 고고한 상태로나마 오래 보존할 수 있다면 소산 고찰로서의 풍치를 더할 수 있을 것이다.

소산 광인疎山匡仁(843?~915?)은 조산 본적과 함께 동산의 제자로서 그들의 주석처도 서로 이웃하여 스승의 종지를 전파하였다. 조산이 동산의 종지를 천발함으로써 조동종이란 명칭이 생길 정도로 이론에 뛰어났다면 소산은 그 이론이 날카롭고 언설이 넘쳐 많은 문도를 거느렸다. 이처럼 그들은 각각 특징을 지니고 있다.

소산은 몸이 지나치게 왜소하여 일반에서는 '앉은뱅이 사숙師叔'이라는 별명으로 알려졌으며, 스스로도 병든 중(病僧)이라 칭했을 정도로 볼품없고 병약한 인물이었다. 그러면서도 구변이 능란하여 일반에 무슨 문제가 있으면 "왜 소산 늙은이에게 묻지 않는가?"라고 하였다고 한다.

광인匡仁은 광인光仁이라고도 한다. 호를 원조圓照 또는 백운白雲이라 하였으며, 속성은 이李씨로 길주吉州 사람이다. 8세에 출가하여 20세 전후에 낙양 발등원鉢等院에서 수계하였으며, 얼마 후 동산 양개의 법도가 준엄하다는 소문을 듣고 참알하여 계합하였다. 뒤에 스승이 입적하자 그 이듬해인 함통咸通 11년(870), 즉 그가 28세 무렵에 동산을 떠나 호남 대위산大潙山을 거치는 등 여러 지역을 운유하며 향엄 지한이나 위산 영우 같은 여러 노장들에게도 참예하였다.

광명廣明 원년(880) 여릉廬陵 엄전산嚴田山에 개당開堂하여 주석하니, 도중徒衆이 모여들어 협소하므로 중화中和 3년(883)에는 숭인崇仁의 파산巴山으로 들어가 백운선원白雲禪院을 열었다. 전하는 바에 의하면, 당시의 신도 장패천張覇遷이 "스님께서 해 주실 좋은 말씀이라도 있으십니까?" 하자 광인은 다음 게송을 지어 보였다고 한다.

　　나에게 보배로운 거문고 하나 있어,
　　넓은 들판에 던져져 있다.
　　뜯을 줄 아는 이 없는 것 아니지만,
　　음률을 알아듣는 이 없을 뿐이로다.

백운이란 호는 백운선원에서 유래한 것이다.

그러나 소산은 여기서도 오래 머물지 않고, 대순 원년(890) 무주 태수 위전풍危全諷의 도움으로 금계현 소산으로 옮겨 갔다. 하루는 그가 바위 위에 앉아 참선을 하고 있는데 마침 벼슬에서 물러나와 고향으로 돌아온 사주泗州 태수 오웅吳熊이 그 앞을 지나가다가 만나 인연을 맺게 되었다. 광인 선사가 오 태수에게 땅을 시주 받아 절을 세워 역시 백운선원이라 하더니, 남당南唐 시기에 소산사라 개명하여 일생 조동종지를 홍포하는 도량으로 삼았다.

어느 날 그가 한 스님에게 물었다.
"어디서 오는가?"
"설봉雪峰에서 옵니다."
"내가 그전에 갔을 때는 모든 것이 부족하더니 지금은 어떻던가?"
"지금은 풍족합니다."
"죽이 풍족하던가? 밥이 풍족하던가?"
그 승려는 대답이 없었다.

한번은 고산 신안鼓山神晏이 와서 이렇게 말했다.
"소산의 소문을 들은 지 오래인데 와서 보니 겨우 씨앗 크기만 합니다그려!"
"살덩이는 천근인데 지혜는 한 푼어치도 없구나!"
"그러시다면 학인學人은 절을 하지 않겠습니다."
"누가 자네더러 고기산이 쓰러지기를 바랐던가?"

이 대화에서도 알 수 있듯이 소산 광인은 키가 작달막하고, 말씨가 능숙하기로 대중에서 으뜸이었다. 소산과 조산은 강서성 동부에 치우쳐 복건 설봉산과 멀지 않은 지역이어서 선객들의 내왕도 잦았던 모양이다.

동산 양개 문하에서 배출된 문도들은 그를 '앉은뱅이 사숙'이라고 부르면서 항시 인격과 언변의 표준으로 삼았다고 한다. 그는 평소에 사람 머리에 뱀 몸을 새긴 나무 막대기를 들고 손님을 맞았는데, 어느 스님이 물었다.

"손에 있는 것이 무엇입니까?"
선사가 손을 번쩍 들면서 말했다.
"조曹씨의 딸이니라."
"어떤 것이 스님의 가풍입니까?"
"한 자가웃 되는 머릿수건이니라."
"어떤 것이 한 자가웃 되는 머릿수건입니까?"
"둥근 속에서 얻을 수 없는 것이니라."

한번은 광인이 말을 타고 가는데 한 조대措大가 물었다. "말을 타고서 어찌하여 발걸이를 밟지 않으십니까?" 선사는 "말을 타는 것은 발을 쉬기 위함인데 발걸이를 밟으면 걸음을 걷는 것과 무엇이 다르겠는가?" 하였다. 소산 광인 선사가 임종할 때 다음과 같은 게송을 읊어 오늘에 전한다.

나의 갈 길은 푸른 허공 저쪽
흰 구름 어디에도 한가롭지 않네.
세상엔 뿌리 없는 나무 있어
노랑 잎이 바람 따라 돌아온다.

게를 마치자 입적하니 73세, 탑을 이 산에 모셨다. 이 묘탑은 자신이 천화할 때를 예상하여 생전에 만들어 둔 것이라고 한다.

현재 소산사에는 승속을 합해야 몇 안 되는 식구들만이 있다고 한다. 어느 노스님의 안내로 경내를 대충 둘러본 뒤 뒷산 광인 선사 탑전으로 갔다. 한여름 매미 소리 요란한 숲과 남새밭, 그리고 길옆 여기저기에 서 있는 낡은 전각들을 지나며 10여 분 오르니 탑원塔苑이 나타난다. 중앙에 '광인선사지탑匡仁禪師之塔'을 세우고 이를 중심으로 하여 좌측에 송대의 '요여선사탑了如禪師塔'과 우측에 명 초의 '도성선사탑道性禪師塔'이 나란히 서 있다. 그리고 그 주위로 벽돌담이 둘러쳐졌으며, 탑 뒷벽에는 광인 선사의 약전을 새긴 비석이 붙어 서 있다. 그런데 비문에 선사의 생몰년을 845~940년으로 96세를 살았다고 되어 있는데, 어디에 근거했는지 모르지만 70여 세 설과는 현저한 차이를 보인다.

　탑비에는 광인 선사 전성기에 도중이 700명에 이르렀다고 하면서 그 가운데서 이름난 제자들을 다음과 같이 적고 있다.

　즉, "저명한 법사에 문언文偃(운문종 창시자), 경보慶甫(고려인高麗人), 백장 명조 안百丈明照安(신라국인新羅國人), 초 선사超禪師(동해인東海人), 본산 징本山澄, 동산 서洞山瑞, 백장 초百丈超, 오봉 우五峰遇, 대안 성大安省……등이 있으며"라고 하여 16명의 이름을 들고 있다. 그런데 여기서도 나말·여초 스님들의 국적을 잘못 적고 있으니, 즉 '경보는 고려인', '명조 안은 신라국인', '초 선사는 동해인'으로 각기 달리 표기하고 있다.

　안과 초 선사는 광인 문하에서 인가를 받은 뒤 백장산으로 가서 주석하였다는 점은 앞서 언급한 바 있다. 비문에는 이 밖에도 결정적인 오류들이 또 있다. 예컨대 동해인은 해동인의 잘못이며, 초 선사와 백장 초는 나말·여초의 동일 인물인데도 두 사람으로 갈라놓는 오류를 범하고 있다. 시정되어야 할 일이지만 지금으로서는 누구를 상대로 이야기할 계제가 아니어서 후일을 기약하고 지나갈 수밖에 없었다.

　어쨌든 소산 광인의 15, 6명 저명한 제자 가운데 한국의 스님이 세 분이

소산 광인 선사의 묘탑. 광인의 문하에서 고려 경보와 명조 안 선사 등이 배출되었다.

나 차지하고 있다는 것은 당시 소산사와의 관계가 그만큼 밀접하였다는 사실을 말해 주는 것이다.

경보(869~947)는 일찍이 무염無染이나 범일과 같은 선배 입당승들을 참문하고, 드디어 당 경복景福 원년(892) 봄에 중국 유학을 감행하였다. 무주의 소산으로 가서 광인 선사를 친견하니, 이에 선사는 입실을 허락하고 "중국에 유학 오는 동방의 구도자 중에 가히 도를 논할 사람이 자네 말고는 누가 있겠는가?" 하면서 심인을 전해 주었다. 그리고는 "그대는 신라에 가서 불교를 중흥하고 백성을 순화시키는 한편 선법으로 널리 인도할 것이 분명하다." 하였다.

경보는 그로부터 다시 여러 존숙尊宿을 참예하고 명산대찰을 찾아다녔다. 이러는 가운데 강서의 노선老善(860~930) 화상을 배알하니, 화상은 그의 말솜씨가 민첩함을 보고 법을 인가해 주면서 "남을 이롭게 할 자신이 생긴 후

천년 세월을 견디다 고사한 소산사 경내 고목이 당대 고찰임을 짐작케 한다.

에 떠나도록 하라." 하였다. 이리하여 그는 고려 천수天授 4년(921) 여름, 30년 만에 나말·여초의 전운이 감도는 고국으로 돌아와 조동종의 종지를 전파하는 데 전심하였다. 정종 3년(948) 옥룡사에서 입적하니, 동진洞眞이란 시호가 내려지고 탑호를 보운寶雲이라 하였다.

　명조 안 선사의 생몰년이나 국내에서의 행적은 미상이다. 대개 9세기 말에 입당하여 초超 선사와 전후하여 소산 광인 문하로 입실하였다. 광인이 소산사를 개산하였던 시기가 890년이므로 그들이 소산으로 들어간 것도 그 이후가 되어야 하며, 소산의 입적 후에는 역시 함께 백장산으로 옮겨 갔다. 그들 중 특히 명조 안 선사는 오대 시기에 백장사의 주지로 있으면서 '백장청규'로 인하여 해내외에 이름을 떨쳤다.

　우리 일행은 소산의 묘탑원 답사를 마치고 접빈실로 안내되어 차와 수박을 푸짐하게 대접 받고 비로소 갈증을 풀 수 있었다. 실내에는 육상산陸象山

을 비롯한 이곳 출신 명인들의 시가 몇 편 걸려 있는데, 그 가운데는 1996년에 일본 고마자와(駒澤)대학 불교사적답사반이 와서 남긴 필적을 족자로 하여 걸어 놓은 것도 있었다. 사찰에 관한 자료를 구해 보았으면 좋겠다고 하였더니 별다른 것은 없고 새로 편찬한 사지寺志가 있으나 창고를 관리하는 스님이 시내에 나가고 없어 꺼낼 수 없다고 한다.

이 지역은 송대의 왕안석과 육상산, 그리고 명대의 양명학자 나여방羅汝芳 등의 명인을 배출한 곳이다. 송·명 시대에 비주자학적非朱子學的 사상가들이 이 지역에서 많이 배출된 까닭이 무엇일까? 혹시 당대 남종선이 성행하였던 지역적 특수성과 연관이 있는 것이 아닐까? 소산이 위치한 무주 지역은 절강과 복건으로 통하는 길목이어서 당말·오대에는 오吳, 남당南唐, 민閩과 같은 지방 정권의 정치적 소용돌이에 휘말리기 쉬웠다. 소산 광인의 명성이 복주福州 지역에까지 미치자 민왕閩王 왕심지王審知가 초청하는 글을 보내었으나 무주 태수의 방해를 받아 뜻을 이루지 못한 일이 있으며, 얼마 후에는 무주가 오의 영역으로 편입되는 등의 변동을 거치기도 하였다. 이와 같이 이 지역은 정치적 영향을 매우 민감하게 받았지만 교통상 이점 때문에 종교적 활동은 상대적으로 더욱 활발하였음에 틀림없다.

강서 소산과 복주 설봉산 사이를 이어 주는 교통은 험준하기는 하지만 무이산武夷山을 넘으면 쉽게 도달할 수 있다. 앞에서 본 설봉산 선승들이 광인 선사와 선문답하는 장면도 그래서 가능한 일이다.

동국의 구법승들도 절강에서 강서와 호남으로 왕래하기 위해서는 무주(임천) 지역을 거쳐야 했다. 예컨대 정진靜眞 대사 긍양의 경우 900년에 강절 지방으로 상륙하여 무이산 비원령飛猿嶺을 넘어 설봉산으로 가다가 역시 사찰로 쌀을 운반하는 스님들을 만나 봄날에 고목이 되어 말라 죽은 용수를 두고 시를 지어 칭찬을 받았다는 기록이 있다. 그는 설봉산을 거쳐 20여 년 동안

불적 답사를 끝내고 돌아오는 길에 한대漢代 천사도의 발상지라고 전하는 용호산 도교 성지를 배경으로 단체 촬영

곡산谷山 도연道緣에게서 석상 경제의 법을 얻고 호남과 강서의 여러 총림을 순례하였으니, 그 중도에 위치한 무주 소산은 그를 비롯한 대부분의 동국의 입당 구법승들이 거쳐서 지나다녔을 것이 분명하다.

4시 30분, 소산사를 출발하여 한참을 달리니 기묘하게 생긴 산과 개울을 지나는 도중에 호구산풍경구龍虎山風景區라는 유원지가 나타난다. 어느 기묘하게 생긴 바위산 위에 도가道家에서 신앙하는 태상노군이 기거한다는 도솔궁을 현대식 건축으로 꾸며 놓고 있으나 시간 관계로 지나칠 수밖에 없었다. 5시 30분 응담鷹潭에 도착, 저녁 식사 후 9시 37분 항주행 열차에 몸을 실었다. 7박 8일간의 강서 답사를 모두 마치고 시원한 맥주로 목을 축이며, 그간에 있었던 이런저런 이야기들로 피로를 풀며 잠을 청한다.

강서성의 한국 구법 관련 선찰 답사도

제 3 장

선종의 초기 전파지

화북

남종선의 중심지는 장강長江 이남 지역이지만 초조 달마 대사로부터 시작하여 5조 홍인에 이르기까지 초기 선종의 발상 및 유행 지역은 화북華北이었다. 이것이 6조 혜능에 선행하는 초기 선종의 발생 및 유행지로서 화북의 선찰을 찾아야 하는 이유이다. 뿐만 아니라 초기의 남종선이 강서와 호남을 중심으로 하는 강남江南에서 성행하면서 점차 화북으로 전파되어 신라 혜소와 현욱玄昱, 무염 등의 구법이 이루어졌던 관계로 이들에 대한 족적도 살피는 일이 중요하다.

우리 불적답사회는 대상 지역을 강남에서 점차 화북으로 확대하면서 지금까지 동국대학교 사학과 교·강사 중심에서 회원의 범위를 넓히기로 하였다. 먼저 낙양 숭산嵩山 소림사少林寺부터 시작해야 하지만 편의상 서안西安으로 가서 거기서 동쪽으로 방향을 잡기로 했다.

이 답사는 2001년 12월 24일부터 29일까지 6일 동안 서안에서 출발하여 낙양洛陽, 개봉開封을 대상으로 하였으며, 참가자는 신태광·박응수·윤상환·고 전중배 교사를 비롯하여 뒤에 참여한 이영자 교수와 정형표 변호사 부부, 그리고 보광·도업·허정·지원·종명 스님 등 약 20명이었다.

1.
선종의 발상 및 첫 전파지, 화북

1) 서안에서 낙양으로

2001년 12월 23일 밤 열차를 타고 다음 날 새벽에 서안에 도착하였다. 역 주차장에서 기다리던 버스로 시내에 예약된 성시주점城市酒店에 도착하여 짐을 풀었다. 호텔에서는 크리스마스 캐럴이 흘러나오고 크리스마스 장식들을 하였지만 어색하게만 느껴진다. 8시경 식당에서 아침 식사를 하고 버스로 시외 관광에 나섰다. 오늘은 먼저 관광 명소 화청지와 진시황의 병마용 등을 관광하고 돌아와 시내 박물관을 찾기로 하였다.

9시에 출발하여 시 외곽으로 이어지는 도로를 달리면 진秦·한漢 시대 황제의 능원陵苑들이 주마등처럼 지나간다. 이 넓은 관중평원關中平原에는 한 무제릉武帝陵을 비롯하여 당 소릉昭陵(태종릉太宗陵)과 건릉乾陵(고종高宗과 무측천武則天의 합장 릉) 등 수많은 영웅호걸들의 능원이 산재해 있지만 일일이 찾아볼 수 없다.

여행사 가이드의 안내로 진시황릉秦始皇陵으로 가는 길목에 있는, 당 현

제3장_선종의 초기 전파지 화북 • 207

종의 애첩 양귀비의 목욕 장소로 알려진 화청지華淸池에 도착한 것은 10시 30분, 여러 가지 사치스런 잡담에 귀를 기울거렸다. 이웃해 있는 여산驪山은 1936년 말 국공합작國共合作 문제로 국민당 장개석 주석이 그 부하 장학량張學良 등에게 구금당했던, 중국 현대사에서 웃지 못할 한 페이지를 장식한 서안사변西安事變이 일어났던 장소라 한다.

12시 20분경에 임동현臨潼縣 진시황병마용박물관에 도착하여 잠시 동안 병마용 제작 과정을 담은 영상을 관람하였다. 그런 다음 식당을 찾아 점심식사를 한 뒤 박물관을 관람하였다. 2천 수백 년 전에 진시황이 거느리던 병사들의 실제 모습을 재현한 것으로 지금까지 발견된 것만 해도 7,400여 구나 된다고 하니, 실로 그 규모의 방대함에 놀랄 뿐이다. 부근 여산 기슭에는 진시황릉이 야산처럼 자리 잡고 있는데, 일정상 일일이 둘러보지 못하고 아쉬움을 남긴 채 되돌아왔다.

3시 가까이 되어서야 시내로 들어와 섬서성박물관을 관람하였다. 소장 유물이 수십만 조組이고, 그 가운데는 국가의 중요 문물로서 1급품에 해당하는 것이 762조나 된다고 한다. 반파半坡·앙소仰韶·용산龍山 문화 등 선사시대 유물에서부터 명·청 시대 유물에 이르기까지 시대별로 전시되어 큰 규모와 세밀한 배치에 감탄을 자아내게 한다.

가이드는 박물관 관람을 재촉하더니, 서둘러 섬서성 중의학연구원中醫學硏究院으로 안내하였다. 강당에서는 미리 준비된 기공과 마사지 기술을 선보이는가 하면 방문자 중에서 원하는 이를 대상으로 진맥하여 증세를 알아맞히는 등 매약 활동을 본격적으로 펼친다. 어디를 가나 여행사에서 반강제적으로 행하는 작폐들을 볼 수 있다. 온종일 햇볕이 나 있는데도 날씨는 흐린 듯 우중충하다. 거리에 먼지가 많고 공기가 탁한 것은 황토 지대에 강우량이 적기 때문일 것이다. 호텔에 돌아오니 크리스마스 이브 분위기로 인파가 북적댄다. 저녁 식사 때는 만당의 시인 백락천白樂天이 즐겼다는 두강주杜康酒와 맥주로 피로에 지친 여행객들이 몸을 풀었다.

25일. 7시 조금 지나 식당이 문을 열었다. 8시경 호텔을 출발하여 가까운 거리에 있는 비림碑林박물관에 도착하였다. 비림이란 각 시대의 희귀한 비석들을 모아 전시실을 꾸민 것이다. 원래는 섬서성박물관이 있고 그 안에 비림이 소속되어 있었으나 내용상으로 비림의 존재감이 더 커 오히려 주종 관계가 바뀌게 되었으므로 근년에 와서 둘을 분리해 놓았다고 한다.

여기에는 왕희지王羲之, 안진경顏眞卿, 유공권柳公權과 같은 중국 고대 명필들의 글씨가 빠짐없이 갖추어져 있다. 역사적으로 흥미를 끄는, 예컨대 '당나라 시대에 동로마의 기독교가 중국에 유행한 기념비(唐大秦國景教流行中國碑)'와 같은 특이한 비석도 섞여 있다.

10시가 조금 지나 교외에 있는 흥교사興教寺에 도착하였다. 현장玄奘(602~664) 법사가 입적한 뒤에 그를 계승하여 불교를 일으키라(興教)는 뜻에서 이곳으로 이장하여 절을 지었다고 한다. 그래서 현장을 가운데로 하고 그의 수문 제자 규기窺基(632~682)와 신라 출신 원측圓測(613~696) 법사의 세 사리탑을 나란히 세운 것이다. 절에는 세 분 대사의 진영이 음각된 석비가 있는데, 특이한 두상을 한 원측의 상像도 그 중 하나다.

12시경에는 서안에서 종남산 방향으로 100여 리 떨어져 있는 초당사草堂寺에 당도하였다. 이곳은 구차국龜玆國 출신인 구마라습鳩摩羅什(343~413)이 불경을 번역한 사찰로 유명하다. 구마라습의 번역을 구역이라 하고, 현장의 번역을 신역이라 한다.

필자는 이전에 이 지역 불교 유적을 찾아 여러 차례 여행했는데, 흥교사와 초당사를 지나 멀지 않은 거리에 신라 의상義湘 대사가 구법하러 왔던 종남산 지상사至相寺가 있어 찾은 적이 있다. 이 길은 신라 구법승들이 자주 왕

서안 외곽에 있는 흥교사에는 현장법사탑을 중심으로 하고 그 좌우에 제자 규기와 신라 원측의 탑을 나란히 세웠다.

래하였을 터이지만 이번 일정에는 초당사에서 되돌아가기로 되어 있다.

2시 가까이 되어서야 점심 식사를 하고, 자유 시간이 주어져 신화서점 등을 찾아 지도와 역사물, 문화재 그림이나 달력 등을 구입하였다. 모두들 성을 배경으로 기념사진을 찍느라 바쁘다.

당나라 수도는 장안長安으로서 서역으로 오가는 실크로드의 시작이자 종착역이었으며, 호악 호무가 유행하는 국제적 도시로 사치를 극하였다. 그러나 송대 이후 수도가 동쪽 개봉開封으로 옮겨 감에 따라 장안은 서안으로 불리면서 그 정치적 중요성은 사라지게 되었다. 장안성도 명대에 서안성으로 바뀌어 군사적 의미만 존속한 채 오늘에 이르렀다. 현재의 성은 명대에 신축된 것이지만 서안성西安城에 올라 시가지를 조망하는 경관은 일품이다.

26일, 아침 식사 후 시내에 있는 대자은사大慈恩寺에 도착하였다. 자은사는 본래 수대의 사찰이었으나 당 현장 법사가 인도에서 구해 온 경전을 모셔 두기 위해 고종高宗에게 주청하여 세운 인도식 대안탑大雁塔이 시초가 되어 장안의 중심사찰로 발전하였다. 자은사 대웅보전과 법당을 지나 오르게 되

당 황실의 지나친 불교행사로 국가재정을 낭비, 한유의 배불 상소를 일으켰다. 사진은 그 비판의 대상이 된 시 교외의 법문사 불지사리탑

는 대안탑은 현재 9층인데, 안에서 오를 수 있도록 나무로 계단을 설치하여 위에 올라 시가지를 한눈에 내려다볼 수 있다. 인근에 있는 소안탑小雁塔은 원래 천복사薦福寺 탑으로 중종中宗 때 궁녀들이 황제의 복을 빌기 위하여 세운 것으로 대안탑과 함께 장안의 명물로 손꼽힌다.

신라 혜초 스님은 인도에 구법하고 개원 15년(727) 서역을 통하여 장안에 돌아왔다. 대력 9년(774) 그는 대종大宗 황제의 조칙을 받들고 대흥선사大興善寺로부터 15킬로미터 지점에 있는 선유사仙游寺 옥여담玉女潭으로 가서 기

우제를 지냈다는 기록이 있다. 거리 관계로 이번 답사에서는 과문할 수밖에 없었다.

　서안 일대 답사는 이것으로 마무리하고 밤 열차로 낙양洛陽으로 떠났다. 가이드가 준비한 밤참을 건네받고 탄 정주鄭州행 쾌속열차는 12시에 서안역을 출발하였다. 낙양역에 내린 것은 다음 날 새벽 5시가 조금 지나서였다. 이 길은 3일 전 북경에서 서안으로 갈 때 이용한 길이다. 그리고 10여 년 전인 1989년 봄 동국대학교 박물관과 KBS 공동으로 실시한 실크로드 탐방을 위해 8명으로 구성한 실크로드 불적답사반의 일원으로 필자가 참가했을 때는 밤 열차로 거쳐 간 적이 있었다. 이번에는 낮 여행이어서 서악西岳 화산華山의 아름다운 경치를 바라보고 황하도 건너며, 길고 험난한 동관潼關과 삼문협三門峽을 지나면서 광활한 대륙의 한 장면을 흥미 있게 관찰할 수 있어 좋았다. 일본 제국의 군대가 태항산太行山 팔로군을 무찌르고 서진하여 낙양을 점령한 다음 서안을 향하여 진격하였으나 결국 동관을 통과하지 못하였다는 사실을 연상시켜 주는 현장이기도 하다.

2) 선종의 발상지 숭산 소림사

　27일, 아침 식사 후 첫 번째 답사지는 시내에서 비교적 가까운 용문석굴龍門石窟이다. 엄청난 규모의 석굴 가운데 당 무측천武則天이 조성하였다는 봉선사奉先寺의 대노사나불大盧舍那佛은 높이 17.4미터에 머리 높이만 4미터나 되는 작품으로 단연 압권이다. 자그마한 제484호 석굴에는 신라불감新羅佛龕이라고 쓰여 있으나 불상은 없어지고 굴의 훼손도 심하다. 굴 앞으로 이천伊川이 흐르고, 그 건너 향산香山에 향산사香山寺가 있는데, 지금은 호텔로 사용하고 있다. 11시경에는 중국 최초의 사찰 백마사白馬寺에 도착하였다. 후한後漢 영평永平 7년(64)에 세워진 이 절은 오랜 세월 동안 허다한 유적 유물들이 훼손되어 흔적을 감추었으나 경내에 있는 천축 고승 축법란竺法蘭과 섭마등攝摩騰의 무덤과 석비만은 2천 년 오랜 세월을 견뎌 내고 있었다.

12시경 우리 일행이 백마사를 떠나 소림사로 가는데 들판 여기저기에 석비들이 서 있다. 약 한 시간 뒤 소림사 입구의 난방이 안 되는 식당 홀에서 추위에 움츠린 채 점심 요기를 대충 끝내고, 탑림塔林을 거쳐 사찰 답사에 들어갔다.

소림사는 행정구역상으로 하남성河南省 등봉시登封市에 속한다. 사찰 입구에는 좌우로 석사자상이 있고, 문으로 들어서면 천왕전과 그 옆으로 1천 년이 되었다는 은행나무와 당 태종의 어필 석비가 서 있다. 천왕전을 지나면 대웅전과 장경각이 있는데, 그 앞에는 1,300근이나 되는 거대한 무쇠솥이

숭산 소림사 산문 전경

있어 과거 이 절의 규모가 어떠하였는지 짐작하게 한다. 장경각을 지나 방장전方丈殿이 있으며, 그 안쪽으로 '입설정立雪亭'이라는 현판이 가로 걸린 건물이 있다. 현판 양쪽 옆으로 "선종의 초조는 천축의 스님이요(禪宗初祖天竺僧), 팔을 잘라 구법하려고 눈 속에 선 사람이로다(斷臂求法立雪人)."라는 주련이 걸려 있다. 중국 선종의 초조 달마 대사에게 도를 구하기 위하여 추운 눈 속에서 팔을 자르는 고통을 감내하여 처음으로 그의 법을 이은 사람은 혜가慧可 스님이다. 혜가가 단비 구법한 장소를 입설정이라 하는데, 혹은 달마정이라고도 한다. 법을 준 사람이 달마였기 때문이다.

『조당집』에 의하면 보리달마菩提達摩의 출신은 남인도로서 향지국香至國의 셋째 왕자였다고 하니, 인도의 사성제도四姓制度로 따져보면 제2계급에 속한다고 할 것이다. 그는 승려 반야다라 존자의 법을 받으며 섬기고 있었는데, 하루는 반야다라가 "그대는 이 나라에서 교화하다가 뒤에 진단辰旦에 큰 인연이 있으니, 동으로 가서 법을 전하도록(傳法) 하라." 하여 수년 뒤 수만 리 바다를 건너 중국으로 오게 되었다고 한다.

전술한 바와 같이 그가 광주에 상륙한 시기에 대하여 몇 가지 설이 있는데 대통大通 1년 정미세丁未歲, 즉 서력 527년이 적합하다고 보는 추세이므로 여기서도 이에 따르고자 한다.

달마 대사는 광주에서 잠시 머물다가 양梁 무제武帝의 초청에 따라 수도 남경으로 가게 되었다. 무제는 독실한 불교 신자로서 전국에 많은 사찰을 세우고 경전을 출간하였으며 스님을 공양하는 일에 정성을 쏟았다. 그는 자신의 이러한 업적을 열거하면서 "이 모두가 커다란 공덕功德이 되겠지요?" 하고 자랑하였다. 이에 달마는 한마디로 "아닙니다." 하였다. 무제는 이 뜻밖의 대답을 듣고 다시 물었다.

"무슨 뜻이지요?"

"그런 일들은 세속적 인과응보因果應報에 지나지 아니할 뿐 진정한 공덕功德이라고 할 수 없습니다."

"그러면 진정한 공덕은 어떤 것이오?"

"그것은 가장 원융圓融하고 청정한 지혜를 말하는데, 그 본체는 텅 비고 고요한 것(空寂)이어서 세속적인 방법으로는 얻을 수 없습니다."

"불교의 교리 중에서 가장 성스러운 것이 무엇이오?"

"교리에는 성스러운 것이 없으니, 공空입니다."

"공이라 합시다. 그러면 당신은 누구요?"

"모르겠습니다."

이렇게 말하고 대사는 자리를 떴다.

달마는 무제와 기연機緣(즉 인연)이 없는 줄 알고 곧 양자강을 건너 위魏나라 수도 낙양으로 가서 숭산 소림사에 정착하였다. 당시는 남북조 시대로서 수도가 둘이었으나 본래 중국의 고도古都는 낙양으로 백마사가 최초의 불교사찰이라는 사실이 이를 말해 준다. 서역인들에게는 낙양이 더 친근하게 느껴졌을 것이다.

그 후 그의 생활은 온종일 벽을 향한 채 좌선坐禪으로 일관하였기 때문에 사람들이 그를 벽관바라문壁觀婆羅門이라 불렀다고 한다. 벽관이란 문자 그대로 '벽을 마주 바라보다'라는 뜻에서 유래하지만 어떤 사람들은 이를 정신적인 면으로 설명하기도 한다. 다시 말하면 벽이란 조용히 앉아 정신을 집중하여 바깥과의 인연을 끊는다는 뜻이며, 바라문은 브라만교의 승려를 뜻하니, 곧 참선하는 인도승 보리달마를 지칭하는 것이다.

이와 같이 그는 소림사에서 9년 동안 '벽관'으로 수행하여 중국 선종의 제1조가 되었다.

당시 위나라 왕실에서 불법을 숭상하여 광통光通 율사律師와 보리류지菩

낙양의 백마사는 중국의 불교 사원으로 가장 먼저 건립되었다.

提流支 삼장三藏 등은 승단 대표로서 항시 형상을 배척하고 마음만을 중시하는 달마 대사와 시비를 일으켜 심지어 독약으로 그를 해치려 하였다. 대사는 이미 혜가를 후계자로 얻었으며, 또한 자신의 명이 다하였음을 감지하고 조용히 앉아 입적하니, 병진년(536) 어느 날이었다.

『경덕전등록』에 따르면 웅이산熊耳山에 장사 지내고 정림사定林寺에 탑을 세웠는데, 그 3년 뒤에 송운宋雲이 사신으로 서역에 갔다가 돌아오는 길에 파미르고원(蔥嶺)에서 대사를 만났다고 한다. 달마가 손에 신발 한 짝을 들고 혼자 가고 있어 송운이 "스님 어디로 가십니까?" 하니 "나는 서역으로 돌아가오. 그리고 그대의 군주는 세상을 떠나셨소." 하였다. 송운이 돌아와 복명하려 하니 과연 황제가 이미 승하하였으므로 이 사실을 신황제에게 보고하였다. 이에 대사의 관을 열어 보니, 과연 신이 한 짝만 들어 있어 이를 소림사에 모셔 공양하게 하였다고 한다.

양 무제는 처음 대사를 만났을 때 인연이 닿지 않아 헤어졌는데, 그가 위 나라에 가서 교화를 편다는 말을 듣고 손수 대사의 비문을 지으려 하였다. 그러다가 송운의 일을 전해 듣고서야 비석을 세웠다. 당나라 대종代宗이 원각 대사圓覺大師라는 시호를 내리고, 탑 이름은 공관空觀이라 하였다.

소림사에서 서북쪽 1킬로미터 떨어진 오유봉五乳峰 아래 초조암初祖庵이 있는데, 후세에 달마를 기념하기 위하여 세운 것이다. 대전大殿은 북송 선화宣和 연간에 세운 것으로 전각 앞에는 6조가 와서 손수 심었다고 전하는 전나무 한 그루가 서 있다. 초조암 뒷산으로 다시 약 1킬로미터를 오르면 달마의 '면벽처面壁處'라는 달마동達摩洞이 있고 그 안에 대사의 상이 모셔져 있으나 거기까지 일일이 돌아볼 수는 없었다.

달마에 관한 전설들을 일일이 믿을 수는 없지만 우리가 남경을 여행하면서 남조南朝 양梁의 왕족들 무덤 부근에 서 있는 진대陳代의 석각石刻들을 보면 그 모습들이 너무나도 생동적이어서 저 '달마 이야기'가 결코 완연한 거짓일 수는 없다는 느낌을 갖게 한다. 달마가 처음 도착하여 머물렀다는 광주 서래암(화림사)이나 남경에 잠시 머물 때 거처하였다고 전하는 막부산幕府山의 달마동, 그리고 그가 입적하여 웅이산에 장사 지낼 때 무제가 옛일을 뉘우치고 비문을 보내 세우게 하였다는 비석은 근년에 일본인 학자가 답사하여 신문에 소개된 바도 있다.

소림사는 무술로도 유명하여 헤아리기 어려울 정도의 무술학교가 난립한 가운데 국내외로부터 기술을 배우려는 청소년들이 답지한다고 한다. 소림사의 무술은 달마 대사가 면벽 수행하는 틈틈이 호랑이 등 맹수들의 동작을 관찰하여 창안한 기법이어서 선무禪武라고 부른다고 한다. 한 가지 흥미로운 것은 소림사의 무술인들이 합장할 때는 반드시 오른쪽 손을 들어 경례하는 자세를 취하는데 그것은 옛날 혜가가 달마 대사에게 구도求道하던 눈 오는

달마상 앞에서 소림 무술을 시연하는 소년들

날, 왼쪽 팔을 잘라 피를 흘리면서 밤새도록 서서 지극한 마음을 보였던 바로 그 자세를 모방한 것이라고 한다.

    달마는 특별히 경전 공부를 반대하지 않았을 뿐 아니라 매우 형이상학적인 『능가경』 공부에 관심을 가졌다. 또한 그는 인도인으로서 당시 유행하던 힌두교에 밝았던 불교도였다는 사실을 기억할 필요가 있다.

    그의 유일한 저작으로 알려진 작품은 도와 진리를 다룬 법문法門에 관한 짤막한 글이다. 그 글에서 대사는 도에 들어가는 법문을 이입理入과 행입行入의 두 가지 범주로 나누고 있다. 이입이란 교리敎理 이해를 통해 도에 들어가는 것이니, 즉 거짓을 버리고 참으로 돌아와 전심으로 면벽하면 나와 남도 존재하지 않으며 범梵과 성聖이 하나인 경지에 도달하게 되는 것이다. 이렇게 되면 적연무위寂然無爲(자연 그대로 지극히 고요함)함을 누리게 되어 도와 하나가 된다. 다음 행입은 행위行爲에 의하여 도에 들어가는 것을 말하는데 이에 대해서는 조금 더 부연 설명이 필요하다.

행입에는 보원행報怨行, 수연행隨緣行, 무소구행無所求行, 그리고 칭법행稱法行의 네 가지 규범이 있다고 한다. 첫 번째 보원행은 증오를 갚는 것으로 수행자는 모름지기 고통과 시련에 대하여 하늘과 남을 원망하지 말고 전생前生의 죄업의 결과로 보아야 한다는 것이다. 그래야 증오와 격분을 삭여서 입도入道할 수 있다. 두 번째 수연행은 적응의 규범이니, 모든 중생의 일체 고락과 화복禍福은 인연의 결과로서 인연이 다하면 다시 무無로 돌아가게 된다는 것이다. 얻어도 기뻐하지 말고 잃어도 근심하지 말아야 하며, 일체 인연에 따라가야 한다. 세 번째 무소구행은 집착을 버리는 규범이다. 중생은 항상 미혹과 탐욕에 빠져 있으므로 수행자는 모름지기 마음의 평화와 세속으로부터 초연함을 즐겨 도에 들어가야 한다는 것이다. 네 번째 칭법행은 법에 맞추어 행동해야 하는 규범이다. 불법佛法은 순수한 이성이므로, 이는 밝고 순결하며 오염되지 않고 자타自他의 분별이 없다. 따라서 지혜로운 자는 일체를 이 법에 맞추어 행해야 한다는 것이다.

이상 이입사행설理入四行說은 그것이 실천적이고 현실적인 이유에서뿐만 아니라 이성과 불법이 일체로서 동일한 하나의 방법이라는 점에서 중요하다. 이러한 추상성과 구체성이 하나로 융합된다는 이론은 중국 사상이 달마에 끼친 영향일 것이다.

그러나 여기에는 후에 대두하는 남종선의 특색은 아직 보이지 않고 있다. 예컨대 돈오라거나 방棒(때림), 할喝(고함) 또는 공안公案과 같은 기발한 유머와 기이한 행동 등은 보이지 않고 있다. 후대의 남종 선사들 가운데 특히 덕산 선감은 몽둥이로 치고, 임제 의현臨濟義玄(787~866)은 고함을 질러 깨달음을 유도하는 특색이 있었다고 하여 '덕산방', '임제할'이라는 말이 생겨나기도 했던 것이다.

소림사 입설정. 혜가가 달마 대사의 법을 얻기 위하여 눈이 오는 밤을 서서 지새우며 강한 의지를 보였다는 전설에 따라 붙인 이름

　중국 선종의 초조 달마 대사는 제자들로 하여금 스스로 깨닫도록 하는 민첩성을 발휘하는 데는 뛰어난 재주가 있었다.
　한번은 혜가가 달마에게 말하였다. "제 마음이 안정을 찾지 못하고 있습니다. 스님께서 제 마음을 안정시켜 주십시오."
　이에 달마는 "마음을 가져오게. 그러면 안정시켜 주지." 하였다. 한참만에 혜가는 "마음을 찾아 헤맨 지 오래되었으나 결국 찾지 못했습니다."라고 하였고 달마는 "됐어. 그럼 내가 그대의 마음을 안정시켜 주었네."라고 응답하였다.
　이 문답은 중국 선종의 첫 번째 전등이며, 이로써 달마는 중국 선종의 초대 조사가 된 것이다. 여기서 그가 사용한 방법은 부정법의 전형적인 예로서 이후 선종의 전통에 일대 특색을 이루었다. 달마는 후세 선사들과 마찬가지로 결코 마음의 존재를 부정하지는 않았다. 혜가가 애써 찾아내어 안정시키려 한 마음은 진심眞心이 아니라 일종의 환영幻影이었다. 진심은 항상 안정되어 있으며 사유하는 주체主體인 것이다. 진심에 대하여 사유하거나 그것을 파악하려 한다면 그것은 이미 주체가 아닌 객체가 된다. 이와 같이 달마는 의외의 질문을 통하여 혜가의 직관적 지각知覺을 발동시키고, 그리하여 그 자신의 진심을 깨닫게 한 것이다.

달마가 세상을 하직하기 전 어느 날 여러 제자를 불러 모아 그들에게 각자 깨달은 경지를 말해 보도록 하였다.

제자 도부道副가 먼저 말했다.

"저의 소견으로는 문자에 집착하지 말고 그렇다고 문자를 버리지도 말며, 다만 문자를 일종의 구도하는 도구로만 이해해야 한다고 생각합니다."

"너는 겨우 나의 껍질만 얻었구나."

다음에는 비구니 총지聰持가 말했다.

"저는 아난타阿難陀(부처의 10대 제자 중 하나)가 아크쇼비야(阿閦)의 불국토를 본 것과 같습니다. 한 번 보고는 다시는 못 보았으니까요."

"너는 나의 살만 얻었구나."

다음은 도육道育의 대답이다.

"지·수·화·풍의 네 가지 요소(四大)는 본래 공한 것이며, 눈·귀·코·혀·몸(眼耳鼻舌身)의 오온五蘊은 모두 실재하지 않습니다. 제가 선 자리에서 보면 불변하는 것은 아무것도 없습니다."

"너는 나의 뼈를 얻었구나."

끝으로 혜가가 나와 절을 하고는 그냥 그 자리에 서서 움직이지 않았다.

이에 대사가 말했다.

"너야말로 나의 진수眞髓를 얻었다!"

이렇게 하여 혜가는 중국 선종의 2조가 된 것이다. 이 한 토막의 이야기는 노자가 "아는 사람은 말하지 아니하고(知者不言), 말하는 사람은 알지 못한다(言者不知)."고 한 말의 생생한 증언이 되어 준다. 달마에 관한 이러한 전설이 어느 정도의 진실인지 확인하기는 어렵다. 아마도 인도의 자극을 받아 중국적으로 전개되었다고 함이 옳을 것이다.

혜가는 낙양 동쪽 무뢰武牢 사람으로 속성은 희姬씨이고 이름은 광光이다. 15세에 시서詩書를 두루 보고 현묘한 이치에 밝았는데, 30세에 불서佛書를 보다가 초연히 얻은 바가 있었다. 이리하여 낙양 용문龍門의 향산사에 가서 보정寶靜 선사에게 출가하여 정定(마음을 한곳에 머물게 하여 흩어지지 않게 하는 것)과 혜慧(지혜)를 닦았으며, 이어 영목사永穆寺로 가서 구족계를 받았다. 나이 32세에 다시 향산사로 돌아가 8년 동안 스승을 모시며 종일토록 조용히 앉아 지냈다. 어느 날 신인神人이 나타나 "머지않아 과위果位를 얻을 것인데 어찌 여기에 머물고 있는가. 그대는 남쪽으로 가라." 하였다. 신인을 보았으므로 이후부터 이름을 신광神光이라 고쳤다.

이리하여 신광은 보정 선사에게 하직하고 소림사 달마 대사에게로 가서 입실하여 상승上乘(대승大乘)의 법을 활짝 깨달으니 대사가 말했다.

"일진一眞의 법을 모두 차지했으니 잘 지키어 끊이지 않게 하라. 그대에게 신의信衣(즉 가사)를 전하노니 표시하는 바가 있느니라."

"무엇을 표시합니까?"

"안으로는 마음의 법을 증득證得(진여眞知를 깨달아 얻음)하여 깨쳤음을 증명하고, 겉으로는 가사를 받아서 종지宗旨를 확정하는 것이니 착오 없도록 하여라."

이와 같이 혜가는 달마로부터 법을 얻은 뒤 이를 널리 전파하여 중생을 이롭게 하는 한편 이 법을 전할 후진을 구하는 일에 정성껏 힘을 쏟았다.

이때 어떤 중년의 거사居士 한 사람이 성명도 밝히지 않은 채 불쑥 나타나 절을 하고 물었다.
"제자는 나병(風疾)이 걸렸습니다. 스님께서 죄를 참회케 해 주십시오."
"죄를 가지고 오면 참회케 해 주마."
거사가 조금 뒤에 말했다.
"죄를 찾아도 찾을 수 없습니다."
"그대의 죄는 다 참회되었다. 앞으로는 불佛·법法·승僧에 의해서 머물도록 하라."
"지금 스님을 뵙고 승보僧寶임은 알았으나 어떤 것을 불보佛寶라 하고, 법보法寶라 합니까?"
"마음이 부처요, 마음이 법이다. 법과 부처는 둘이 아니니, 승보도 그러하다."
"오늘에야 비로소 죄의 성품이 안에도 밖에도 중간에도 있지 않음을 알았사오니, 마음이 그러하듯이 불보와 법보가 둘이 아닙니다."

이에 대사가 매우 갸륵하게 여기어 곧 머리를 깎아 주고, 이렇게 말했다. "너는 나의 보배이다. 승찬僧璨이라 부르라." 하고 가서 구족계를 받도록 하였다. 그리고 다음 게송을 지어 주었다.

본래부터 마음 땅이 있기에, 그 땅에 씨를 심어 꽃이 난다.
본래 종자가 없으면, 꽃도 나지 못한다.

이 게송과 함께 가사를 물려주면서 다시 이렇게 말했다.

"그대는 내 법을 받은 뒤 깊은 산속에 들어가 교화敎化에 나서지 마라. 머지않아 국난國難이 있을 것이다."

승찬이 물었다.

"스승께서 미리 아시니 가르쳐 주소서."

그러나 혜가는 자신도 모르는 일이라고 하면서 때를 기다려 전하라고 부탁하고 떠났다. 이때의 국난이란 북주北周의 무제武帝가 불교를 파괴(破佛)한 사태, 즉 법난을 일컫는다.

중국 불교사에 있어서 이 법난은 북위北魏 태무제太武帝가 저지른 제1차 파불(법난)에 이어 발생했다고 하여 제2차 파불이라고 한다.

초기의 선종사에 따르면, 2조 혜가 대사는 이때 소림사를 떠나 낙양과 업도鄴都 등 하남성 일원으로 정처 없이 떠돌며 34년 동안 교화에 종사하였다고 한다. 그 후반기에 업도 안현安縣 광구사匡救寺에서 변화辯和 법사가『열반경涅槃經』을 강의하고 있었는데, 이 무렵 혜가 대사가 이 절에 이르렀다. 그러자 변화 법사의 강석講席에 모였던 청중들이 새로 온 혜가 대사의 법문을 들으려고 몰려가 그 강석은 자리가 비게 되었다. 이에 변화 법사가 현령 적중간翟仲侃에게 혜가가 사설邪說로써 강단을 훼손한다고 모함하여 죽음에 처하게 되었다.

이 일로 인하여 혜가 대사가 수나라 문제文帝 개황開皇 13년(593)에 입멸하니 연세 107세였으며, 자주滋州 부양현滏陽縣에서 장사 지냈다. 법림法琳이 비문을 짓고, 덕종 황제가 대홍 선사大弘禪師라는 시호를 내렸으며, 탑호를 대화大和라 하였다.

3) 숭산 회선사 유리계단 옛터

낙양은 중국 고대사에 있어서 서안과 더불어 동도東都와 서도西都로서 번갈아 가며 정치와 경제 그리고 문화 등 역사의 중심 무대를 담당하였는데 이는 불교의 역사에서도 마찬가지이다.

중국 최초의 사찰 백마사가 낙양에 건립되어 존속되어 오고 있으며, 달마 대사가 바다로 와서 결국 북상하여 낙양 소림사를 종신 도량으로 하여 제자 혜가를 얻었다. 신라의 원측이나 의상을 비롯하여 많은 고승들도 바다를 건너 낙양을 거쳐 장안으로 가서 법을 구함으로써 양국의 불교교류가 활발하게 전개되었다.

그러나 중국 불교사의 커다란 특징을 이루는 6조 혜능에서 비롯한 남종선의 대두는 주로 장강 이남 지역에서 성행하였다. 이에 따라 신라와 고려의 구법승들이 강남의 여러 지역으로 구법 행각을 펼쳤던 것은 당연한 일이다.

오후 3시경 소림사를 출발하여 숭산 회선사會善寺 입구에 도착한 것은 불과 15분 후의 일이다. 입구에는 고목이 옛 사원지의 분위기를 자아내는 가운데 웃음을 머금은 석사자상이 양쪽으로 서서 우리 일행을 반겨 주었다. 그 앞쪽 논바닥에는 비석이 쓰러져 있는데, 300미터 정도 들어가니 오른쪽으로 당나라 정장淨藏 선사(675~746)의 사리탑이 서 있고, 그 부근에 계단戒壇의 터와 석비가 서 있다.

퇴락할 대로 퇴락하여 방치되어 있는 이 회선사 건물은 원나라 때 지었다고 하는데, 대웅전 건물도 중수하기 위해서인지 현판조차 떼어 놓은 상태이다. 그나마 아이들이 절에서 숙식하면서 불경과 무술을 배우는 모습들이 이채롭다 할 수 있었다. 한 스님은 회선사의 현황과 개발 계획을 알리는 선전물을 나누어 주고 있었다. 우리 답사 안내를 맡은 낙양청년여행사로부터 사

숭산 소림사와 이웃해 있는 회선사

전에 협조 요청을 받고 준비해 두었다가 친절하게 대해 주고 있는 것이다. 사찰의 양쪽으로는 어울리지 않게도 군부대가 자리 잡고 있다.

회선사 역시 낙양의 고찰로서 이를 남종선과 관련하여 대충 정리해 보면 다음과 같다. 절은 태실산太室山 남록 적취봉積翠峰 아래 자리 잡고 있으며, 4세기 말 북위 효문제孝文帝 때 이궁離宮으로 건립하였으나 그 뒤 절로 바꾸어 한거사閑居寺라 하였으며, 흥성할 때는 승려가 1천 명이 넘었으며 사원 건물이 1천 칸에 이르렀다고 한다. 후주後周 때는 불교 사찰을 도관道觀(도교의 사원)으로 바꾸고, 탑을 단壇으로 고쳤다. 수 개황開皇 5년(585)에는 다시 숭악사로 고쳐 성도가 450명에 이르렀으며, 얼마 후 다시 회선사로 개명하였으나 전란으로 인하여 불타 버렸다. 당나라 때 중건하니, 측천무후가 처음으로 중악中岳 숭산으로 순행할 때 이 절에 들러 도안道安 선사를 국사로 모시고 절 이름도 안국사安國寺라 하였다. 또한 무후는 여기에 진국금동불상鎭國金銅

佛像을 보내어 안치토록 하였다.

혜안의 제자에 정장淨藏 선사가 있었는데, 스승 혜안 입적 후 그의 동문인 소주 혜능에게 가서 인가를 받은 뒤 다시 숭양 회선사로 돌아와 안선사탑원安禪師塔院에 주석하였다. 「숭산회선사고대덕정장선사신탑명병서嵩山會善寺故大德淨藏禪師身塔銘幷序」에 따르면, 그가 처음에 혜안에게 사사하고 뒤에 혜능에게 남종 선법을 계승한 과정은 남악 회양과 동일하다. 다만 회양은 계속 남악에 남아 마조 도일을 배출시켰으나 정장은 회선사로 돌아와 주석하여 혜안 이후 으뜸가는 고승이 되었다. 천보天寶 5년(746)에 입적하니, 혜가-승찬-도신-홍인으로 계승되는 종지를 몰래 이어받아 7조의 명칭을 얻었다고 한다. 정장과 같은 시기에 경현景賢이라는 북종北宗 계열의 고승도 있었다고 한다. 그의 비문에는 "달마가 서래西來하여, 오엽五葉(즉 5대代)을 거쳐 대통大通으로 이어졌다."고 하는 문구가 있어, 그가 혜안과 혜능의 동문인 북종北宗 계열 신수神秀의 제자였음을 알 수 있는 것이다.

회선사에 계단이 설치된 것은 그 후의 일이다. 계단의 첩지戒壇牒가 하달된 것은 대력 2년(767)의 일이며, 계단의 비기碑記는 정원 11년(795)에 육장원陸長源이 찬술하였다. 이에 따르면 초기에 일행一行 율사 등이 기초를 놓았고 그 뒤 일시 폐지되었다가 상도上都 안국사의 승여乘如가 조정에 알려지면서부터 안국사의 장용藏用, 성선사聖善寺의 행엄行嚴, 회선사의 영진靈珍과 혜해惠海 등에게 주지를 맡겨 그들로 하여금 매년 모든 대승경전大乘經典을 갖추어 사시四時로 율률을 강론하게 하였다. 조주 종심 같은 유명한 선승도 회선사 유리계단琉璃戒壇에서 수계하였다고 전한다. 회선사의 계단은 소림사의 중결계단重結戒壇보다도 63년 뒤에 세워졌지만 원규元珪 선사가 숭산의 산신에게 계를 주었다는 전설로 유명하며, 이후 원나라 때에 이르러서도 융성하였다.

회선사 계단첩비. 회선사 유리계단은 소림사의 그것과 함께 천하에 이름을 떨쳤다.

우리 일행이 회선사 관람을 마치고 숭악묘嵩岳廟를 찾은 것은 5시경이다. 입구에 6세기 전기에 세운 '중악숭양사비中岳嵩陽寺碑'가 서 있으며, '숭양서원嵩陽書院'이라는 현판이 걸린 문을 들어서면 선성전先聖殿이 있다. 그 안에 공자를 중심으로 좌우로 여러 제자들의 상이 서 있다. 주위의 측백側柏나무 고목이 오랜 역사를 말해 주는가 하면 서원 후원에 역시 오래된 도사道士들의 석관石棺 몇 기가 있어 시대에 따라 나타났다가 사라져간 삼교三敎 성현들의 자취를 더듬어 보게 한다.

숭악묘는 중악묘中岳廟라고도 한다. 중국의 5대 명산, 즉 동악 태산泰山, 서악 화산華山, 남악 형산衡山, 북악 항산恒山, 중악 숭산을 통칭 5악五岳이라 하는데, 여기에 각각 산신山神을 모시는 사당이 있다. 숭악 사당(嵩嶽廟)은 진秦나라 때 처음으로 건립한 '태실사太室祠'에서 시작하여 북위北魏를 거쳐 당나라 때 비로소 사당으로서의 기초가 정립되었다.

숭악산신을 경배하던 사당은 이후 불교가 들어오자 숭양사嵩陽寺를 중심으로 성행하였으며, 다시 도교가 성할 때는 숭양관嵩陽觀으로 변하여 융성하였다. 그러다가 송대에 유교가 발달하자 숭양사 중심부에 숭양서원嵩陽書院을 건립하여 신흥 사대부들의 글 읽는 장소로 이름을 떨쳤다.

특히 북송 구법당의 영수 사마광司馬光이 신법당 왕안석과의 당쟁에서 밀려난 뒤에 여기에 은둔하여 『자치통감資治通鑑』을 집필하였던 곳으로 유명하며, 이후 중국 4대 서원의 으뜸자리에 서게 된 것은 잘 알려진 일이다.

2.
장강 중류 지역의 삼조사, 사조사, 오조사

　우리 중국불적답사회에서는 2000년까지 강남 지역의 한국 관련 불적 답사를 일단 마무리하고, 화북 지역의 선종 사찰을 답사할 기회를 엿보고 있었다. 그러던 차에 안휘성 남부에서 호북성 남부에 이르는 지역에 나란히 이웃하여 서 있는 초기 조사들의 행화 도량인 삼조사, 사조사, 오조사를 답사할 수 있는 기회가 왔다.

　한중문화교류협회 서순일 회장으로부터 안휘성 정부 초청으로 내년 4월 중에 구화산 문화 행사에 참가할 때 이 지역 여행을 위한 차편 등을 마련해 주겠다는 회답이 왔다는 소식을 접한 것이다.

　이번 여행은 서 회장과 필자 그리고 송재운 교수 부부 등 6명으로 2001년 4월 24일 황산을 경유, 구화산에 도착하였다. 안휘성 정협 부주석 서락의 선생, 주아춘 외사처 부처장 일행의 도움을 얻어 25일 아침에 구화산을 출발하여 3일 일정으로 계획된 중국 초기 선종 조사들의 행화 도량을 답사하였다. 27일 안경을 경유하여 합비로 돌아가 다음 날 귀국길에 올랐다. 이 글은 그 삼조사, 사조사, 오조사 답사기이다.

1) 안휘성 잠산의 천주산 삼조사

선종 2조 혜가 대사가 소림사에서 머물던 북제 천보天保 2년(551) 마흔을 넘긴 거사 한 사람이 찾아와 예를 올리고 자기 죄를 참회시켜 달라고 하였다. 그는 성씨도 모르고 풍질風疾을 지니고 있었다. 이에 대사가 "그 죄를 꺼내어 보이면 참회시켜 주겠다."고 하자 이 말에 거사는 크게 깨달았다. 대사는 그에게 승찬僧燦이라는 이름을 지어 주면서 구족계를 받게 하니, 이가 선종 3조가 되었다는 것은 앞에서 잠시 언급한 바 있다.

잘 알려진 바와 같이 중국 초기 선종사에 있어서 초조 달마와 6조 혜능의 업적이 가장 탁월하다. 달마는 인도의 선을 처음으로 중국에 심었고, 혜능은 달마로부터 전해 온 선법에서 새로운 남종 돈오선법을 제창하여 이후 강남 지방을 중심으로 하여 중국 불교의 주류를 형성하였다. 더구나 남종선은 이후 5가로 나뉘면서 신라와 일본에까지 전파되는 등 크게 번영하였다. 이에 비하여 달마에서 5조 홍인에 이르는 초기 선종의 사승師承 계보는 자료의 영세성으로 인하여 조사祖師들 각각의 인적사항이 불명확하며, 또한 사승되는 과정들이 비슷하고 무척이나 단조롭다.

만일 달마로부터 후대 조사들로 이어가는 과정에서 어떤 연결점이 있다면 그것은 부정의 방법을 사용하여 법사法嗣(제자)들을 유도하였다는 점일 것이다. 처음 혜가가 '자신의 마음이 불안하니, 안정시킬 방법을 알려 달라' 했을 때, 달마는 '먼저 마음을 가져오라'고 하여 스스로 깨닫게 해 주었다. 그 뒤 승찬이 찾아와 '자신의 죄를 참회시켜 달라'고 하자 혜가도 '먼저 (마음의 죄를) 가져오라'고 하여, 달마와 같은 방법으로 '마음의 죄'를 깨닫게 해 주었다. 승찬이 제3조가 되어 널리 교화를 베풀었는데, 13세의 도신道信이라는 한 사미승이 예를 올리고 이렇게 물었다.

"청컨대 스님께서는 자비를 베푸시어 저를 해탈의 법문으로 인도하여 주십시오."

"누가 그대를 묶어 놓았는가?"

"아무도 속박한 이가 없습니다."

"아무도 속박한 사람이 없으면 어째서 해탈하려고 하느냐?"

이 말을 듣고 도신은 크게 깨달았다. 그 뒤 그는 약 9년 동안 스승을 시봉하다가 길주吉州에 가서 구족계를 받고 다시 돌아와 조사를 뵈었다. 이에 승찬 대사는 게송을 지어 주며 법을 전했다고 하니, 이 전등 이야기 역시 달마로부터 대대로 심법心法을 전해 주는 일상적 방법과 같다.

『경덕전등록』 등 일부 자료는, 승찬이 혜가 대사에게 법을 받은 이후의 행적에 관하여 『조당집』 등 초기 자료에 없는 사실을 비교적 자세하게 기술하고 있다. 즉 그는 구족계를 받은 뒤 6세기 후반(577)에 북주 무제의 파불 사태가 일어나자 안휘성 서주舒州 잠산현潛山縣 환공산皖公山(즉 천주산天柱山)으로 피신하여 신분을 숨긴 채 이웃 악서현岳西縣 사공산司空山으로 내왕하며 지냈다. 그러다가 수 문제 개황開皇 10년(590)에 이르러 정식으로 환공산 산곡사山谷寺에 주석하여 공개적으로 사부대중을 위한 홍법에 임하게 되었다. 인수仁壽 원년(601)에 도신이 어린 나이로 찾아와 승찬 대사에게 예를 올리고 문답하여 사승 관계를 맺었다고 한다.

그 후 대사가 도신에게 가사를 전해 주고 "옛날 혜가 대사도 나에게 전법하신 뒤 업도鄴都로 가서 교화하다가 입적하셨는데, 내 어찌 여기에 더 이상 머물고 있겠는가?" 하고 곧 광동성 나부산羅浮山으로 가서 2년 동안 교화하고 옛터로 돌아왔다. 수 대업大業 2년(606) 10월 어느 날 대사는 널리 심지법문心地法門(일체 만법을 내는 마음이 마치 땅에서 풀·나무 등을 내는 것과 같다는 이치를 설함)을 베푼 뒤 큰 나무 밑에서 합장하고 선 채로 서세逝世하였으므로 절 뒤에 장사 지냈다.

당 현종 천보天寶 4년(745) 서주의 행정 부관副官 이상李常이 유골을 화장하고 사리를 수습하여 소상塑像의 뒤쪽에 탑을 세웠으며, 건원乾元 원년(758)에 숙종이 절 이름을 '삼조산곡三祖山谷 건원선사乾元禪寺'라 하였다. 3조의 입적 140년 뒤인 대력大曆 7년(772)에 다시 대종代宗이 감지 선사鑑智禪師라는 시호를 내리고, 탑명을 각적탑覺寂塔이라 하니, 이러한 사실은 독고급獨孤及이 찬술한 '삼조승찬비문三祖僧璨碑文'을 통하여 전해지고 있다.

그런데 안휘성 현지에서는 삼조산三祖山(천주산)만이 아니라 2조 혜가 대사 역시 만년에 악서현 사공산으로 남하하여 주석했다고 하여 현재 이조산으로 개발 중이라고 한다. 현지에서 발행한 『사공산司空山과 이조사二祖寺』라는 책자에 의하면, 북주 무제의 파불 정책으로 화북 지역에서 교화에 임하고 있던 혜가와 승찬이 위험에 처하자 화를 모면하기 위하여 함께 서주舒州로 남하하여 사공산에 거주하였다는 것이다. 이주移住 초기에는 혜가가 거처한 천연 석굴을 이조불동二祖佛洞이라 하고, 그 옆 동굴에 승찬이 머물면서 초지를 개간하여 생계를 이어가니, 점차로 사방에서 신자들이 모여들어 이윽고 이조사로 발전하였다는 것이다.

앞에서 보았듯이 『조당집』과 『경덕전등록』에는 2조 혜가가 하남성 업도(안양현安陽縣)에서 타인의 무고로 살해되어 장사 지냈으며, 따라서 사공산과는 어떠한 인연도 맺은 적이 없는 것으로 되어 있다. 그러나 선종사에 있어서 『경덕전등록』 권5, 「사공산본정선사전本淨禪師傳」에서 본정 선사를 6조 혜능의 제자로 언급한 데서 사공산과 남종선이 관계가 있는 것으로 알게 될 뿐이다.

추측컨대 혜가 대사가 사공산으로 내려와 주석함으로써 이조산이 건립되었다는 설은 아마도 청대 이후 시인들의 시를 통하여 비로소 확인할 수 있는 것이다. 초조 달마와 2조 혜가의 교화가 화북의 낙양과 업도를 중심으로 이루어졌으며, 이와 대조적으로 3·4·5조의 교화는 안휘성과 호북성 등 양자강 중류 지역을 중심으로 이루어져 서로 동떨어져 있었다. 이와 같이 남북 사이에 멀리 떨어진 지역적 간극을 관념상으로 좁혀 주려는 발상에서 후인들이 사공산을 중간에 설정하였던 것으로 보아도 무리가 없을 것 같다.

중국사를 전공한 필자에게는 중국의 고도인 서안과 낙양의 불적을 답사할 기회는 더러 있었으나 안휘성 남부에서 호북성 남부에 이르는 장강 중류 지역 초기 조사들의 행화 도량인 삼조사, 사조사, 오조사를 답사할 수 있는 기회는 없었다. 그러던 차에 앞에서 잠깐 언급한 것처럼, 한중문화교류협회 서순일 회장으로부터 안휘성 정부 초청으로 방문할 때 원한다면 차편 등을 도와 주겠다는 대답을 들었다는 소식을 접한 것이다. 이리하여 서 회장과 송재운 교수 등 일행은 4월 23일 9시에 인천을 출발, 상해를 경유하여 저녁 무렵 황산黃山에 도착하였다. 다음 날 '소나무, 바위, 구름이 3절絶'이라는 명산을 관광한 뒤 저녁 무렵 구화산에 도착하니, 안휘성 정협政協 부주석 서락의 徐樂義 선생 일행이 기다리고 있다가 반갑게 맞아 주었다.

구화산은 불교의 명산이고, 황산은 산수가 수려한 명산이다. 명대 여행가 서하객徐霞客은 황산을 평하여 "오악을 보고 나면 다른 산은 볼 필요가 없고(五嶽歸來不看山), 황산을 보고 나면 오악을 볼 필요가 없다(黃山歸來不看岳)."고 하여 중국 최고의 명산이라 하였으며, 구화산은 신라 왕족 출신인 지장地藏 스님(696~794)이 일군 4대 보살의 명산(오대산 문수보살, 아미산峨眉山 보현보살, 보타산普陀山 관음보살, 구화산 지장보살) 가운데 하나이다. 이들 두 산은 수년 전에 필자가 한중문화교류협회 회장으로서 구화산 김지장 관련 문물을 국내로 유치하여 전시회를 개최하는 일(1996년 9월. 국립민속박물관)로 내왕할 때 자주 찾은 바 있다.

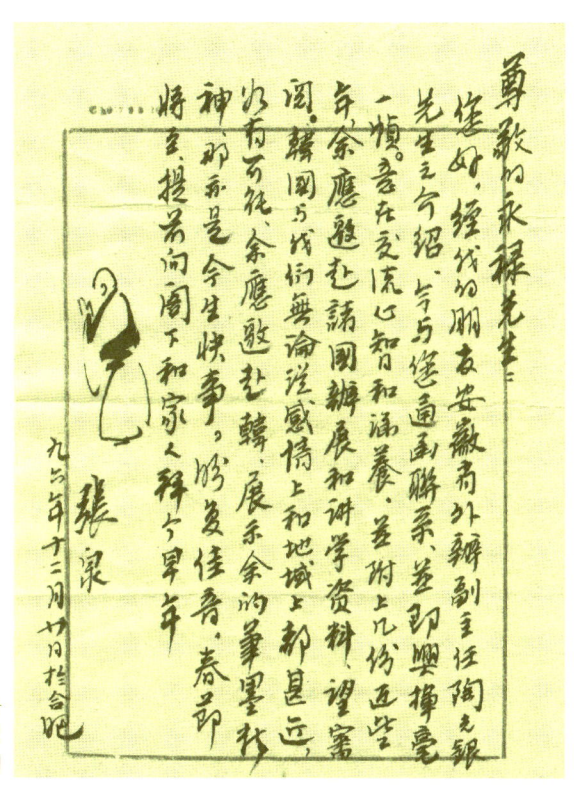

양국 사이의 문화교류를
촉진하자는 안휘성
장천張泉 화백의 편지

　이번 우리 일행은 25일 8시 출발, 오늘은 장강長江(중국에서는 양주揚州까지를 양자강揚子江이라고 하고, 그 상류를 장강이라고 한다)을 건너 잠산潛山까지 가서 천주산 삼조사를 답사하고 내일은 다시 황매 사조사와 오조사를 참배하기로 되어 있다. 우리의 차는 귀지貴池시를 지나 장강을 건너고 다시 안경安慶을 지나 정오 무렵에야 잠산 항화대주점恒華大酒店에 도착하였다. 1시경이 되어서야 점심 식사를 하고 서북으로 약 9킬로미터 떨어진 천주산 삼조사로 향하였다. 천주산은 그다지 높지 않으면서도 경관이 아름다워 역대 제왕이 모두 애호하였다고 한다.

제3장_선종의 초기 전파지 화북 ● 235

이 지역은 춘추 시대 대부 환백皖伯의 봉지封地로서, 봉지 안에 환산皖山과 환수皖水가 있어 천주산을 환공산皖公山이라고도 부른다. 한나라 무제가 남순南巡할 때 산 위에 단을 쌓아 제사 지내고 산을 봉하여 남악南岳이라 하였으나 후세에 와서 호남성의 형산衡山을 남악이라 부르게 되었다고 한다. 남조南朝 양梁 천감 연간에 건강建康(남경)에 도읍을 정하자 도림사道林寺의 고승 보지寶志 화상和尙이 절을 세워 보리암이라 하였으나 무제武帝가 듣고 산곡사山谷寺라는 사액을 내림으로써 이렇게 여러 가지 이름을 가지게 된 것이라 한다.

골짜기 입구를 지나 사찰로 들어가면 산문전이 나오고, 다시 천왕전을 지나면 대웅보전이 자리 잡고 있다. 대웅전 동쪽으로 법당과 요사가 늘어서 있고, 서쪽으로도 오관당五觀堂과 존객당尊客堂 등의 건축물들이 있다. 다시 대웅전 뒤쪽으로 들어가면 3조 승찬 대사가 좌선했다는 삼조동三祖洞이라는 동굴과 우물이 있다.

후에 4조가 될 도신이 찾아와 승찬 대사에게 절하고 해탈할 수 있도록 도와달라고 하자 대사가 "누가 너를 묶어 놓았느냐?"고 되물으니 도신이 깨달았다는 그 자리에 해박석解縛石, 즉 '마음의 속박에서 벗어나라'는 뜻으로 쓴 바위가 그 옆에 놓여 있다.

산문에서 대웅전까지의 사찰 둘레에 담장이 쳐져 있으며, 여기서 뒤쪽 무상문無相門으로 나가면 후원에 또 다른 사원 건축물들이 나타난다. 먼저 탑원문塔院門 앞 오른쪽에 있는 입화탑立化塔은 대사가 선 채로 입적한 자리에 세운 것이라 한다. 탑원문으로 들어가면 천불전이 있고, 그 뒤로 대사의 사리탑인 각적탑覺寂塔과 조사전祖師殿이 앞뒤로 자리하고 있다.

이 탑은 회창會昌 5년(845) 무종의 법난이 혹심하였을 때 사원과 함께 철저하게 파괴되고 산은 모두 국가에 환수되었으나 선종이 즉위하면서 본래

해박석. 2조 혜가가 3조가 될 승찬에게 "마음의 속박에서 벗어나라"고 가르쳤다는 뜻을 음각한 것

모습을 되찾았다고 한다. 탑 좌우에 종으로 동쪽 요사와 서쪽 요사가 조화롭게 배치되어 있으며, 그 주위에 넓게 담장이 둘러쳐져 있다.

사원의 구성은 말하자면 앞쪽의 사원寺院과 뒤쪽의 탑원塔院으로 요연하게 양분되어 있다. 탑원 외곽으로는 마애석각과 여러 종류의 누정樓亭과 묘소들 그리고 우물 등이 산재해 있어 천주산의 품에 사원 전체가 아늑하게 안겨 있는 형상을 이루고 있다.

승찬 대사 작품이라고 전하는 「신심명信心銘」은 도가의 이론으로 불교를 해석한 내용으로 오늘날에도 우리의 관심을 끌 만큼 훌륭한 시가이다. 그 가운데서 몇 구절을 인용해 보자.

도 그 자체는 어려움이 없나니, 분별과 선택만 피하면 되네.
사랑과 미움을 떠나보내면, 환하고 뚜렷하게 알게 되리라.

至道無難 惟嫌揀擇

但莫憎愛 洞然明白

밖으로 얽힌 인연 좇지를 말며, 안으로는 헛것에 머물지 마라.
마음이 한결같이 평화로우면, 장애는 흔적 없이 걷혀지리라.

莫逐有緣 勿住空忍

一種平懷 泯然自盡

평온을 구하여 쉬고자 하면, 쉬는 일에 허덕임이 더해 가리니,
이같이 양쪽에 붙잡혀 있느니, 차라리 하나임을 깨우칠지니라.

止動歸止 止更彌動

惟滯兩邊 寧知一種

너는 나로 하여 존재하고, 나는 너로 하여 존재하나니,
양쪽의 상대성을 알려고 할진댄, 본래 한 가지 공일 뿐이네.

境由能境 能由境能

欲知兩段 原是一空

    승찬 대사의 이 작품은 이후 영가 현각永嘉玄覺(675~713)의「증도가證道歌」와 석두 희천의「참동계參同契」와 더불어 일반 선사들의 필독 사항으로 애송되어 온 것은 잘 알려진 일이다. 그러나 이「신심명」만은 여러 가지 의심스러운 점이 적지 않다. 학자들의 연구에 의하면 이 시의 작자가 3조가 아니라 4조 도신이라는 주장이 있으며, 내용으로 보아 8세기 말에서 9세기 초의 선사상을 반영하고 있으므로 후세 사람들이 승찬에 가탁한 것이라는 주장이

3조의 사리탑인 각적탑을 바라보며 이야기하는 일행

있어 오히려 설득력을 얻고 있는 것이다.

답사를 통해서 보더라도 삼조사는 오랜 세월에 걸쳐 하나하나 정비되었으며, 3조 승찬의 생애와 사상 역시 이러한 오랜 기간을 거치면서 후세인들에 의하여 차근차근 다듬어진 것이 사실이다.

초기의 능가사楞伽師들은 '모두 입으로 현묘한 이치(玄理)를 설했지만 문기文記를 만들지 않았던' 특징이 있으며, 승찬의 경우도 그에 관한 옛 기록들을 보면 혼란스러운 점이 한두 가지가 아니다. 하지만 선종 초기의 조통설祖統說(달마에서 홍인까지 조사들의 계통설)의 형성에 있어서 승찬의 존재는 2조 혜가와 4조 도신의 법계法系를 연결하는 중요한 위치에 있으며, 나아가 달마-혜가의 두타선頭陀禪을 도신-홍인의 동산법문東山法門과 연결함으로써 중국 선종의 주류를 형성하는 데 가교 역할을 담당하였다. 때문에 그의 후계자들은 그의 생애에 관한 불분명한 부분들을 꾸며서라도 그의 생애와 사상을 저와 같이 초미일관初尾一貫한 일대기로 만들어 3조를 현창하는 운동에 박차를 가할 필요가 있었던 것이다.

저녁 무렵 삼조사 답사를 마치고 내려오는데, 가파르게 흐르는 계곡의 어느 지점에서 대나무 뗏목을 타고 건너는 구간이 있어 퍽 인상적이었다. 우리는 다시 잠산으로 나가 오늘 밤을 보내고 내일 황매산으로 가야 한다.

2) 호북성 황매의 사조사와 오조사

4월 26일, 오늘은 황매산을 답사하는 날이다. 삼조산을 기준으로 하여 보면 사공산 이조사는 서북방 내륙으로 약 100킬로미터 되는 지점에 치우쳐 있고, 사조산과 오조산은 서남쪽 장강 유역에 위치하여 있다. 서로 방향이 다를 뿐 아니라 이조산은 전술한 바와 같이 거리가 멀고 후세 사람들에 의하여 날조된 것이므로 처음 답사 계획에서부터 제외하였다.

날씨는 쾌청하다. 8시 30분에 잠산을 출발하여 남서향으로 차를 몰아 9시 15분경에 호북성과 경계 지역에 가까운 숙송시宿松市에 도착하여 잠시 휴식하였다. 그리고 얼마 후 호북성 황매시역으로 들어서서 계속 서쪽으로 달리는데 낮고 높은 산들 사이사이에 유채꽃이 만발하고, 수우水牛로 논을 가는 농부들의 모습이 한가롭다.

이 지역은 중국의 내륙 안휘성과 호북성 남부의 경계이면서 남쪽으로 흐르는 장강 중류 지역으로서 중국 선종사에서는 동산법문이 형성된 중심부에 해당한다. 위로 달마와 혜가로부터 시작된 능가종 계열의 선사들이 하북河北과 하남河南 그리고 산동의 태주兗州와 사천四川 등지에서 각각 자파自派의 정통성을 선양하면서 발전하고 있을 때 장강 중류를 중심으로 하는 이 지역에서도 소위 '동산법문'이라 불리는 일파가 독자적으로 성장하고 있었던 것이다.

잘 알려진 바와 같이 저들 여러 종파 가운데서도 동산법문의 사상과 그 종파가 남종선으로 발전하여 중국 선종의 주류를 형성하였다. 이에 대해서는 필자 역시 선인들의 논술을 통하여 일찍부터 상식 수준의 지식을 가져 왔으나 동산법문이 그렇게 된 까닭에 대해서는 아직 깊이 생각해 본 적이 없었다. 그러나 이번 현지답사를 통하여 동산법문이 형성·발전한 장강 유역의 지역적 특수성에 대하여 나름대로 새로운 견해를 갖게 된 것은 하나의 커다란 수확이 아닐 수 없었다.

그 특수성을 살펴보면 첫째로 이 지역의 기후가 온난하고 토지가 비옥하여 선사들의 의식주 문제가 쉽게 해결될 수 있는 경제적 이점이 있었다. 둘째로 화북·산동·사천 등지에 비해 교통이 편리하며, 특히 강을 건너면 바로 강남과 통하여 여러 가지 정보를 공유할 수 있는 이점을 지니고 있었다.

사조사 정문

셋째로 교통의 편리성은 정치적·군사적 혼란기에는 상처받기 쉬운 약점이 없지 않으나 그것은 일시적이며 또한 두타행을 일상화한 이후 남종선사들의 농사와 참선 병행(農禪竝行)의 생활 방법으로 쉽게 극복할 수 있었다.

동산이란 원래 4조 도신道信(580~651)이 기주蘄州 쌍봉산雙峰山에서 전법하고 있을 때 홍인이 찾아와 그 문하에서 시봉하다가 산의 동쪽 빙무산憑茂山으로 이주하면서부터 생긴 이름이다. 우리는 11시경에 도착하여 먼저 규모가 작은 사조사를 간단히 관람하고 점심 식사 후 이웃해 있는 오조사를 답사하기로 하였다.

초조 달마에서 2조 혜가와 3조 승찬에 이르기까지 그들의 생애에 대해서는 책마다 서로 모순되거나 내용이 소략하여 사실관계가 불분명하기 때문에 제대로 밝히기 어려운 부분이 한두 가지가 아니다. 그러나 4조 도신에 이르러 확연히 달라지니, 우선『조당집』과『경덕전등록』「도신전」의 내용과 연대기만 보더라도 양자가 서로 일치하여 대부분 의심할 바 없다.

도신의 속성은 사마司馬씨로 하내인(河內, 현재 하남성 심양현沁陽縣)이지만 부친이 호북성에서 관직 생활을 하여 그는 기주蘄州 광제廣濟에서 출생하였다. 어려서 글공부할 때 신동으로 소문이 났으며, 불법에 관심을 두어 출가하려 하니 외아들이라 부모의 반대가 있었지만 완강한 뜻을 꺾지 못하였다. 수나라 개황 12년(592) 13세에 서주舒州 환공산 3조 승찬 대사 문하로 찾아가 유명한 '해박의 문답'으로 크게 깨달았으며, 이로부터 9년 동안 열심히 연마하여 인가를 받아 법맥을 이었다. 의발을 전수받자 603년 24세 무렵에 대중을 거느리고 강서성 길주吉州로 내려가 개당 설법하였으며, 수년 뒤 다시 강주江州(즉 구강九江)로 올라와 여산 대림사大林寺에 주석하여 강경講經 설법을 행하였다. 그리고 10년 세월이 흐른 뒤 당 고종 무덕武德 7년(624)에 이르러 45세에 다시 기주 땅 황매로 돌아와 파두산破頭山에 머무니 배우려는 자들이 구름처럼 모여들었으므로 여기 절을 지어 종신 도량으로 삼게 되었다. 파두산은 뒤에 쌍봉산으로 고쳐 불렀다.

도신이 어느 날 황매로 가는 길에서 한 어린아이를 만났는데, 다른 아이와는 달리 골격이 유난히 수려하였다.

대사가 물었다.

"성이 무엇이냐?"

"성은 있으나 흔치 않습니다."

"어떤 성인가?"

"부처의 성품인 성입니다."

"네 성품은 없는가?"

"성품이 공(空)하기 때문입니다."

이에 대사는 그가 법기임을 알아차리고 시자(侍者)를 시켜 그 집에 따라가서 그 부모에게 출가시킬 것을 권유하도록 하였다. 그의 부모는 전생의 인연 때문에 아무런 난색도 없이 허락하여, 이름을 홍인이라고 하였다. 그리고 게송을 이렇게 지어 주었다.

꽃과 종자는 나는 성품이 있나니,
땅에 의하여 꽃은 나고 또 난다.
큰 인연과 믿음이 어울릴 때에 나지만,
이 남(生)은 남이 없는 것이다.

도신은 학도들을 홍인에게 맡긴 뒤 하루는 대중에게 이렇게 물었다.

"내가 무덕 연간에 여산에 노닐다가 파두산을 바라보니, 자줏빛 구름이 일산처럼 서려 있고 그 아래 흰 기운이 여섯 갈래로 뻗은 것을 보았다. 그대들은 알 수 있겠는가?"

모두 잠자코 있는데, 홍인만이 대답했다.

"스님께서 뒷날 따로 한 가닥의 불법을 내실 것이 아니겠습니까?"

이에 대사가 "바로 알았다."고 하였다.

여기서 동산법문이 나와 6조로 계승될 것을 예시한 것이다. 이후 643년에 당 태종太宗이 대사의 도풍道風을 듣고 조서를 보내어 서울로 올라오라고 하니 표表를 올려 사양하였다. 이렇게 하기를 세 차례 반복하니 네 번째에는 태종이 사자에게 "결국 자리에서 일어서지 않거든 목을 베어오라."고 명했다. 사자가 와서 조서를 전하니, 도신이 목을 빼고 베라는 시늉을 하였다. 사자가 돌아가 장계를 올리니 태종은 더욱 흠모하는 마음으로 선물을 내리고 그 뜻을 이루게 해 주었다.

651년(고종 2년) 9월 4일 홀연히 문인들을 불러 모으고 훈계하기를 "온갖 법은 모두가 해탈이니, 그대들은 제각기 잘 보호하여 미래의 유정有情들을 교화하라." 하고 편안히 앉아서 입적에 드니 세수 72였다. 이 산에 탑을 세웠는데, 이듬해 4월 초파일에 탑의 문이 스스로 열렸다. 육신이 마치 산 사람 같아 차마 문을 닫지 못하였다. 대종代宗이 대의 선사大醫禪師라는 시호를 내리고, 탑은 자운의 탑(慈雲之塔)이라 이름 하였다.

4조 도신 선사는 『입도안심요방편법문入道安心要方便法門』을 저술하여 안심의 근간으로서 '수일불이守一不移'의 좌선 방편坐禪方便을 주장하였는데, 이는 자기의 불성佛性을 깨닫는 것을 기본 목표로 하여 수행하면 결국 진리의 세계에 도달할 수 있다는 것이다. 이러한 주장은 보리달마 이래의 초기 선종에 있어서 '문자에 의존하지 않고, 교 밖에 따로 전한다(不立文字 敎外別傳)'라고 하는 선 수행의 사상적 근거가 되기도 하였다. 실제로 도신에서 홍인으로 이어지는 동산법문의 개창은 초기 선종의 교단 성립의 주요 기반이 되어 이후 남종선의 발전으로 나아가게 된다.

도신은 선 수행을 실천적으로 할 것을 주장했을 뿐만 아니라 달마 이래 정립定立된 규율, 즉 승려가 지켜야 할 생활 방식을 개혁할 것을 강조하였다. 그는 첫째로 탁발 구걸하는 생활 방식 대신 거처(절)를 정하여 전법傳法할 것, 둘째로 농업과 좌선을 함께 하여 자급자족할 것 등 개혁을 주장하여 후대 백장 회해에 의하여 제정된 백장청규의 선구적 역할을 수행하였다.

그 밖에 그가 입적하자 황제로부터 대의大醫, 즉 '큰 의사'라는 시호가 내려졌다는 사실도 주목해야 할 대목이다. 그는 평소 농사와 좌선을 하는 동안 여가를 틈타 의약에 관한 연구를 게을리하지 않고 자주 산에 올라 약초를 캐어다가 맛을 보며 그 성능과 용도를 일일이 기록했다고 한다. 그 일부가 후세에까지 유용하게 활용되었으니, 예컨대 명 말 이시진李時珍의 『본초강목本草綱目』 약전藥典에는 대사가 일찍이 수집·정리하여 작성한 약물 표본 『초목집성草木集成』이 인용된 실례를 볼 수 있다.

속칭 사조사의 본래 이름은 정각선사正覺禪寺로 4조 도신이 624년에 창건하여 조정으로부터 편액을 하사받았으며, 송 진종眞宗 황제로부터 '천하조정天下祖庭'이란 편액이 내려진 이후 오조산과 더불어 향화가 끊이지 않았다. 그러나 청나라 말기에 사찰 건물 전체가 병화와 화재로 전소되어 현재 대웅전을 비롯한 천왕전, 관음전 등 기타 사찰 건축물과 종각 등이 복원되었다고는 하지만 그 초라한 모습들은 참관자들을 실망시킬 뿐이다. 단지 조사전祖師殿 한 채만이 명대의 고건축물이다.

이 밖에도 대사가 5조에게 '의복과 법을 전해 준 일(傳衣付法)'을 기념하기 위해 세운 석탑과 사찰 창건 시에 4조가 친히 심었다는 측백나무 등이 사찰 경내에 여기저기 자리하고 있다. 그리고 사찰 외곽 야산 봉우리의 수백 평되는 터에 세워진 자인탑慈仁塔(즉 진신탑)은 당대에 세워진 높이 11미터의 정방형 전탑이다.

이번 답사에 안휘성 정협 부주석 서락의 선생이 우리 답사팀 일행을 돕기 위하여 동행해 준 것은 여러 가지 도움이 되었다. 서 선생을 대접하기 위하여 황매현 오조진五祖鎭 외사처에서 나와 지역 파출소 인근 식당에서 푸짐한 점심대접을 받았다. 2시 반경이 되어 오조사 답사를 위해 출발하였다.

3) 5조 홍인에서 6조 혜능으로

홍인弘忍(601~675)은 달마로부터 시작된 중국 선종의 제5대 조사로서 성은 주周씨, 호북 황매현 탁항濯港 사람이다. 어릴 때 신동이라 불릴 만큼 총명하였으며, 청년 시절에는 재략才略이 뛰어나고 모습이 늠름하였다. 10세 전후의 신동으로 우연히 도신 대사를 만나 몇 마디 건네지 않아 기연機緣이 닿아 쌍봉산 그의 문하에 들어가 시봉하면서 낮에는 노동을 하고 밤에는 선 수행에 정신을 쏟았다. 그러는 동안 때때로 스승의 지도하에 『능가경』과 『금강경』을 배우고 역대 선사들의 사적을 열람하는 가운데 새로운 진로를 모색하는(創新) 진취적 기상이 있었다.

홍인의 이러한 근면성실하고 진취성 있는 자세는 4조 도신의 상찬을 한 몸에 모아 상수제자로 선발되었으며, 651년 드디어 의발을 전수받은 다음 스승이 입적하자 후사를 말끔히 정리하였다. 쌍봉산은 도신 입멸 후에도 천하의 선도禪徒들이 몰려들어 붐비었으므로 홍인은 654년 동쪽 30리 지점에 있는 동산으로 옮겨 따로 선정사禪定寺(혹은 동산사東山寺)를 세우고 그의 독창적인 법문으로 교화에 임하였다. 동산법문의 골자는 견성성불과 돈오성불이란 수지관(修持觀)으로 요약할 수 있으니, 이는 번거로운 전통적 선 수행 방식을 간명하고 통속적인 방법으로 개혁하여 대중들이 쉽게 깨칠 수 있도록 한 것이다. 이러한 선 수행 방법은 한층 중국화하고 대중화하여 그 이름이 조야에 널리 떨치게 되었다.

이 무렵 노능(盧能)이라는 행자(行者)가 찾아와 홍인 대사께 예를 올렸다. 대사가 "그대는 어디서 왔으며, 무엇을 구하는가?" 물으니 행자가 "영남(嶺南) 신주에서 왔는데, 부처가 되기를 구합니다." 하였다.

대사가 보기에 때 묻지 않은 이 촌뜨기 방문객이 아주 인상적이었으나 노련한 대사는 짐짓 모욕적인 말로 시험해 보았다.

"네가 신주에서 왔다면 남만(南蠻) 사람이 아닌가! 어찌 성불할 수 있겠는가?"

"사람에겐 남북이 있으나 어찌 불성에 남북이 있겠습니까."

이에 대사는 그가 큰 재목임을 알아차렸으나 거짓으로 퉁명스럽게 절 뒷간에 있는 방앗간으로 가서 일하게 하였다. 이 사람이 결국 5조 홍인의 법을 계승·발전시켜 남종 돈오선법을 일으킨 6조 혜능(638~713)이다.

혜능은 영남 신주(현 광동성(廣東省) 신회현(新會縣))의 노씨 집안에서 태어나 청년 시절에는 편모 슬하에서 땔나무를 팔아 생계를 이어갔다. 하루는 어느 단골집에 나무를 팔고 막 돌아가려는데 불경 외우는 사람을 보았다. 경의 구절마다 폐부를 찌르는지라 물어보니 그것은 『금강경』이라면서 지금 호북 황매산 홍인 대사의 법문이 유명하다는 사실을 알려 주었다. 그것이 계기가 되어 혜능은 어느 독지가의 도움을 얻어 어머니 슬하를 떠나 홍인 대사를 찾아가게 된 것이다.

노 행자가 방아 찧는 일을 시작한 지 8개월이 지난 어느 날 대사는 방앗간으로 그를 만나러 가서 조용히 일러 주었다.

5조 진신전

"내가 너의 견해에 볼 만한 것이 있는 줄 모르는 바 아니다. 하지만 심술 궂은 자가 질투하여 해칠까 두려운 나머지 대화하기를 꺼려 온 것이다. 알겠느냐?"

그런 일이 있은 뒤 어느 날 대사는 법통法統을 전해 줄 시기가 임박했음을 직감하고 대중을 불러 다음과 같이 선언하였다.

"바른 법은 듣기 어렵고, 거룩한 모임은 만나기 어렵다. 여러분이 그렇게 오랫동안 내 곁에 있으면서 본 바가 있으면 제시해 보라. 나의 말만 기억하지 마라. 내가 증명해 주리라."

조사의 분부를 따라 모두 처소로 돌아가서는 서로 수군거리기를 신수神秀 상좌가 법을 이어 받을 것인데 승산도 없는 경쟁을 할 필요가 없을 것이라 하였다. 실제로 그들은 자신들의 강사인 신수가 새 조사로 추대되는 일을 기정사실로 여기고 있었다. 그러는 가운데 모두가 보기 좋은 절 앞쪽 건물 벽에 신수의 계송이 나붙었다.

> 몸은 보리수요, 마음은 밝은 거울과 같나니.
> 밤낮으로 갈고 닦아, 세속에 물들지 말게 할지니라.
> 身是菩提樹 心如明鏡臺,
> 時時勤拂拭 莫使惹塵埃

이 시를 본 홍인 대사는 그것이 신수의 작품임을 재빨리 알아차리고 크게 실망하였지만 겉으로는 "누구나 이런 방법으로 수행하면 훌륭한 과위果位를 얻을 것이다."라고 칭찬하였다. 대부분의 젊은 학인들은 이 게송을 외우면서 찬탄하기를 거듭하였다. 방아를 찧고 있던 노행자가 이 게송을 전해 듣고, 이 작품은 필시 깨달은 경지에 있는 인사가 지은 것이 아님을 알고 자기도 한 편의 게송을 지었다. 그리고 동자 한 사람을 데리고 가서 신수의 게송 옆에 나란히 붙였다. 내용은 다음과 같다.

> 보리는 본래 나무가 아니요, 명경 또한 대臺가 아니다.
> 본래 아무것도 없는데, 어디서 티끌이 생겨나겠는가?
> 菩提本無樹 明鏡亦非臺
> 本來無一物 何處惹塵埃

이 게송을 본 스님들은 놀라움을 금하지 못하고 찬탄을 거듭하며 서로 수군거렸다. 홍인이 이 소란스러운 광경을 목도하고 내심으로 누가 저 행자를 해칠지 모른다고 걱정하여 일부러 "이것 또한 자성을 본 경지는 못 돼!" 하고 거들떠보지도 않고 지나치니 대중의 동요는 점차 진정되었다.

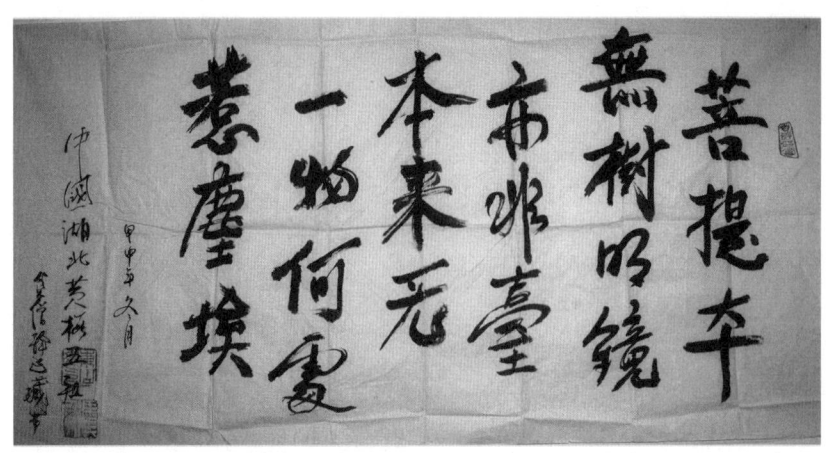

오조사 달장 스님이 필자에게 써서 준 '육조게六祖偈'

다음날 대사가 가만히 방앗간으로 가니 혜능은 허리에 돌을 붙잡아 매고 열심히 일하고 있었다.

"쌀이 다 찧어졌느냐?"

"네, 키질할 사람을 기다릴 뿐입니다."

이에 대사는 주장자를 세 번 치고 가버렸다. 그 뜻은 그날 밤 삼경에 오라는 것이어서 혜능이 야음을 타서 찾아갔다. 둘이 마주하자 5조는 『금강경』 강의를 시작하였는데 '어디에도 집착하지 말고 그 마음을 자유롭게 내어라(應無所住而生其心)'라는 대목에 이르자 혜능은 홀연히 깨달아 천지만물이 모두 자성을 떠나지 아니함을 알았다.

대사는 의발衣鉢과 돈교頓敎의 법문을 혜능에게 전하면서 다음과 같이 일러 주었다.

"이제부터 그대가 6조다. 아무쪼록 자중자애하고 널리 중생을 제도하며 오래도록 법을 전하여 끊임이 없게 하라. 나의 게송을 들어 보라."

유정이 와서 종자 심으니, 밭에 열매 맺게 되리라.
무정은 역시 종자가 없으니, 성품도 없고 남도 없으리라.
有情來下種 因地果還生
無情亦無種 無性亦無生

이러한 일이 일어난 것은 661년, 23세로 혜능이 아직 속인의 티를 벗어나지 못한 때였다. 홍인으로서는 후계자로 이처럼 무식하고 기초적인 교리마저 제대로 습득하지 못한 남방에서 온 어설픈 사나이를 택하는 것은 대단한 용기를 필요로 하는 일이었다. 그러나 그는 용기만큼이나 기지도 있었다. 그는 혜능이 철저히 깨달았음을 알았다. 때문에 그는 이 새 조사를 비밀리에 고향으로 돌려보내어 은둔 생활을 통하여 단련하는 기간을 갖도록 하였다. 의발을 전할 때 분쟁이 있을 것을 감안하여 그는 혜능에게 이후로는 의발의 전수를 피하고 다만 도를 마음에서 마음으로 전할 것(以心傳心)을 당부하였다.

그들이 장강을 건너 남쪽 연안으로 가는데, 스승이 노를 저으려 하자 제자가 노를 달라고 한다. 스승이 "내가 너를 건네주어야 해!" 하자 제자는 "미혹할 때는 스승이 건네주지만 깨달은 뒤에는 스스로 건너야 합니다." 하였다. 이에 홍인은 크게 기뻐하면서 "앞으로는 불법이 너로 하여 크게 번창하리라." 하고 서로 헤어졌다. 노 조사는 자기 절로 돌아가 3일이 지나도록 설법하지 않다가 나흘째 되는 날 "나의 법은 영남 혜능에게 전하였다." 하고 대중에게 알렸다.

이때를 전후하여 고종 황제는 두 차례나 조정 대신을 파견하여 5조 홍인의 입경을 명하였으나 대사가 굳이 사양하고 나아가지 아니하였다. 홍인의 문하에 고구려 승 지덕智德이 불법을 구했다고 한다.

오조사 정문

『해동고승전海東高僧傳』 등에는 "홍인이 말하기를 '내가 일생 동안 많은 사람들을 가르쳤는데 뒤에 나의 도를 계승할 사람은 다만 양주揚州의 고구려 승 지덕 등 10명만 남았다. 그들은 훌륭한 스승일 뿐만 아니라 일방一方의 인물이다'라고 했다."고 전한다.

675년 홍인이 입적하자 동산에 장사 지냈으며, 당 대력大曆 연간(766~779)에 대만 선사大滿禪師라는 시호가 내려졌다. 후에 제자들이 그의 어록을 편찬하니 『최상승론最上乘論』이라는 이름으로 세상에 유행하였다.

2001년 현재 오조사의 방장은 창명昌明 노장이며, 주지는 견인見忍 스님이다. 우리는 차 대접을 받은 뒤 한 지객스님의 안내를 받아 사찰 여기저기를 둘러보았다. 사원의 구조를 대충 그려 보면 다음과 같다.

산문을 들어가 천왕전을 지나면 대웅보전이 자리하고 있다. 그리고 방생지를 지나 계단으로 오르면 관음당과 비로전, 지장전, 성모전聖母殿 등이 횡으로 늘어서 있고 그 뒤 열에는 법우탑法雨塔을 모신 진신전眞身殿과 조당祖堂이 좌우로 배열되어 있다. 오조사에 홍인의 생모를 모신 성모전이 있다는 것은 현장에 와서 처음 알게 된 사실이다.

이 절이 원래 5조의 생가를 헌납하여 건립되었기 때문에 성모사聖母寺가 되었다는 등 믿을 수 없는 이야기들은 유교가 지배하는 후대에 와서 날조된 것으로 보아야 할 것 같다.

다시 뒤쪽 통천로通天路를 오르면 5조 홍인의 대만사리보탑大滿舍利寶塔이 서서 전체 사원을 조망하듯 한다. 모든 사찰이 그렇듯 대웅전과 법우탑이 가운데에 있고 그 좌우로 선당禪堂과 법당法堂 등 요사채들이 늘어서 있으며, 사원의 경계를 벗어난 뒷산에 5조가 처음 주석하였던 선정사 옛터가 위치해 있다.

이 밖에도 6조 혜능이 행자 시절에 방아 찧던 곳을 기념하기 위하여 법우탑 왼쪽으로 육조전六祖殿을 세우고 그 안에 여러 가지 장비를 갖추어 놓았다. 천 수백 년의 세월 저 너머 5조 홍인과 6조 혜능 사이에 선종의 법맥이 전승되었던 역사적 장면이 마치 오늘의 일처럼 한 폭의 스크린으로 우리 앞을 비추고 지나간다는 느낌을 갖게 한다.

이제 다시 혜능이 홍인을 따라 장강을 건넌 다음 이야기를 이어 갈 차례다. 강서성 북부 도시 구강九江은 고래로 문화의 도시다. 일찍이 동림사 혜원 법사 주도로 인근에 사는 동진의 시인 도연명과 사령운 그리고 도교의 육수정 등이 참여한 백련결사가 천하에 이름을 널리 얻은 지역이다. 당나라 이후 송대에 이르러서도 주렴계周濂溪(이름은 돈이敦頤로 북송 초기의 성리학자)의 애련지와 주희朱憙의 백록동서원 등이 점점이 자리하여 인문·예술·종교가 성행한 지역으로 이름이 높다.

구강에서 다시 남쪽으로 멀리 가지 아니하여 강서성의 수도 남창南昌에

6조 혜능이 행자로서 처음 황매 5조 홍인 선사 문하에 들어와 일하였다는 방앗간

이르는데, 홍주라고도 불리던 이 지역은 교통의 요충지이다. 파양호로 흘러 드는 감강이 도시의 동쪽을 지나 계속 남쪽으로 거슬러 올라가 중부의 대도시 길안吉安에 이르고, 길안에서 계속 흘러 다시 감주에 이른다. 남방 최대의 도시 감주는 동으로 공강貢江과 서남으로는 장강章江으로 나뉘어 흐르는 분기점이어서 생긴 이름이며, 한때 건주虔州라고도 불렸다.

이 길을 따라가며 들어선 도시와 그 언저리에는 이후 많은 선찰들이 속속 건립되어 신라의 승려들도 구법을 위하여 자주 드나들었다. 특히 남창 개원사에는 6조 혜능의 손제자인 마조 도일이 주석하기 전부터 신라 구법승이 출입하고 있었으니, 마조 이전에 신라 김대비 선사가 여기 머물면서 혜능의 정상을 절취해 가려다가 발각되기도 하였다.

감주 공공산 보화사는 마조 도일의 제자 서당 지장의 주석처로서 신라의 도의를 비롯한 실상 홍척과 동리 혜철桐里慧徹 등 구산선문 중 3산山이 여기서 배출되었다. 신라 혜소가 9세기 전반기에 신감의 문하에 시봉하면서 고향 선배 도의와 해후하여 함께 순력한 지역도 이 장강 중류 지역이었을 것으로 추측이 된다. 왜냐하면 스승 신감의 출생지와 주석처가 이 지역에 가까웠으며, 도의의 거처 역시 강서 지역이었기 때문이다. 그보다 조금 늦은 범일 선사의 구법 행각 역시 절강에서 강서를 거쳐 호남 지역으로 이어졌는데, 여기 '강서'란 행로상 남창과 구강을 지칭하는 것이 분명하다.

혜능이 고향 영남으로 가려면 구강에서 감주로 남행하는 간선도로를 따라 곧장 내달려야 하며, 마지막으로 강서성과 광동성의 교계交界를 이루는 태산준령인 대유령을 넘지 않으면 안 된다. 혜능이 행자의 몸으로 고향 신주에서 황매 오조사로 스승을 찾아갈 때 이 길을 따라 북상하였는데 이제 법을 얻어 왔던 길을 다시 되돌아가는 것이다. 갈 때는 촌뜨기 홀몸이었으나 이번 걸음에는 혼자가 아니었다.

진혜명陳慧明이라는 동료 행자가 동지들 수십 명을 거느리고 뒤를 쫓아 대유령까지 왔다. 처음에는 의발을 탈취하려는 욕심이 없지 않았으나 결국 마음을 고쳐 먹고, 자기가 이렇게 온 것은 가사를 탐내어서가 아니라 법을 구하고자 함이니 부디 깨달음을 얻을 수 있도록 도와달라고 간청하였다. 이에 혜능이 "그대가 진정 법을 구하고자 한다면, 모든 바깥 인연과 생각들을 버리라."고 당부하면서 물었다. "선도 생각하지 않고 악도 생각하지 않는 그 때 어떤 것이 그대의 본래면목本來面目입니까?" 이 말을 듣자 혜명은 바로 크게 깨달았다. 그리고 난 다음에도 그는 홍인 대사로부터 얻어 들은 비밀한 뜻(秘意)이 있으면 가르쳐 달라고 하였다. 이에 혜능은 "그대에게 말한 것은 결코 비의가 아니니, 스스로 잘 되새겨 보면 그것은 곧 그대 마음에 있을 것이오." 하였다. 이에 혜명은 크게 감격해 하면서 '자신이 지금까지 본래면목을 내면에서 찾으려 하지 않았음'을 탓하고 앞으로 더욱 정진할 것을 약속하였다. 이에 혜능이 그의 이름을 도명道明이라 고쳐 주니, 혜능이 대오한 뒤 처음 얻은 제자가 된 것이다.

혜능은 대유령을 넘어 영남 지역으로 들어간 뒤 스승의 지시에 따라 은둔 생활을 시작하고 장기간 자신을 드러내지 않았다. 그가 광주 법성사法性寺의 인종 법사印宗法師를 만난 것은 676년, 그로부터 15년 후의 일이다.

4) 신회의 남종 정통론

달마에서 비롯된 중국의 선종이 2조 혜가, 3조 승찬을 거치고, 다시 기주蘄州 황매의 4조 도신과 5조 홍인에 이르러 문도를 모아 법을 전하면서 서서히 선종의 교단을 창립하여 동산법문이라 일컬었다. 그러나 홍인 사후 그 문하에서 남과 북으로 종파의 분열이 발생하였다. 그중 하나는 신수와 그 제자 보적普寂(651~739)이 중심이 되어 장안과 낙양 등 주로 북방에서 이른바 북종의 선법을 전하여 큰 성황을 이루었다. 이들이 전한 북종선은 점교漸敎를 주장하였으므로 북점北漸이라고도 하였다. 이에 대하여

남종선파의 기치를 높이 세우는 데 헌신한 하택 신회 선사

혜능은 홍인에게서 법을 얻은 뒤 남방으로 가서 광동성 소주 조계 보림사를 중심으로 선법을 전하였다. 이들의 남종선은 돈오를 주장하였으므로 이를 남종 돈오선법, 즉 남돈南頓이라고 하였다.

신수의 속성은 이씨이며, 변주汴州 위지尉氏 출신으로서 키는 8척에 준수한 귀인상으로 100세를 넘겨 장수한 명승이었다. 13세에 출가하여 산을 찾아 수도하였으며, 20세에 구족계를 받고 46세의 노성한 자태로 홍인의 문하로 들어가 단번에 법기임을 인정받았다. 뒤에 형주荊州의 대찰 옥천사玉泉寺 주지를 역임하였으며, 문하의 제자에 보적을 비롯한 경현景賢(660~723), 의복義福(658~736), 혜복惠福과 같은 쟁쟁한 명승들을 배출하여 강력한 형세로 제도帝都 불교를 주도하였다. 이들은 스승 신수를 6조라고 하여 남종의 6조 혜능에 대하여 자파를 중국 선종의 정통이라고 주장하였음은 물론이다.

이에 비하여 혜능은 선대가 범양의 명문 노盧씨라고는 하지만 가문이 영락하여 광동성 신주에서 하층민으로 생계를 유지하였다. 홍인이 처음 보고 영남의 촌뜨기라고 했을 정도로 여러 가지 점에서 북종계 인사들과 비교될 형편이 아니었으며, 법을 인가받은 뒤 소주로 내려가 교화를 펼칠 때도 신수와 보적이 이끄는 북종에 비하면 실로 적막한 형편에 있었던 것은 이미 앞에서 논한 바 있다.

남종 6조 혜능의 돈황본『육조단경』에서는 그가 생전에 불러 특별히 부촉하였다는 10대 제자 가운데 법해法海를 필두로 하여 신회를 마지막으로 적고 있다. 법해는 소주 자사 위거韋據가 혜능을 대범사大梵寺 강당으로 초청하여 마하반야바라밀법을 설할 때 그 내용을 기록하도록 맡긴 수문 제자이다. 그리고 신회는 비록 후세에 다소 날조된 것인지 몰라도 그 10명의 제자 가운데 13~14세의 가장 연소한 제자로서 스승의 칭찬을 받았다는 기록이 여기저기 보이고 있다.

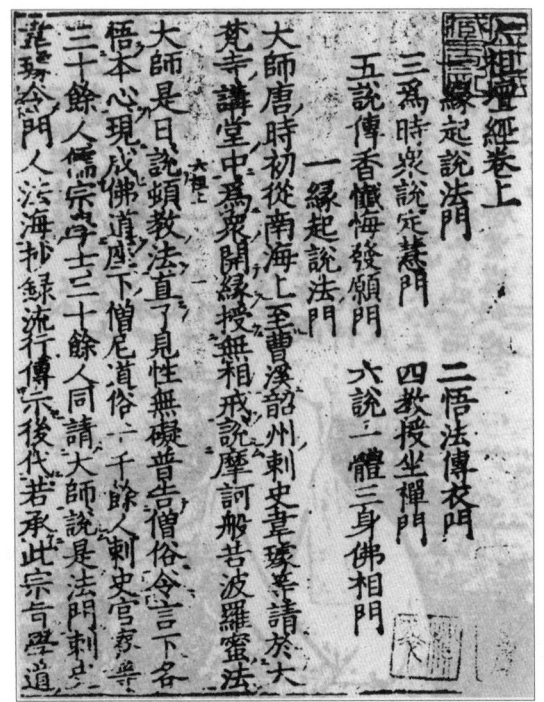

『육조단경』 첫째 장

　신회는 14세 무렵에 노경老境의 혜능을 참문하였으며, 그 뒤 일찍부터 북종선이 유행하고 있던 북방으로 순유巡遊하여 개원 3년(720)경에 남양南陽 용흥사龍興寺에 머물렀다고 한다. 그러다가 스승이 입적한 지 20년이 되는 개원 20년(732)을 전후하여 남종선의 전통과 그 정통성을 주장하고 나섰다. 하남성 활대滑臺의 대운사大雲寺에서 무차대회無遮大會(도·속, 귀·천, 상·하의 구별 없이 널리 대중에게 베푸는 법회)를 개최하여 이른바 북종선은 방계傍系이며, 남종선이야말로 보리달마종의 정통임을 선언하려 하였다.

　이때 북종의 숭원 법사崇遠法師가 토론자로서 참석하여 "보적 선사의 명성은 천하에 잘 알려져 있으며, 모든 사람들이 한결같이 그의 불법이 불가사의하다고 칭찬하고 있는데, 어째서 북종을 방계라고 배척하는가?"라고 질문하였다. 이에 대하여 그는 "북종의 보적 선사 등을 상대로 종론宗論을 제기한 것은 북종을 배척하기 위함이 아니라 보리달마 남종의 종지를 바로잡아 확정하기 위한 것이다. 따라서 보적 선사와 남종과는 별개 문제이므로 분명히 구분하지 않으면 안 된다."라고 대답하였다.

그는 동시에 보리달마가 바로 여래선如來禪을 전하였으며, 양 무제의 불사佛事에 대하여 무공덕無功德이라고 비판했다. 또한 달마로부터 혜능에 이르는 6대에 전의부법傳衣付法(신종에서 스승이 제자에게 자기의 가사를 주어서 법을 전해 준 징표로 삼음)이 있었음을 내세워 북종 공격의 무기로 삼은 것이다.

현종 천보天寶 4년(745) 신회는 63세에 송정宋鼎의 청으로 북종선의 본거지인 낙양 하택사荷澤寺에 들어가 북종을 공격하고 남종의 법통설을 찬양함과 함께 선 사상을 본격적으로 피력하였다. 이로부터 그를 하택 신회라 부르게 된 것이다. 그는 6조의 진당眞堂을 건립하고 그 종지를 밝히는 자료와 비문을 남겼으며, 서천西天 동토東土 조사들의 진영을 그려 모시는 등 조직적으로 활동하였다. 이러한 활동으로 반대파의 역공을 받아 2년 동안 귀양 가야 하는 사태를 당하기도 하였다.

천보 14년(755) '안사의 난'이 일어나 장안과 낙양이 함락되고, 현종은 사천 지역으로 피난가지 않으면 안 되었다. 당시 신회는 74세로 귀양 가는 신분이었지만 국가를 위한 군자금 모으는 일에 착수하였다. 그 방법으로 각지에 계단戒壇을 설치하고 출가하여 승려가 되려는 이들에게 계를 주고(授戒), 그들로부터 거둬들인 헌금을 향수전香水錢이라 하여 나라에 헌납하였다.

그러나 그는 전쟁이 끝나는 것도 보지 못하고 건원乾元 원년(758) 75세의 나이로 형주 개원사에서 입적하였다. 안사의 난을 당하여 향수전을 모금하는 등의 애국 행위는 사후에 평가되어 대력 5년(770)의 칙으로 '진종반야전법眞宗般若傳法의 당堂'이란 조당祖堂의 액額과 '반야대사탑'이라는 탑호가 하사되었다. 이러한 영향으로 덕종德宗은 정원 12년(796) 남종이 정통임을 정식으로 인가하여 혜능을 6조六祖라 하고, 신회를 7조七祖로 하게 되었다. 이리하여 신회의 계파를 하택종荷澤宗이라 하였으나 이후 유력한 후계자가 배출되지 않아 점차 쇠미하게 되었다.

그와는 대조적으로 혜능의 문하에서는 그때까지 별로 존재를 드러내지 않았던 남악 회양南岳懷讓과 청원 행사靑原行思가 꾸준하게 육성해 온 문도들과 함께 점차로 두각을 드러내기 시작하였다. 여기에 한 가지 덧붙여 둘 것은 중국의 선종 사서史書에서는 서천西天, 즉 인도 선종의 초조 가섭 존자로부터 제28조 달마를 거쳐 혜능을 제33조라는 세계世系를 아울러 쓰고 있다. 남악의 문도에서는 마조 도일이 나오고, 청원의 문도에서는 석두 희천이 나와서 각각 강서와 호남에서 남종의 기치를 높이 들어 천하를 주름잡게 되었다.

제4장

사천·화북의

신라 구법승

중국의 남종선은 강서와 호남을 중심으로 장강 이남에서 성행하였으나 서남방 사천 지역에는 5조 홍인의 제자 지선에서 처적-무상-무주로 이어지는 사천선의 한 가닥이 따로 유행하였으며, 화북에는 달마로부터 전래한 초기 선종이 대를 이었다. 사천선 계통에서는 신라 무상 대사가 두각을 나타내어 고려 초에까지 향승들의 향화가 자주 있었으나, 화북으로 진출한 강서 마조의 일부 직제자들의 활동 영역은 매우 넓고 복잡하였다. 때문에 진감 혜소, 낭혜 무염, 혜목산 현욱과 같은 신라 구법승들의 행로 역시 복잡다단하여 밝히기 어려운 것은 당연한 일이다.

비교적 단조로운 사천 무상계의 사찰들을 찾는 것은 비교적 용이한 일이지만 제대로 알려지지도 않은 신라 고승들의 구법한 자취를 찾는 일은 실로 불가능한 일이다. 따라서 화북 지역으로 구법한 신라 혜소·무염·현욱 선사의 구법행로는 현지답사에 의존하기보다는 관계 문헌을 통하여 추측할 수밖에 없다.

이러한 여건에서 우리 중국불적답사회는 2002년 여름방학을 이용하여 일주일 동안 사천성 무상 대사의 구법 및 전법 사찰의 답사를 실행하였다. 시발은 호북성 의창으로 하고 보정산 대족 석각과 낙산 대불 그리고 중국 4대 불교명산인 아미산 보현도량 등을 유람 지역으로 삼았다. 그리고 다음 화북은 신라 혜소·무염·현욱 선사 등이 구법한 지역이 넓고 애매하여 주로 문헌에 의거하여 추론하는 방법을 취하였다.

1.
사천의 선종과 신라 무상 대사

당나라 시인 이백이 "촉으로 가는 길이 하늘로 오르기보다 더욱 어렵다(蜀道之難 難於上靑天)."고 노래한 바 있듯이 사천 지역은 중국 대륙의 중심지에서 서남쪽 깊숙이 위치하여 거대한 분지를 이루고 있다. 그래서 이 지역에는 음식을 비롯한 여러 가지 문화 상황이 다른 지역들에 비하여 특이한 면모를 지니고 있다. 필자가 개인적으로 성의 수도인 성도成都와 아미산峨眉山을 중심으로 몇 차례 여행한 바 있다.

우리 중국불적답사회에서는 2002년 8월 6일에서 13일까지 7박 8일 동안, 한창 진행되고 있는 마지막 단계의 장강 삼협三峽댐 공사 구간을 여객선으로 유람하는 이색 코스를 포함시켜 30여 명이나 되는 많은 인원이 동참하였다.

호북성 의창에서 출발하여 선상에서 2박 3일을 보내고 중경重慶 부두에서 하선하여 시내에 있는 대한민국 임시정부 청사를 방문하였다. 잠시 시내 관광을 마친 뒤 버스로 서쪽으로 120킬로미터 떨어진 보정산寶頂山 대족大足 석각으로 가서 북산과 보정산을 비롯하여 남산, 석문산石門山, 석전산石篆

사천성 보정산 대족 석각. 시기적으로 늦고 내용 면에서도 북방 석굴에 비길 바는 못 되지만 희귀한 남방 석각으로 주목 받는다.

山으로 산재해 있는 석불각石佛刻들을 차례로 관람하였다. 이들 석각들은 산서성 운강석굴과 낙양 용문석굴에 비하여 시기적으로나 내용 면에서 비길 바는 못 된다. 하지만 당 말기 경복景福 원년(892)부터 시작하여 남송 말에 이르기까지 오랜 기간에 걸쳐 형성된 희귀한 남방 석각이라는 점에서 유명하다.

  10일부터 성도 시내를 비롯하여 14일까지 낙산 대불과 아미산 관광이다. 성도에서 우리가 가장 먼저 찾아야 할 사찰은 신라 무상無相 대사의 행화 도량인 정중사靜衆寺(또는 淨衆寺)이다. 그러나 이 절은 시 노서문 밖 금선교金仙橋 부근 철도부 제2공정국 경내에 위치하여 지금은 그 흔적마저 찾아볼 수 없어 차로 주위만 한 바퀴 돌아보면서 사진을 찍는 정도에 그칠 수밖에 없었다. 정중사는 무상이 주석하기 훨씬 오래 전부터 있었던 고찰이며, 송대에는 정인사淨因寺, 명대에는 만불사萬佛寺(또는 만복사萬福寺) 등으로 명칭이 바뀌면서 존속하다가 최근에 폐사가 되었다. 다행스럽게도 만불사 유지遺址에서 많은 유물·유적들이 출토되어 성省 도서관에 보존되어 있다고 고 민영규 교수가 현지답사 보고기에서 언급하고 있다.

사천 지역의 선종은 자주 지선資州智詵 선사가 5조 홍인 계통의 동산법문을 계승하여 독자적인 계보를 형성하였다. 즉 지선은 검남 처적劍南處寂에게 그 법을 전하고, 처적은 다시 신라 출신 정중 무상으로 전하였으며, 무상은 다시 보당 무주保唐無住에게 전함으로써 사천 선종의 주류를 이루게 된 것이다. 최치원은 '지증대사적조탑비智證大師寂照塔碑'에서 당나라에서 활동한 대표적인 두 사람의 신라 승려로 정중 무상과 상산 혜각常山慧覺을 들고 있는데, 정중 무상은 정중사의 무상 선사를 지칭한 것이다. 무상의 속성은 김씨이며, 신라 왕족으로 승려가 되어 당나라에 가서 이름을 크게 떨친 인물이다. 『역대법보기歷代法寶記』에 의하면 그의 부모가 누이동생을 출가시키려 하자 누이동생이 승려가 되어 도를 닦고자 자기 얼굴에 상처를 내면서까지 완강하게 혼인을 거부하는 것을 보고 "장부로서 어찌 여인만 못하겠느냐?" 하고 승려가 되었다고 한다. 『송고승전』에는 그가 군남사群南寺에서 득도한 뒤 성덕왕 27년, 즉 개원 16년(728) 45세의 나이로 바다를 건너 입당하여 수도 장안으로 들어갔고, 현종玄宗 황제의 부름을 받고 가서 알현하니, 현종은 그를 선정사禪定寺에 머물도록 배려하였다고 한다.

그 후 무상은 널리 구도 행각을 펴다가 드디어 사천성 성도로 들어가 자주資州 덕순사德純寺 지선智詵 선사의 제자 당화상唐和尙(즉 처적處寂)을 찾아갔으나 그는 병을 징탁하고 만나 주지 않았다. 무상이 오기 전에 이미 처적(648~734 또는 665~732)은 주위 대중에게 "장차 내 법을 전할 사람이 찾아올 것이다."라고 예언했는데, 마침 무상이 왔으나 짐짓 병이라 하고 만나 주지 않았던 것이다. 이에 대사가 손가락 하나를 태워 공양하니, 당화상은 그가

신라 무상의 행화도량인 정중사(후에 만불사) 유지에서 출토된 당나라 관음상

비범한 인물임을 확인하고 곧 입실을 허락하여 '무상'이라는 법호를 지어 주었다. 그리고 2년 동안 좌우에 머물게 하고 법을 전하면서 마납가사를 은밀히 전해 주었다. 전하는 말로는 그 가사는 달마로부터 전해 오는 것으로 측천무후가 6조 혜능에게서 얻어 다시 지선에게 전하고, 지선은 처적에게 전했는데 처적이 이제 무상에게 전한 것이라 한다.

이와 같이 무상은 법인과 가사를 전수받아 관현灌縣 서남에 있는 천곡산天谷山으로 들어가 초의목식으로 수행을 닦은 뒤 다시 두타의 고행으로 원근의 존경을 한 몸에 받았다. 지방장관(長史) 장구겸경章仇兼瓊은 그를 존모하여 청하였고 무상은 정중사에서 설법하기도 하였다. 또한 그 무렵 안사의 난이 일어나 현종이 이곳으로 피난 왔을 때 대사의 도행이 높다는 사실을 알고 내전으로 맞아 공양을 드리고 국가의 대사를 물어보기도 하였다. 대사에 대한 국왕의 예우가 여기에 이르자 만인이 우러러보게 되었다고 한다. 처음에 요승으로 의심하던 성도 현령 양익楊翌도 태도를 고쳐 정중사를 비롯하여 여러 사찰을 지어 바쳤으며, 그 밖에도 난야, 종, 탑 등을 만들어 희사하였는데 특히 대사의 거처를 정중사에 마련해 주었다고 한다.

무상의 선 사상과 대중 교화는 독특한 인성염불引聲念佛과 무억無憶·무념無念·막망莫忘이라는 3구의 설법이 핵심 내용이다. 그는 매년 연말과 연초에 도속道俗을 위해 수계식을 열었는데, 계단을 장엄하게 하고 단상에서 설법하였다. 먼저 인성염불을 한 뒤 일성一聲의 숨을 다 내쉬어 목소리가 끊어지고 일체의 잡념이 사라졌을 때 무억·무념·막망을 설했는데, "무억은 계戒요, 무념은 정定이며, 막망은 혜慧니, 이 3구가 바로 총지문總持門이다."라고 했다고 한다.

무상 대사는 티베트불교에도 영향을 끼친 인물이다. 티베트의 옛 역사서 『바세』에 의하면 티베트의 치데축첸(704~754) 왕이 산시 등 사신 4인을 파견하여 당의 황제로부터 환대와 함께 많은 경전을 선물로 받았다. 그리고 그들이 귀국길에 성도에서 김 화상을 만나 불법과 함께 여러 가지 예언을 들었는데, 돌아가 보니 그 예언들이 모두 사실로 판명되었다는 것이다. 이로 보아 무상은 두타행으로서의 신통력과 함께 티베트에 알려진 최초의 선승이었다. 규봉 종밀圭峰宗密(780~842)은 무상의 법손으로서 그의 저서『역대법보기』에서는 사천 선종의 법통을 5조 홍인에서 지선-처적-무상-무주로 이어지는 계보를 밝히려 하였으며, 이 과정에서 무주無住(714~774)의 보당종에 대해서도 자세하게 논하였다.

이를 간략히 살펴보면 무주는 20세를 지나 진초장陳楚章 거사로부터 돈오의 심법心法을 깨달은 뒤 천보 10년(751) 섬서성에서 무상 선사에 관한 소식을 전해 듣고 759년에 성도 정중사를 방문하였다. 그리고 백애산白崖山으로 들어갔다가 영태 2년(766) 두점홍杜鴻漸(709~769)의 초청으로 하산하여 보당사保唐寺에서 교화에 임하니, 이로써 보당종 장시자로 알려지기도 한 것이다. 이에 무상 대사는 762년 법을 무주 선사에게 부촉한 후 입적하니 세수 79이며, 탑호를 동해대사탑東海大師塔이라 하였다.

이와 같이 처적이 무상에게 마납가사를 은밀히 전수하였으며, 이는 다시 무주에게로 전수되었다는 이야기도 사천선의 계보를 밝히려는 의도에서 비롯된 것이다. 즉 『역대법보기』에서는 달마로부터 전래된 전법의 가사가 6조 혜능을 거쳐 다시 측천무후에게로 입내공양入內供養(궁중으로 들어가 공양함)된 뒤 무후가 지선에게 전함으로써 사천의 선맥으로 이어지게 되었다고 서술하고 있다. 따라서 이 마납가사의 전수설傳授說을 거슬러 올라가면 신회의 이른바 활대종론滑臺宗論으로 이어진다.

말하자면 신회가 6조 혜능의 돈오선법을 정통으로 높이 선양하면서 북종 신수의 법통설에 대해서는 통렬하게 비난하는 과정에서 가사의 전수설이 대두되기 시작한 것이었다.

사천선의 계보를 논함에 있어서 자주資州 혜의사慧義寺(또는 惠義寺) 남선원南禪院에 있던 당나라 시인 이상은李商隱이 찬술한 사증당四證堂 비문碑文을 들지 않을 수 없다. 그 비문에서 무상-무주-마조 도일-서당 지장의 네 고승의 이름을 들어 남악 회양의 제자 마조와 그 제자 서당을 사천선의 계보에 넣었던 것이다. 규봉 종밀의 저서 『원각경소초圓覺經疏鈔』에 따르면 마조는 성도부 한주漢州 십방현什邡縣 출신으로 속성이 마씨馬氏이며, 일찍이 김 화상, 즉 무상 대사의 문하로 출가하여 그의 선지禪旨를 배웠으며, 무상이 입적하자 형남荊南 명월산明月山 나한사羅漢寺로 들어가 수도하였다고 한다. 그는 그 후 남악 형산衡山을 순례하면서 관음대觀音臺에 들러 6조 혜능의 제자 회양의 문하로 입실하였다.

여기서 마조 도일의 스승을 정중 무상으로 할 것인가, 남악 회양으로 할 것인가 하는 문제가 발생할 수 있다. 모든 선종의 역사에서는 동산법문의 정통을 6조 혜능이 계승하여 여기서 남악-마조 계열과 청원-석두 두 계열로 나뉜다고 구분하고 있으며, 신라 하대에 전래된 남종선도 모두 이들 계열로 연결되어 있다.

무상 대사로부터 무주-마조-서당으로 이어지는 사천선의 계보를 기록한 '사증당비문'이 재주 혜의사 비림에 있었다.

그러나 일부 학자들은 이에 반대하는 견해를 제기하고 있는데, 그 가장 큰 이유는 6조 혜능이 원래 무식한 영남의 촌사람일 뿐 아니라 그 두 제자인 회양과 청원 역시 초기 제자들 가운데 미미한 존재였는데 마조와 같이 쟁쟁한 제자들을 육성하였다는 것은 필시 후세의 날조에 지나지 않는다는 것이다. 더구나 혜능의 제자 가운데 걸출한 신회가 나와 활대종론을 통하여 북종의 신수를 공격하고 남종을 날조하여 현창함으로써 비로소 종통宗統을 확립하였다는 것이다. 중국 선종사에 있어 남종 돈오선법의 정통성은 신회의 이같은 종교개혁운동을 통하여 확립되었다는 것이다.

만일 이러한 주장이 옳다면 나말에 성립된 선문禪門, 즉 마조의 계열에서 나온 도의·홍척·혜철 등 3산山이 모두 신라 무상의 법통을 계승한 것이 된다. 하지만 6조 혜능과 그 후 양대 선맥을 날조한 것으로 보아 굳이 부정할 필요는 없다. 마조가 고향에서 먼저 무상에게 배우고, 뒤에 남악에게 깨달음을 얻었다고 하여 안 될 까닭이 없다. 마조가 혜능의 돈오선법을 한층 개발함으로써 이름을 드날린 것은 틀림없다. 그렇다고 하여 사천선과의 관계를 일방적으로 부정할 것이 아니다. 그가 강서 홍주종의 선지로 이름을 얻은 뒤 대개 60세를 넘긴 나이로, 아마도 수문 제자 서당 지장을 대동하고, 서촉西蜀 고향집을 방문하였을 것이다. 더구나 안사의 난을 겪은 뒤 고향 땅을 밟아 보고 싶었을 것이다. 무상은 입적하고 난 뒤였으므로 보당사 무주를 찾아 함께 노닐었을 것이며, 이러한 사실이 혜의사 남선원 '사증당 비문'에 기록으로 남았을 것이다.

혜의사는 사천성 삼태현三台縣 동천진潼川鎭 북쪽 장평산長平山 안창암安昌岩에 위치하고 있다. 처음에는 안창사라 하였으나 당 초기에 혜의사라고 고쳐 사천성 '재주梓州 12부도浮屠'의 으뜸이 되었다. 개성開成 연간(836~840)에 경내 남선원에 사증당을 세워 네 분 선사의 진영을 모시고 공양하였으며, 뒤에 이상은이 '사증당 비문'을 지어 그 일을 기록하였다. 사찰은 뒤에 금천사琴泉寺로 바뀌어 오늘에 이르고 있다. 원래 우리 답사반은 8월 7일 오전에 낙산 대불을 관람하고 아미산시에서 1박 하고 이튿날 아미산을 오르는 일정이었다. 하지만 필자는 일찍이 낙산 관광을 한 적이 있으므로 혼자 택시를 대절하여 반대 방향에 있는 금천사(이전 혜의사) 고찰을 답사한 뒤 대중교통을 이용하여 아미산시로 가서 저녁 무렵에 일행과 합류하였다.

대륙의 서남방에 위치한 성도로 가는 여객은 일반적으로 서남항공을 이용한다. 필자 역시 서남항공을 이용하면서 일찍부터 최치원의 '진감혜소선사비문'에 나오는 "혜소는 먼저 중국에 와서 구법하고 있던 도의를 서남에서 만나 사방四方으로 순력하였다."는 구절의 '서남' 지방이 사천 지역일지도 모른다고 생각해 왔었다. 신라 도의는 마조-서당의 직제자로서 사천에 있는 무상의 영당을 참배하려고 일찍부터 마음먹고 있다가 귀국하기 전에 아마도 사천의 무상 대사의 행화지를 순력하게 되었으며, 이 과정에서 고향의 후배 혜소를 만나 여러 지역으로 동행 구법하였을 것이라 생각한 것이다.

당시 무상의 명성은 고국에까지 알려져 신라의 입당승들은 영남 소주의 6조 영탑에 대한 관심과 함께 촉도를 넘어 먼 사천 지역의 무상 대사에 대한 존모심이 적지 않았을 것이다. 그 대표적 인물로 행적 선사를 들 수 있다. 그는 굴산 범일의 제자로서 함통咸通 11년(870) 사신 김긴영의 배로 입당하여 수도 장안을 거쳐 오대산에 올라 문수보살에 정례하였다. 이때 한 신인이 나타나 "선재 불자여! 이곳에 오래 머물지 말고 속히 남방으로 가서 좋은 성지를 찾으라. 반드시 달마의 비에 목욕하리라." 하였다. 이에 남방행南方行을 결행하여 875년 성도 정중사로 가서 신라 무상 대사 영당에 참배하였으며, 이어 호남을 거쳐 영남의 6조 영당에 참배하고 돌아왔다. 이밖에도 적지 않은 신라 구법승들이 사천 지역으로 무상의 유적지를 순례하였을 것으로 생각되지만 다만 기록으로 확인하기 어려울 뿐이다.

2.
화북 · 사천의 신라 구법승

1) 도의 · 혜소의 동행 구법과 당주 신감

진감 혜소眞鑑慧昭(774~850)는 9세기 전반기에 도의를 필두로 한 초기 남종선의 도입에 커다란 족적을 남긴 선구적 구법승 가운데 한 사람이다. 그런데도 그의 재당 구법 활동에 관한 중국 측 자료는 발견할 수 없고 단지 최치원 찬 '하동쌍계사진감선사대공영탑비문河東雙溪寺眞鑑禪師大空靈塔碑文'이 유일하다. 이제 비문에 따라 선사의 생애를 약술해 본 다음 이를 토대로 그의 재당 구법 활동의 범위와 기타 인적 사항을 살펴보기로 한다.

선사의 속성은 최崔씨이며, 그 선조가 중국 산동 출신으로 수隋나라 때 요동 정벌에 가담하였다가 패하여 유랑하던 중 신라로 들어가 전주全州 금마金馬에 정착하였다. 아버지 창원昌元과 어머니 고顧씨는 불교에 귀의하여 774년에 스님을 낳았으나 집이 가난하였다. 그는 부모를 봉양하기 위하여 어업에 종사하였으나 부모가 서세하자 불법을 배우고자 중국으로 건너갈 결심을 하였다. 이리하여 신라 애장왕 6년, 즉 당 덕종 정원貞元 20년(804) 31세

낙양 용문산 석각대불

의 나이에 세공사歲貢使에게 부탁하여 사공이 되어 발해를 건너 횡해橫海 지역에 도달해 사신과 작별하였다. 그리고 창주滄州의 신감神鑑 대사를 찾아 배알하니, 대사가 기쁘게 맞이하여 즉시 삭발하고 승복을 입게 하였다. 이에 바로 심인을 받아 계합한 뒤 일취월장하니 마치 마른 풀이 불에 닿아 훨훨 타는 것과 같았다. 이러한 모습을 보고 여러 승도들이 '동방의 성인聖人'이라고 칭송하면서 얼굴이 검다 하여 '흑두타黑頭陀'라고 부르며 존대하고, "칠도인이 사방의 이웃을 놀라게 한다."고 비유하여 칭찬했다.

그는 헌종 원화元和 5년(810)에 낙양으로 가서 숭산 소림사 유리계단에서 구족계를 받은 뒤 다시 창주 신감의 문하로 돌아가 수행하였다. 거기에서 하나를 들으면 열을 알아 스승보다 뛰어나다는 평을 들을 정도였다. 이후 스승 곁을 떠나 운수 행각으로 순례하며 묻고 배웠는데, 그보다 먼저 입당하여 구법하고 있던 고국 선배 도의 선사를 그 무렵 만났다. 두 사람은 "우연히 서남

西南에서 만나 사방으로 멀리 참방하여 불타의 지견知見을 얻었다(西南得朋 四遠參尋)."고 한다.

도의가 821년 귀국한 뒤 그는 곧장 종남산으로 들어가 만 길이나 되는 높은 봉우리에 올라 잣을 먹으며 선정禪定을 닦아 큰 향상을 얻었다. 3년 뒤에는 다시 자각봉紫閣峰에서 하산하여 네거리에서 짚신을 삼아 널리 보시하였다. 이와 같이 오가면서 두타행을 본분本分의 일로 삼아 다시 3년의 세월을 보냈다. 그리고 그는 가만히 생각하였다. '고행을 이미 닦아 마쳤고 다른 여러 곳도 편력하여 비록 공空을 관觀하였다고 하지만 어찌 근본을 잊을 수 있겠는가?' 마침내 그는 대화大和 4년, 즉 신라 흥덕왕 5년(830) 오랜 구법 행각을 마치고, 도의보다 9년 늦게 귀국하여 남종의 선등禪燈을 높이 달았다.

이상 최치원의 비문에 혜소의 재당 구법 활동이 비교적 자세하게 기술되어 있음에도 불구하고 아직도 충분한 이해에 미치지 못하는 몇 가지 문제가 있다. 그것은 우선 창주 신감에서 혜소로 이어지는 남종선의 법계가 남악 회양과 마조 도일계인지 청원 행사와 석두 희천계인지 불분명하다는 것이며, 다음으로는 혜소의 재당 구법 행정의 지역적 범위가 어떠하였는가 하는 문제이다.

먼저 법계에 관한 문제를 살펴보자. 비문에서는 혜소가 '창주 신감'에게 법을 얻었다고 하면서도 정작 신감에 대한 인적 사항이 전혀 밝혀져 있지 않으며, 다만 혜소가 6조 혜능의 현손玄孫이라는 사실만 언급하고 있을 뿐이다. 그리고 혜소가 강서 마조의 홍주종파에 속한다는 기록은 고려 초 정진대사 긍양의 비문 즉 '문경봉암사정진대사비문聞慶鳳巖寺靜眞大師碑文'에서 처음으로 나온다. '창주 신감'의 정보가 이같이 불분명할 뿐 아니라 비문 이외에는 중국의 다른 어떤 기록에서도 신감과 혜소가 마조의 선법을 이었다는 사실을 전혀 확인할 수 없다.

그런데 『송고승전』 「감통」편 '당주 신감전'에는 그 당시 '당주唐州 운수산雲秀山 신감'이 입전되어 있는데, 이 사람이 창주 신감과 동일인일 가능성이 있다. 일반적으로 승려들은 인연에 따라 여러 사찰을 옮겨 다니며 주석하게 되며, 그때마다 호칭이 약간씩 달라지기도 한다. 만일 신감이 창주에서 당주로 이거하였다면 '당주 신감'으로 불리어지기도 하는 것이다. 그렇다면 이 '당주 신감전'의 내용을 살펴본 다음 논의를 계속해 보기로 하자.

당주 운수산 신감은 강서 구강九江 사람으로 어려서 부친이 연리로 있던 호북성 황주黃州에서 승도들의 범패梵唄에 매혹되어 몰래 승려가 되고자 하였다. 이리하여 동림사東林寺 정소貞素 율사에게 배워 『열반경』의 뜻에 능통하였으며, 마지막으로 홍주 마조 도일에게 나아가 참문하였다. 그 후 섬서성 회안懷安 서북산西北山에 살았는데, 그 산에 호랑이가 많았으나 그가 도술로 호환을 줄여 도가 높다는 칭송을 들었다고 한다. 뒤에 낙양 남쪽의 당주 운수산으로 옮겨 살았으며, 회창 4년(844)에 입멸하였다고 한다.

이상 '당주 신감전'을 통하여 그가 '홍주 마조 도일에게 참문하였다'는 사실을 확실히 알 수 있다. 그러나 여기서 주는 인상은 신감 선사가 선사로서보다는 도인으로서 이름을 얻었다는 것이며, 그의 전기도 「습선편習禪篇」이 아니라 「감통편感通篇」에 들어 있어서 도사로서의 위치에 무게가 실려 있다. 뿐만 아니라 그는 일찍이 계율을 배웠으며, 『열반경』의 뜻에도 통달하였다는 점에서도 순수한 선승으로 평가될 만한 인물은 아니었던 것 같다. 바로 이 점 때문에 최치원이 혜소의 비문에서 그를 남종 선승으로 내세우지 않고 적당히 얼버무렸는지도 모를 일이다.

또한 최치원이 혜소의 재당 선 수행에 관한 한 신감의 경우와 달리 도의와의 동행 구법을 통하여 불지견을 얻었으며, 도의 귀국 후 종남산으로 들어가 지관의 수행에 몰두하였음을 찬양한 점에 주목할 필요가 있다. 사실 도의는 마조에게 직접 사사하지는 못했지만 그 직제자 서당 지장의 문하에서 오랜 세월 동안 돈오선법을 익혔을 뿐만 아니라 백장 회해 같은 사숙을 찾아 홍주선법을 익혀 통달하였다. 연령에 있어서도 신감과 도의는 비슷한 나이로 혜소보다 9세 정도 연장이었다. 따라서 혜소는 남종선의 영향을 도의로부터 가장 투철하게 전수받았을 것으로 여겨지는 것이다.

다음으로 혜소의 재당 구법 행정의 지역적 범위에 대하여 알아보자. 혜소의 비문에 의하면, 그가 처음 발해를 건너 창주에서 신감을 배알한 이후 낙양 숭산 소림사에서 구족계를 받았으며, 다시 창주로 돌아와 스승을 시봉하였다. 그 뒤에 우연히 고향 선배 도의를 서남에서 만나 사방으로 순행하였으며, 도의 귀국 후에는 혼자 종남산과 서안을 중심으로 참선과 두타행으로 재당 마지막 기간을 보냈다고 한다. 이와 같이 그의 주요 순행지는 도의와 함께한 서남 지역을 제외하면 나머지는 창주-숭산-서남 지역-서안 등으로 모두 화북이었음을 알 수 있다.

그렇다면 도의와 동행 순력한 '서남'이란 어느 지역을 지칭할까? 중국에서는 예나 지금이나 '서남' 지방은 사천 지역을 가리키므로 그들이 처음 해후한 곳은 다름 아닌 사천이었을 것이다. 사천성 성도 정중사에는 일찍이 신라 무상 대사가 주석하였으며, 재주 혜의사에는 무상 대사의 영당이 있어 혜소와 도의가 각각 찾아갔다가 해후하였을 것이다. 그들이 출발한 곳은 서로 달랐다. 혜소는 당주 운수산 신감을 시봉하다가 장강으로 내려오고, 도의는 강서에서 장강으로 올라가 장강 중류 지역에서 강을 따라 사천으로 서행하는 순로를 택했을 것이다.

이와 같이 그들은 각각 스승의 연고지를 근거로 하여 선종의 본거지였던 장강 중류 지역을 중심으로 먼저 구법하였을 것이다.

도의에 이어 혜소가 귀국한 뒤의 행적을 그의 비문을 통해서 보면 양자강

무한의 황학루는 향승 도의와 혜소가 해후하여 순력하던 장강 중류 지역에 위치한다.

중류 지역과의 관련성을 쉽게 엿볼 수 있다. 이곳은 스승 신감의 연고지임을 우선 주목할 필요가 있다. 신감이 구강시에서 나서 황주에서 범패에 반하여 출가를 결심하였으며, 동림사에서 율과 『열반경』을 배우고 남창에서 마조를 참문한 곳이 모두 장강 중류 지역이다. 혜소는 스승의 연고지 황주에서 필시 범패를 배우고 강남에서 차 마시기(喫茶)를 즐겼을 것이다. 그가 세운 쌍계사가 여산 동림사를 닮았다는 평이 있었던 것도 실제로 가 본 뒤에 모방하여 세운 결과물임에 틀림없다.

　이러한 여러 가지 사실들로 미루어 혜소의 체발 스승을 당주 운수산 신감으로 보아 무리가 없을 듯하다. 다시 말하면 당주 신감과 창주 신감은 결국 동일 인물임에 틀림없지만 신감이 창주와 당주 두 지역을 내왕한 연고 관계나 시기적 선후 관계는 후일의 연구 과제로 남겨 두어야 할 것 같다. 아니면 혹시 창주滄州는 당주唐州(또는 溏州)의 오기일 가능성은 없을까? 만일 혜소의

호북성 의창에서 장강 삼협을 거슬러 중경으로 올라가는 관광유람선에서

스승이 당주 운수산 신감과 다르지 않다면 혜소가 도의와 함께 동행하면서 구법하였던 과정을 흥미 있게 추측해 볼 수 있을 것 같다. 혜소가 800년대 초에 당주 신감 문하에 들어가 낙양 소림사에서 구족계를 받은 다음 아마도 신감의 연고지인 강서성 구강 귀종사와 동림사를 비롯하여 남창 개원사 등 선종 관련 여러 유적지를 광범하게 순력했을 것이다.

여기서 한 가지 중요한 사실은 그 무렵 도의 선사가 어느 지역에 머물고 있으면서 두 사람이 만났을까 하는 점이다. 돌이켜 보건대 도의는 791년경 건주虔州 서당 지장 문하에 들어가 814년 스승의 입적 시까지 선 수행에 전념하고 있었다. 그 후 남창 개원사, 백장산, 귀종사 등 강서 일대 남종南宗의 연고 지역은 물론 장강長江 건너 황매黃梅 동산東山과 쌍봉산 등 가까운 지역으로 순력하였을 것으로 추측된다.

말하자면 두 사람은 비슷한 시기에 장강 중류 지역에서 만나 동쪽으로는 지주 남전산南泉山과 금릉金陵(남경南京)으로 나아가고, 서쪽으로는 호남의 여러 총림과 사천성 신라 무상 대사의 영당 등을 참배하는 일을 어렵다고 여기지 않았을 것이다. 이러한 광범한 지역으로의 순행 사실을 최치원은 "동서에서 친구를 얻어, 사방 먼 곳으로 순례하였다."라는 몇 마디로 요약했던 것으로 추측된다.

도의는 혜소보다 이십 수년 먼저 입당하여 홍주종의 종지를 투철하게 깨달은 상태에서 혜소와 수년간 동행 구법하면서 그에게 많은 영향을 끼쳤던 것이 분명하다.

혜소가 오랜 구법을 마치고 도의보다 9년 뒤에 본국으로 돌아오자 흥덕왕은 극진한 언사로 편지를 보내어 환영하고 위로하기를 "도의 선사께서 전날에 돌아오셨는데, 마침 선사께서 이어 돌아오시니 두 번째 보살이 되십니다. 과인이 예전에 검은 옷을 입은 걸출한 분에 대하여 들은 적이 있는데, 이제야 거친 옷을 입은 영걸을 뵙게 됩니다. ……머지않아 마땅히 동쪽 계림 지역을 길상한 택지로 조성하겠습니다." 하였다. 처음에는 상주 노악露岳의 장백사長柏寺에 주석하였으나 점차 승중이 운집하므로 지리산 화개花開 골짜기 옛 삼법三法 화상 유적지에 새 당우를 건립하여 옥천사라 하였다. 이 사찰이 후에 쌍계사로 이름이 바뀌고 언제부터인가 여기에 육조정상탑이 세워져 오늘에 이르렀는데, 이는 6조 혜능의 정상을 모신 탑이라는 뜻이다. 이 탑에 대해서는 앞에서 언급한 바 있다.

민애왕이 즉위하여 사신을 보내어 시주하고 존호를 '혜소慧昭'라 하니, 선사의 법휘는 이로부터 시작되었다. 신라 성왕 12년(850) 초에 문인들을 모아 유훈을 남기고 입멸에 드니, 77세요 법랍이 41세였다. 헌강왕 대에 이르러 진감 선사로 봉하고 탑호를 대공大空이라 하였다.

진감 혜소가 국내에서 교화한 비중에 비추어 보면 쌍계사가 신라의 대표적 산문의 하나로 꼽히지 못한 데에는 위에서 본 바와 같이 스승에서 제자로 계승된 계열 관계의 불명확성이 영향을 미쳤기 때문이 아닐까 하는 생각을 떨쳐 버릴 수 없다.

2) 현욱의 화북 구법과 장경 회휘

신라 현욱玄昱(787~868)은 당나라 마조 도일의 직제자 장경 회휘章敬懷暉의 법을 이었으며, 속성은 김씨로서 동명東溟(즉 강릉)의 명문가 출신이다. 아버지 염균廉均은 벼슬이 병부시랑에 이르렀으며, 어머니는 박씨이다. 태기가 있을 때 박씨가 이상한 꿈을 꾼 뒤 원성왕 3년, 즉 당 정원 3년에 그를 낳았다. 그는 어릴 적부터 불법을 좋아하여 항시 물을 길어다가 물고기를 기르고, 모래를 모아서 탑을 만들더니, 장년이 되자 출가할 뜻을 갖게 되었다. 다시 입당 유학을 결심하고 머리를 깎아 승려가 되었으며, 애장왕 9년, 즉 원화元和 3년(808)에 드디어 구족계를 받았다.

그 뒤 선왕 16년, 즉 장경 4년(824) 그의 나이 35세에 당나라로 들어가 태원부太原府에 이르러 두 절에 번갈아 머물면서 뜻한 바를 모두 이루었다. 뒤에 본국의 왕자 김의종金義琮이 사신으로 입당하여 전하는 왕명에 따라 함께 귀국하니, 희강왕 2년, 즉 개성開成 2년(837) 9월 12일이었다.

이상은 『조당집』「현욱玄昱 선사전」 가운데 그의 탄생부터 중국에 들어가 장경 회휘로부터 법을 이어받고 귀국하기까지의 내용을 간추린 것이다. 그러나 정작 그가 장경의 법을 이었다는 말은 서두에 한마디로 적시하고 있을 뿐이다. 그가 입당하여 언제 어디서 그의 문하로 들어가 어떠한 방법으로 밀지를 얻게 되었다는 중요한 대목에 대해서는 일언반구의 언급조차 없는 것은 무슨 까닭일까? 심지어 같은 『조당집』「장경선사전」에는 장경이 입적한 때를 원화 13년(818) 12월 21일이라고 하고 있어 현욱 선사가 입당하였다는 장경 4년(824)보다 6년이나 빠른 결정적 오류가 있다. 더구나 권덕여權德輿가 찬한 「당고장경사백엄선사비명병서唐故章敬寺百嚴禪師碑銘幷序」와 『송고승전』「장경선사전」에서는 그의 몰년을 원화 10년(815) 12월 11일이라고 하여 『조당집』과 『경덕전등록』의 기록(818년)보다 3년 빠르니, 이는 현욱 입당 9년 전의 일이 되는 것이다.

이러한 시간적 개념을 염두에 두고 혜목산 현욱 선사의 재당 구법 행정을 추적해 보아야 하며, 그러기 위해서는 먼저 장경 회휘 선사의 인적 사항 및 저간의 활동 상황을 살펴볼 필요가 있다.

장경의 속성은 사姉씨이며 천주 동안현同安縣 사람이다. 정원 초(785)에 홍주 마조에게 배알하고 그 문하에서 홍주의 법을 깨친 뒤 승속이 모두 법회에 모여들었으니, 이로 인해 그의 명성이 널리 퍼졌다. 당시 팽성彭城(즉 강소성江蘇省 동산현銅山縣) 유제劉濟가 회휘 선사의 덕을 사모하여 상호 인증하였으며, 뒤에 장경은 산동 저래산岨峽山으로 들어가 살다가 다시 제주濟州 영암사靈巖寺에 우거하였다. 뒤에 자연경관의 고요함과 아름다움을 사랑하여 백가암百家岩(또는 백암百岩)으로 옮겨 살았으나 선자들이 몰려 번잡하기에 이를 피하여 다시 중조산中條山에 올라 선법禪法을 행하였다. 그러나 여기에도 많은 사람들이 와서 즐겨 수선修禪하였으므로 산서山西 포진관蒲津關에서는 교화되는 사람들이 많았다.

장경의 명성은 장안까지 퍼져 드디어 황제의 부름을 받게 되었다. 『송고승전』에 의하면 원화 3년(808)에 헌종憲宗이 조칙을 내려 장경사章敬寺 비로자나원으로 모셔 살게 하였는데, 대력 연간(766~779)의 규칙에 따라 승려의 지위를 가려 그를 승록僧錄과 좌수座首 밑에 배열하였다.

장경사는 8세기 중엽에 환관 어조은魚朝恩이 대종代宗의 어머니 장경황태후를 추복하기 위하여 건립한 사찰로 규모가 크고 명승들이 주석하는 명찰이었다. 『조당집』에서는 원화 초에 계림으로 올라가 뵈니 왕이 돌아보고 묻기를 "승려의 우두머리는 누구인가?" 선사가 "중은 여름(夏)을 지낸 법랍에 의합니다." 하니, 이때 선사는 60하夏였으므로 조칙에 의하여 좌수로 올랐다고 한다. 그가 황제를 상대로 선종의 법교法敎를 이야기하니, 헌종은 얼굴을 활짝 펴고 유달리 공경하여 은혜를 베풀었다.

뒤에 대중을 상대로 선요禪要를 설법하여 장안을 크게 교화하여 불일佛日을 높이 밝히니, 이에 유지들과 진리를 배우려는 자들이 앞을 다투어 몰려들었다. 다시 조서를 내려 인덕전麟德殿에 들게 하여 재를 하사하고 상좌上座에 추거하였다.

『송고승전』에서는 원화 10년(815) 말에 입적하니 춘추 62세였으며, 2년 후에 문인들이 장사 지내니 대선교 선사大宣敎禪師라는 시호가 내려졌다고 한다. 그러나 위 『조당집』에서는 원화 초(806)에 헌종의 물음에 자기의 법랍이 60하라 하였으니, 60세에다 승려가 되기 이전의 나이를 가산하면 훨씬 고령이 된다.

그러나 여기서 그의 나이 문제를 더 복잡하게 논의할 여유가 없다. 결론적으로 말하여 현욱이 입당하여 장경의 법을 이었다면 그가 입당한 시기는 적어도 장경 화상이 입적하기 이전, 즉 『송고승전』의 815년 12월보다 빠른 시기가 되어야 하며, 이에 따라 그의 나이도 더 앞당겨져야 한다. 따라서 『조당집』 「혜목산 현욱전」에 그가 824년 35세의 나이로 입당하여 장경 화상으로부터 법을 이어받았다는 기사는 아마도 그가 원화 3년(808) 구족계를 받은 22세의 나이에 입당한 것으로 수정되어야 할 것 같다. 이렇게 되면 그의 재당 구법 기간도 16년이 더 길어져 26년간이 되어야 마땅하다.

　재당 구법 기간의 수정에 따라 그의 구법 행정의 범위도 좀 더 광범하게 확대되어야 할 것이다. 앞서 본『조당집』의 "장경 4년(824) 대당 태원부에 이르러 두 절에 번갈아 머물면서 뜻한 바를 모두 이루었다."는 말은 전혀 가당치 않다. 왜냐하면 회휘가 헌종의 부름에 따라 장안으로 이석한 때가 808년이므로 현욱이 장안으로 직행하여 장경의 문하에 들었을 것이기 때문이다.

　태원부의 절이란 일찍이 장경 회휘가 산서 중조산中條山에 머물던 사찰을 일컫는 것임이 분명하다. 산서山西 영제현永濟縣 동남방에 위치한 중조산은 동쪽으로 태항산太行山이 있고, 서쪽으로 화산華山이 있는데, 그 가운데 자리 잡고 있다고 해서 붙여진 이름이다. 현욱이 '두 절에 번갈아 가면서 살았다'는 말은 회휘가 먼저 머물렀던 중조산의 어느 절과 마지막으로 주석한 장안 장경사 사이의 두 절을 오갔다는 말이다. 그러나 그가 먼저 수도 장안으로 들어가 장경 화상을 알현하고, 그로부터 법을 얻은 뒤 시봉하다가 스승의 입적 후 중조산으로 순력했다고 보는 것이 타당할 것이다.

　이와 같이 이십 수년의 재당 기간 동안 그는 장안과 종남산, 그리고 동도 낙양의 명산대찰을 중심으로 중조산을 포함한 스승의 연고지까지 넓은 지역으로 두루 순례 행각을 펼쳤다 해도 무리가 없을 것이다. 어떻든 그의 구법 행정은 주로 태원과 장안을 중심으로 한 화북 지역이었음을 알 수 있으며, 이에 따라 그의 도해渡海는 발해와 석가장을 지나 태원을 거치는 행로와 관계 있을 것이다. 9세기 전기의 발해와 동중국해는 장보고 선단의 활약이 대단하였던 지역이라는 점에서 그들의 직간접적인 도움이 있었을 것이다.

　잘 알려진 바와 같이 마조의 제자들은 초기에 강서 호남 지역을 중심으로 활동하였지만 점차 중국 전역으로 활동 범위를 넓혔다. 그 가운데서도 장경 회휘와 흥선 유관興善惟寬(755~817) 그리고 아호 대의俄湖大義(764~818) 등은 제도帝都에서 선교하고 황제의 부름에 의하여 제실帝室로 들어가 설법한 것으로 유명하다. 이들의 활약으로 헌종憲宗 원화 연간에 이르러 초기 조사들에게 처음으로 시호가 내려지게 된 것이다. 6조 혜능에게 대감 선사大鑑禪師, 남악 회양에게 대혜 선사大慧禪師, 마조 도일에게는 대적 선사大寂禪師라는 시호가 이 무렵에 선후하여 하사되었다.

제도불교帝都佛敎(수도 중심의 불교)라거나 입내설법入內說法(궁중에 들어가 설법함)이라는 말로 대표되는 전교傳敎 방법은 권력과 가까운 환경에 있는 신수의 북종선을 두고 이야기되어 왔다.

사실 6조 혜능에게서 비롯한 남종선은 선법 자체의 특성이 자연친화적 분위기인 데다 지리적으로도 제도와 멀리 떨어진 조계와 남악에서 발흥하였다. 이리하여 신흥 남종선은 본래 수당隋唐 불교나 달마 선종의 여러 종파들이 낙양이나 장안과 같은 수도권역이나 특정 지역과 명산을 중심으로 하여 독자의 주장이나 교세를 떨쳤던 현상과는 취향을 크게 달리하였다. 마조의 행화지 역시 제도의 권역과는 인연이 먼 강서 지역이었으나 그의 몰후 제자들에 의하여 홍주종으로 크게 번영하였다. 이후 점차 황제의 관심을 끌게 됨으로써 자연적으로 제도에 접근하게 되었던 것이다.

현욱은 본국 왕자 김의종을 따라 개성 2년(837) 9월에 귀국하였으니, 범일이 입당하기 1년 전의 일이다. 두 사람은 같은 고향의 동족 명문 출신으로 선후로 구법하고 돌아와 각각 구산선문의 일문을 개창하였다. 그는 귀국하여 처음에는 남악 실상사에 거처하며 선정을 닦았으며, 개성 말년(840)에 혜목산으로 옮겨 선풍을 펼쳤다. 여러 왕들이 모두 제자의 예를 갖추어 현욱이 왕궁에 갈 때마다 자리를 베풀어 경연하도록 청하였다. 경문왕이 다시 고달사高達寺에 머물도록 하였으며, 현욱이 그해 8년(868) 임종에 다다르자 제자들을 불러 모으고 장경 선사의 은혜를 잊지 말 것을 부촉하였다. 원적 후 시호를 원감 국사圓鑑國師라 하였다. 그의 사법제자는 진경 심희眞鏡審希로서 효공왕 대(899~912)에 김해 진례성進禮城에 봉림사鳳林寺를 개창하니, 구산선문의 하나이다.

신라 각체覺體도 현욱과 함께 장경의 법을 이었다.『경덕전등록』에는 두 사람을 장경의 법을 이은 제자로 열거하고 있으나 기연어가 없어 기록하지 않았다. 환국한 뒤 용암사涌岩寺에 주석하여 법을 전하였으나 그 밖의 사적은 알려지지 않고 있다.

3) 무염의 화북 구법과 마곡 보철

신라의 구법승 가운데서도 화북 지역으로 와서 홍주선법을 익힌 이들이 있다. 앞에서 살펴본 진감 혜소와 혜목산 현욱에 이어 낭혜 무염朗慧無染(801~880) 선사 역시 중국 섬서와 하남을 중심으로 순례하면서 홍주선법을 익히고 귀국하였다.

무염의 사적은 최치원의 성주사聖住寺 낭혜 화상朗慧和尙 비문에 자세하게 나와 있다. 이에 따르면, 무염의 속성은 김씨로 태종무열왕의 8세손이다. 조부 주천周川은 직위가 한찬韓粲이며 부친 범范에 이르기까지 여러 대에 걸쳐 절의를 지켜 온 집안으로 진골 일등을 하사받았다. 모친은 화華씨로 무염을 회임하여 기간을 지나 출산하였는데, 어려서부터 무염은 행실이 바르고 단정하였다. 9세에 독서하는 데 총명하고 민첩하여 신동이라는 칭찬을 듣더니, 13세에 출가하여 강원도 설악산 오색석사五色石寺 법성法性 선사에게 능가선을 배웠는데, 법성은 일찍이 중국에 들어가 종가鬘伽의 문하에서 법을 물었다고 한다.

그는 법성의 처소에서 모든 것을 남김없이 탐색하니, 법성은 "마치 빠른 말이 질주하는 듯하며, 재주가 걸출하여 한 발 앞서 도달한다."고 칭찬해 마지않으면서 중국으로 건너가 견문을 넓히라고 권유하였다. 그는 다시 부석사 석징釋澄을 찾아가 화엄경을 공부하여 동학들 사이에서 두각을 나타내므로 석징 역시 그 재능을 칭찬하며 중국 유학을 권하였다.

무염은 드디어 도당 유학을 결심하고 도반道伴인 도량道亮과 함께 마침 중국으로 가는 사신의 배를 타고 바다를 건너다 태풍을 만나 조난을 당하여 간신히 흑산도에 표착하였다. 하지만 유학의 꿈을 굽히지 않은 채 재입당을 시도하여 드디어 장경長慶 초(821)에 조정사朝正使인 왕자 김흔金昕의 배로 당은포에서 출발하여 곧장 산동성 지부芝罘에 상륙하였다. 거기서부터 육로로 멀리 수도 장안으로 향하였다.

마침내 종남산 편자곡楩子谷 서쪽 언덕에 있는 지상사至相寺에 이르러 어느 법사의 화엄경 강설을 청강하였다. 지상사는 7세기 후반에 의상 대사가 와서 고승 지엄智儼 문하에서 법장法藏과 도반이 되어 공부하였던 화엄 도량이다. 그러나 많은 세월이 흐른 지금 무염은 일찍이 본국 부석사에서 공부하였던 내용과 별반 다를 바 없다고 여기고 있었는데, 이때 얼굴이 검은 한 노인이 "멀리서 모든 것을 취하려 하니 어찌 부처를 알 수 있겠는가?" 하였다. 이 말에 대사는 크게 깨닫고 이로부터 교학教學을 버리고 심학心學에 관심을 두게 되었다.

이 얼굴 검은 노인이 신라의 혜소일지 모른다고 추측하는 학자가 있다. 사실 이 무렵 혜소 선사가 821년 도의와 헤어진 후 종남산 자각봉紫閣峰에 올라 지관의 법(止觀法, 정定·혜慧의 두 법이 서로 의지하고 도와서 해탈의 중요한 길을 이루는 것)을 수행하고 있을 때였는데, 그는 얼굴이 검어 일찍이 신감神鑑 문하의 사형제들로부터 '흑두타黑頭陀'라고 추숭받았던 것은 앞에서 언급한 바 있다.

무염은 이로부터 운수 행각에 나서 순력하다가 낙양 불광사佛光寺의 여만如滿 선사를 만나 도를 물었다. 불광사는 『조당집』에서는 불상사佛爽寺라고 한다. 여만은 강서 마조 도일에게 심인을 얻었으며, 낙천樂天 백거이白居易(772~846)와 가까운 도우道友로 널리 알려진 인물이다. 백락천이 형부시랑으로 있을 때 조정에서는 우牛·이李의 당파 싸움(당시 권신 우승유牛僧儒와 이종민李宗閔 세력이 서로 붕당을 형성하여 벌인 당쟁)이 심하여 백락천은 대화大和 3년(829) 병을 칭탁하여 낙양에 머물렀으며, 회창 2년(842)에 형부상서로 퇴직하여 낙양 향산사香山寺에서 시와 술로 벗을 삼아 유유자적한 생활을 보내면서 여만과 가까이 지내고 있었다.

여만은 무염을 맞아 대응하는 동안 가르치기 버거운 상대임을 알아차리고 부끄러워하는 빛을 감추지 못하면서 "내가 많은 사람을 보았지만 그대와 같은 이는 드물었다. 뒷날 중국에서 선이 실종된다면 장차 동이東夷에게 묻게 될 것이다." 하였다.

무염은 행각을 계속하여 역시 마조 도일의 제자인 마곡사麻谷寺 보철寶澈 선사를 뵙고, 일을 가리지 않고 부지런히 하였다. 이에 보철 선사가 "옛날 나의 스승 마조 화상께서 나와 결별할 때 '봄꽃만 번성하고 가을 열매가 적은 것은 보리수에 오르는 자들이 슬퍼하고 탄식하는 바이다. 이제 너에게 인가를 주니, 뒷날 대중 가운데 뛰어난 공로가 있어 봉할 만한 자를 봉하여 끊어지지 않도록 하라'고 하였다. 또 '대법大法이 동으로 흐른다는 말은 대개 예언에서 나왔는데, 저 해 뜨는 곳 신라의 선남자들의 근기가 거의 무르익은 듯하니, 네가 만약 동방 사람으로서 마음으로 통할 만한 자를 얻으면 잘 지도하라. 지혜의 물이 바다 건너 구석진 곳까지 뒤덮도록 한다면 덕이 얕지 않을 것이다'라고 당부하였다."라고 하면서 "지금도 스승의 말씀이 귀에 쟁쟁

무염 선사는 낙양 불광사 여만 선사에게 처음으로 남종선을 물었다. 당시 여만의 도우 백락천이 향산사에서 만년을 보냈으므로 후인들이 이를 기념하여 세운 백정

한데 그대가 오니 기쁘다. 이제 인가하여 그대로 하여금 신라에서 선사로 으뜸가게 할 것이니, 가서 공경히 하라. 나는 지금 강서 마조의 큰아들이지만 뒷날에는 해동의 대부大父가 되어 먼저 간 선사들에게 부끄러움이 없으리라."고 하였다.

무염이 참문한 보철 선사가 주석한 마곡사의 위치에 대하여 『경덕전등록』에서는 산서 포주蒲州라고 하여 오늘날 산서성 최남단의 영제현永濟縣 중조산 안에 위치하고 있는 사찰이라고 한다.

중국 학자 진경부는 보철 선사가 주석한 사찰이 영제현의 서남방 13킬로미터 지점에 있는 중조산 만고사萬固寺이거나 20킬로미터 지점에 있는 서암사西岩寺일 것이라고 추정하고 있다.

보철 선사 문하에서 법을 얻고 시봉하던 중 스승이 입적하자 무염은 그곳을 떠나 처음 왔던 길을 되돌아 발길을 동으로 향하였을 것이다. 분수汾水를 건너고 다시 곽산崞山에 오르는 등 명산대천으로 순행을 멈추지 않았다. 그러는 사이 당 무종武宗 회창 연간의 파불 사태가 점점 혹심해 가자 회창 5년(845) 20여 년간의 운수 행각을 멈추고 귀국길에 올랐다.

회창파불로 인하여 외국 승려로서 구법하던 많은 사람들이 환속하거나 쫓겨나야 했으니, 신라 범일이나 일본의 원인圓仁 일행이 대표적인 경우라 할 만하다.

당시 범일은 절강을 비롯하여 강서와 호남 등 강남 지역을 순력하고 북상하여 장안에 이르렀다. 그러나 법난이 갈수록 혹심하여 종남산 동쪽 지맥支脈인 상산商山으로 숨어 들어가 인고의 세월을 보내지 않으면 안 되었다.

무염은 귀국 뒤 우선 왕성으로 들어가 모친을 배알하였으며, 계속하여 홍법할 도량을 물색하였다. 2년 뒤인 문성왕 19년(847)에 마침 왕자 김흔이 관직에서 사퇴한 뒤 조부 김인문의 봉역인 충남 보령 오합사烏合寺를 보시하므로 거기에 주석하여 행화에 임하였다. 문성왕은 그의 법문이 치국에 도움이 되리라 믿어 칙령으로 위문하고 예우하였으며, 절의 명칭을 성주聖住라 고쳤다. 헌안왕과 경문왕이 즉위해서도 불법을 존숭함은 물론 조정에 큰일이 있으면 먼저 자문한 뒤 시행하며 예로 받들어 모시니 왕실과 대신 그리고 나라의 선비들까지 그를 공경하는 마음이 한결같았다. 뒤에 헌강왕이 성주산으로 사신을 파견하여 치국에 유익한 것을 물으니, 무염은 유교의 '삼외三畏('논어』에서 군자가 두려워하고 조심하는 세 가지를 꼽은 것으로 천명天命, 대인大人, 성인聖人을 말함)'에 견주어 불교의 '삼귀의三歸依(귀의불 · 귀의법 · 귀의승)'를 말하고, '오상五常'과 나란히'오계五戒'를 권하여 정책을 삼도록 하였다.

이와 같이 무염은 성주사를 본산으로 삼아 40년 동안 교화에 힘쓰면서 가끔 상주 심묘사深妙寺로 가서 조용히 쉬었다. 양 조兩朝의 국사國師를 지냈으며, 888년 11월 89세로 입적에 드니 시호는 대낭혜大朗慧라 하고, 탑호를 백월보광白月保光이라 하였다. 최치원이 지은 '성주사낭혜화상백월보광탑비명聖住寺朗慧和尚白月葆光塔碑銘'이 있다.

낭혜 무염은 손님을 대할 때에도 귀천을 가리지 않았으며, 제자들이 의문점을 던져 해답을 구하면 다음과 같이 깨우쳤다.

"마음이 비록 몸의 주인이기는 하지만 몸을 모름지기 마음의 스승으로 만들어야 한다. 그대들이 그렇게 생각하지 않음을 근심한다면 도가 어찌 멀리 있겠는가? 마음의 집을 시설하고 이 풍진세상의 구속에서 벗어나야 할 것이니, 내가 제멋대로 하면 마음도 따라서 방자하게 굴게 된다. 대의왕大義王이신 석가모니가 어찌 갖가지 마음이 있겠는가?" 또 말하되, "타인이 마셔서는 나의 갈증을 다스리지 못하고, 타인이 먹은 것으로 나의 굶주림을 구제하지 못한다. 그러므로 노력하여 스스로 마시고 스스로 먹어야 한다."라고도 하였다. 먹고 입기를 남과 같이 하였으며, 물 긷고 땔나무 운반하는 일도 몸소 하면서 "산은 나를 위해 진토塵土가 되었는데, 내가 어찌 안심입명安心立命을 얻지 못하겠는가?" 하였으니, 극기하고 만물을 격려하는 바가 이와 같았다. 스님의 문도는 2천 명이 넘었으며, 특히 그의 무설토론無舌土論은 세상에 널리 알려졌다.

낭혜 무염이 창건한 보령 숭엄산嵩嚴山 성주사는 구산선문의 하나로서 한 때 크게 번영했으나 이후 폐허가 되었다. 무염의 저명한 제자로는 원장圓藏, 영원靈源, 현영玄影, 승량僧亮, 여엄麗嚴, 자인慈忍 등을 들 수 있다.

지금까지 우리는 화북 지역으로 구법하였던 저명한 세 사람의 신라 고승의 자취를 살펴보았는데, 이 밖에도 이들보다 조금 늦은 시기에 임제 의현臨濟義玄(787~866)으로부터 법을 얻고 귀국한 지리산 화상이 있다.

의현 선사는 백장 회해의 제자 황벽 희운에게 법을 계승한 뒤 진주鎭州(하북河北 정정현正定縣) 임제선원을 창건하여 주석하던 중 신라의 지리산 화상이 찾아와 그에게 법을 전해 주었다. 그 후 지리산 화상은 귀국하여 지리산으로 들어가 제자들을 맞아 전법하였다고 하지만 그 밖의 사적은 알려지지 않고 있다.

부록

1. 서안 종남산 불적 기행
2. 동진 혜원과 여산 동림사
3. 방산 석경사 기행

* 신라·고려 선승의 구법 관련 전도

1.
서안 종남산 불적 기행

1) 세 번째 찾은 서안

1997년 5월 29일, 우리 일행이 북경에서 서안西安까지 약 두 시간 반 걸려 함양비행장에 도착한 것은 오후 4시경이었다. 필자가 서안에 오게 된 것은 이번이 세 번째다. 첫 번째는 1989년 5월, 동국대학교 실크로드 불적 조사차 방문하였을 때이고, 다음은 1993년 8월 명사학술발표회에 참석하러 왔을 때였다.

첫 번째 방문 때 초라한 서안비행장에 내린 기억이 생생한데, 그 후 문화유산의 보고 서안을 관광하기 위하여 국내외로부터 모여드는 관광객들을 수용하기 위하여 시내에서 멀리 떨어진 곳에 비교적 큰 규모의 함양咸陽비행장을 새로 건설한 것이다. 한 해가 다르게 발전하는 중국의 모습을 여기서도 확인할 수 있다.

공항에서 새로 건설된 고속도로를 한 시간 반가량 달려 시내로 들어오는 동안 황토 평원으로 끝없이 펼쳐지는 황금색 들판은 그리 낯설지 않다. 들

당나라 수도이자 실크로드의 출발점인 서안성의 웅장한 모습

판 한가운데 수목이 우거진 곳에는 영락없이 인가가 몰려 있다. 초탄草灘을 건너고 위수渭水를 바라보며, 경제景帝와 그 후비의 능묘를 지나치면서 마치 경주 왕릉을 닮았다는 생각이 든다. 고속도로 공사 중에 많은 유물이 출토되었다는 현지 가이드의 설명은 연도를 따라 하늘로 우뚝 우뚝 솟은 공장 굴뚝으로 상징되는 서안의 공업화 현황으로 이어진다.

  오후 5시 반 가까이 되어서야 시내에 도착한 우리 일행은 먼저 서안성 북대문루北大門樓에 올라 시가지를 굽어본 후 곧장 대안탑大雁塔으로 향하였다. 서안의 관광 일정이 내일 하루와 모레 오전까지로 빡빡하게 잡혀 있으니 시간이 남는 대로 관광할 곳을 하나라도 줄이는 게 좋기 때문이다. 현대와 고대가 어우러진, 자전거 행렬의 물결과 함께 황토 먼지가 풀풀 이는 시가지를 가로질러 6시 반에 대안탑에 이르렀다. 6시가 되자 문 닫을 시간이 지났을

서안 대안탑 앞에서

지 모른다고 걱정하던 가이드는 도착하자마자 안도감을 표시하면서 입장표를 사 가지고 왔다.

하늘로 우뚝 솟은 대자은사大慈恩寺의 대안탑은 한쪽으로 약간 기울어졌다. 본래 이 탑은 현장玄奘 법사(622~664)가 인도에서 구해 온 불경을 번역하기 위한 역경장을 기념하기 위하여 세운 것으로 오늘날 서안의 상징이라 하여도 과언이 아니다. 경내에 있는 '대당삼장성교서비大唐三藏聖敎序碑'는 당대의 명필이요 명재상이던 저수량褚遂良의 글씨라고 한다.

서안은 당나라 때에는 장안이라 하여 세계 문화의 중심지로서 역할을 유감없이 발휘하였다. 신라와 일본을 비롯하여 세계 각국의 사신들이 내왕하고, 아랍 계통의 명교明敎와 배화拜火교뿐만 아니라 심지어는 동로마로부터 전래된 기독교의 한 교파인 경교景敎도 유행하였다. 호악胡樂에 맞춰 호무胡

舞를 추던 서역의 아가씨들이 밤의 정취를 한껏 더하였을 그 영화는 지금 간데 없고 기록이나 유적과 유물을 통하여 그 자취만을 엿보게 한다. 이처럼 국제 문화 센터로서의 장안은 실크로드의 시발점이었으며, 서북방 유목민족의 침략을 막아내는 군사적 요충지로서의 중요성도 띠고 있었다.

장안은 당나라 때에만 번영하였던 것은 아니다. 우선 장안이 위치한 이 지역은 진시황이 아방궁을 지어 권위를 떨쳤던 함양에 인접하고, 한고조와 초패왕이 최후의 쟁탈전을 벌였던 관중關中 평야에 속한다. 진시황 병마용이며, 한고조나 곽거병 같은 희대 영걸의 능원이 주변에 즐비하다. 오호십육국五胡十六國 시대에 이르러서는 북조北朝 여러 왕조의 역사 무대가 대체로 이 지역을 중심으로 전개되었다.

그러나 융성을 극하던 장안도 10세기경, 즉 당唐 말 오대五代 이래 경제 중심지가 강남 지역으로 옮겨 가면서부터 점차 시들기 시작하였다. 정치·문화의 중심지도 동남쪽으로 이동하면서 명대에 이르러서는 장안을 서안이라 개명하였으며, 명 말 청 초에는 이자성李自成의 난을 비롯한 농민반란의 온상이 될 정도로 점차 후진 지역으로 낙후하였다. 현대에 서안 북쪽의 연안延安은 모택동이 이끈 중국공산당이 장개석의 국민당군을 피하여 만리장정 끝에 본거지를 만든 서북의 오지가 아니던가!

우리 일행은 대안탑 관광을 마치고 홍경궁 공원 부근에 있는 건국호텔에 여장을 풀고 서안의 첫째 날을 푹 쉬었다.

2) 흥교사 원측 등 3법사 탑원

30일, 모두들 일찌감치 일어나 관광 준비에 바쁘다. 오전에 시 교외에 있는 현장 법사와 그 제자 신라 원측 법사의 탑원이 있는 흥교사興敎寺를 둘러본 뒤 오후에는 진시황 병마용과 화청지를 관광하도록 일정이 빡빡하게 잡혀 있기 때문이다. 그러나 필자는 앞선 두 차례 여행에서 저들 일반 관광지에는 이미 다녀왔으므로 오늘은 흥교사까지만 동행하고 오후에는 종남산을 중심으로 한 한국 관련 불교 유적을 답사하기로 고독한 계획을 미리 세워 두었다.

흥교사는 서안에서 종남산을 바라보고 가는 20리 지점 황토 구릉 산기슭에 자리 잡고 있다. 644년 현장이 서세하고 5년 뒤에 이곳으로 이장하여 5층탑을 만들면서 동시에 절을 지어 흥교사라 하였으니 불교를 일으키라는 뜻이다. 그 후 수제자

신라 원측 법사상

로서 스승을 도와 역경에 참여한 규기와 원측 두 고승이 입적하자 왼쪽에 측사탑測師塔, 오른쪽에 기사탑基師塔을 나란히 세워 탑원을 조성한 것이다.

『송고승전』「원측전」에서는 원측의 출신국을 모른다면서 현장 법사가 규기에게 강의할 때 문지기를 매수하여 몰래 들어가 강론을 엿들었는데, 그 강론이 끝나기도 전에 서명사西明寺에서 유식론唯識論을 강의하여 규기를 반박하였으며, 유가론을 강의할 때도 역시 그렇게 하여 규기 측의 시기를 받았다고 한다. 그러나『삼국유사』에는 원측 법사가 신라 모량리 사람으로 유학하여 해동의 고승이 되었다고 하였다.

필자가 학부 시절 조명기 교수의 불교사 강의 시간에 들은 원측 법사에 대한 설명이 불현듯 생각난다. 법사가 신라에서 입당하여 쟁쟁한 중국 학생들 틈에서 차별대우를 받으면서 어깨너머로 청강했지만 어느 누구의 추종도 불허하여 천하 명승이 되었다는 대목에 힘주어 강의하시던 기억이 생생하다.

세 고승의 진상이 음각된 석비들 가운데 유독 원측 법사의 상이야말로 기괴하다고 할 만큼 특이하였다. 이번에는 지인의 소개로 주지 상명常明 스님을 방문하여 차 대접을 받으며 한국으로부터 많은 분들이 내방한다는 등 여러 가지 대화를 나누었다. 그리고 젊은 스님의 안내를 받아 경내를 돌아본 뒤 주지스님의 휘호를 선물로 받았다.

3) 자장 율사의 은거처 운제사

시내로 돌아와 함양 방면으로 관광을 떠나는 일행을 전송하고, 필자 혼자 시간을 맞추어 서북대학으로 H교수를 찾아갔다. 한참 만에 그의 연구실을 찾기는 하였으나 공교롭게도 부재중이었다. 난감하게 되어 연구실을 지키던 한 여학생으로부터 차 대접을 받으면서 이런 저런 방법을 찾고 있는데 마침 중문과 대학원생 주周 모 군이 들어와 자리를 함께하였다. 필자가 단도직입적으로 그에게 종남산 길 안내를 부탁하였더니, 주 군은 자기 지도교수를 찾아온 손님이니 마땅히 도와주겠다고 쾌히 응낙하였다. 서울을 떠나기 전에 학교에 부탁하여 우리와 자매 관계에 있는 서북대학으로 하여금 나의 이번 걸음에 제반 협조를 구할까도 생각하였으나 괜히 번거로울 것 같아 그만두었다. 그러한 이야기를 하였더니 주군은 나를 데리고 외사처로 가서 그러한 사정을 말하고 자동차 편의를 제공해 줄 수 있는지 교섭하는 모양이었으나 사전에 연락받은 일도 없을 뿐 아니라 담당 직원도 부재중이라는 이유로 거절당하였다. 주 군은 산동 출신으로 이곳 지리에 밝지 못하다고 하였다. 그러면서 자기가 아는 선생 한 분이 불교 방면에 조예가 깊다면서 인근의 숙사로 찾아갔으나 그도 또한 한중 불교 교류 관계에 대해서는 잘 알지 못한다고 하면서 다른 교수 한 분을 소개해 주었다. 그러나 그도 부재중이어서 일단 점심을 먹고 택시를 대절하여 지도를 보고 찾아가는 수밖에 없다.

경주 남산이 불교 유적의 보고이듯 중국 서안의 종남산도 당대 불교 유적의 보고이다. 남산과 종남산은 그 위치와 이름, 그리고 산재한 불적의 본고장이라는 점에서 많이 닮았다.

당시 일본의 수도 나라奈卿는 당의 수도 장안을 모방하여 설계하였다고 하며, 신라의 경주도 도시 건설을 상당히 모방하였을 것이라는 추측들이 있다. 남산과 종남산은 형제 같은 느낌이 든다.

자장 율사(590~658)의 속성은 김씨로서 정관貞觀 10년(636)에 바다를 건너 당에 들어갔는데, 당시 입당 구법하는 스님들이 일반적으로 그러하듯이 먼저 산서 청량산(오대산)을 참방하였다. 2년 뒤에는 문도 10여 명과 함께 장안으로 들어와 태종의 부름을 받아 장안 승광별원(즉 승광사勝光寺)에 머물며 왕족으로서 상당한 예우를 받았으며, 다시 종남산 운제사雲際寺 동쪽 언덕에 암자를 짓고 3년간 머무르며 공부에 열중하였다.

정관 17년 귀국하여 대국통의 자리에 올라 불교 진흥에 크게 이바지하면서 당의 연호를 쓰도록 주청하는 등 이른바 해동성인으로 일컬어진 점에서 보더라도 자장 율사는 중국과 매우 깊은 인연을 가진 분이다. 그의 뒤에는 원측 법사도 운제사에 잠시 머물며 수행하였다.

그러나 자장 율사가 계시던 운제사의 소재는 아직 제대로 밝혀지지 않았다고 한다. 다만 여러 학자들이 그 소재지 파악에 열을 올리고 있다. 『장안지

長安志』 등 기록에 의하면 운제사는 장안현 동남방 우현雩縣에 있다고 하는데, 또 여기에는 신라왕자대新羅王子臺도 있었다고 한다. 근래『중국사 연구』 (1999.3)에서 이공李恭 씨는 '당 대의 신라 교민사회에 대한 논고'에서 여러 가지 정황에 비추어 이 신라 왕자가 바로 석자장이며, 운제사와 왕자대도 결국 같은 지점이라고 단정지었다. 그러면서 그는 그 운제사가 과연 종남산의 어느 곳에 위치하였을 것인지 세심하게 검토하였다. 그 결과 그는 "운제사는 운제산에 있었으며, 운제산과 운제사는 고관담과 가까운 거리에 있다. 지금 우현 동남 약 60리 지점에 태평욕太平峪이 있고 또 동으로 고관욕高冠峪과 고관담高冠潭 그리고 고관폭포가 있으니 운제사는 마땅히 태평욕 안쪽 동산 마루에 있을 것"이라고 결론을 맺었다.

필자와 주 군은 관광 지도를 보고 운제사와 멀리 떨어져 있지 않다는 고관폭포를 찾아가기로 하였다. 무료한 시간을 보내고 있을 수 없을 바에야 종남산 고관 풍치 지역을 찾아 등산이라도 할 겸 혹시라도 새로운 정보라도 얻을지 모르는 일이었다. 소형 택시를 대절하여 남쪽으로 약 한 시간 걸려 고관폭포에 이르는 동안 때로는 측면으로 보이고 때로는 전면으로 보이는 종남산은 예전에 홍교사와 향적사를 찾으면서 멀리서 바라보던 때와는 달리 그 크기나 경관이 과연 장관이었다. 입장료를 내고 경내에 들어가 몇 장의 사진을 찍었다. 자장 율사가 학업의 여가를 타 바람도 쐴 겸 자주 이곳을 찾았을 것이라고 생각하면서 이곳저곳을 기웃거렸다. 혹시나 하고 바라던 어떤 정보에 대한 기적은 역시 일어나지 않았다.

자장 율사와는 좀 떨어진 시기에 입당하여 활약한 신라 출신 도사道士 김가기金可記(?~859)도 이 근처 자오곡子五谷에 초막을 짓고 수도하였다는 사실이 근년에 알려졌다. 그에 관한 마애각석이 작년에 아주대학 변인석 교수에 의하여 국내에 소개된 바 있다. 그러나 시간 관계상 그곳 답사는 다음 기

서역승 구마라습이 당 장안으로 와서 불경을
번역하였던 초당사의 기념당 앞에서

회로 미룰 수밖에 없었다.

　차를 돌려 돌아오는 길에 가까운 길목에 있는 초당사草堂寺에 들렀다. 불교미술 작품으로 유명한 구마라습의 사리탑이며, 후세에 조성된 구마라습의 초상을 배알하였다. 구마라습이 불경을 번역하던 초당사는 지금 불사가 한창이어서 명필 유공권柳公權의 전서로 된 정혜선사전법비가 해체되어 창고에 보관 중인 것을 특별히 청하여 관람할 수 있었던 것도 큰 보람이었다.

4) 의상 대사의 구법처 지상사

　오후부터는 바람이 매우 심하여 황토 먼지로 눈을 뜰 수가 없었다. 더구

부록 • 303

나 도로상에 밀짚을 널어 말리는가 하면 타작까지 하여 먼지는 더욱 심하고 교통에 불편을 주었다. 저녁 무렵 시내로 들어왔지만 황토 먼지로 고통받기는 마찬가지다.

곧장 서북대학 교직원 숙사로 가서 아까 소개받은 이건초李建超 교수를 다시 만날 수 있었는데 그는 역사지리에 밝은 학자로서 우리나라 학자들과도 만난 적이 있다고 한다. 민영규·고병익 교수를 비롯하여 소장학자 박한제·김호동·조흥윤 교수 등의 명함을 내놓으며 이 지역 불교 유적과 나당 불교 교류에 상당한 관심을 표명하였다. 그의 글은 국내 모 학술지에도 소개된 바 있었다. 오늘 있었던 일을 이야기하면서 내일 오전에 의상 대사가 공부한 종남산 지상사至相寺를 참방할 예정이라고 하였더니 그 소재지를 주 군에게 자세히 일러주었다.

30일, 오후 1시 반 비행기로 합비合肥로 떠나는 날이다. 아침 7시, 약속대로 주 군이 호텔로 와서 함께 식사를 하고 지상사를 향하여 일찌감치 출발하였다. 일행은 시내의 역사박물관과 비림碑林을 관람하기로 되어 있어, 우리는 함양비행장에서 합류하기로 하고 서둘러 택시를 대절하여 종남산으로 떠났다.

어제 오후와는 달리 날씨도 화창하였다. 이 교수가 일러준 대로 풍곡豊曲과 자오진子午鎭을 지나서 남산공로를 따라 동으로 약 3킬로미터 지점에 있는 백탑사에 이르렀다. 어제 달린 길보다 약간 동쪽, 남오대 부근 마을이다.

백탑사에서는 노승 한 분이 반갑게 맞아 주었고 뒤뜰에 있는 수·당 이전의 고목이라는 수령 1500년 된 엄청나게 큰 고목 앞에서 기념촬영을 하였다. 의상 대사가 지상사를 내왕하면서 쉬어갈 때는 앳된 나무였을 것이라는 생각을 해 보면서……

백탑사 노장님의 길 안내를 받으면서 천자욕天子峪 계곡으로 꼬불꼬불 약

의상 대사가 화엄학을 공부하였던 종남산 지상사. 사진 왼편으로 '지상사' 현판이 걸린 출입문이 보인다.

20여 분 산길을 오르니 확 트인 평지가 나타나면서 몇 채의 농가와 꽤 넓은 농토 위쪽 산기슭에 초라하기 그지없는 지상사가 보였다. 계곡 건너편으로도 누렇게 익어가는 경사진 밀밭 규모가 대단한 것으로 보아 옛날 지상사는 화엄 종찰로서 수많은 인구가 자급자족하였음직하다. 대사의 수학 당시 이웃에서 천신의 보호를 받고 있던 도선 율사와 자주 어울렸다는 『삼국유사』의 기사가 문득 생각났다. 그러나 지금 초라한 이 절에서는 젊은 스님 한 분과 속인 부부로 보이는 중년의 남녀가 나와서 우리를 반갑게 맞아 주었다. 여기에도 민영규 노교수를 비롯하여 여러 분이 다녀갔다고 한다.

새삼 설명할 필요도 없이 우리의 의상 대사가 중국 화엄의 3조三祖 법장法藏과 함께 2조二祖 지엄智儼으로부터 화엄을 전습한 곳이다. 이건초 교수의 설명에 의하면 지엄은 12세에 초조 두순杜順을 따라 이리로 출가하여 '지상 존자'로서 법장과 의상을 비롯하여 걸출한 제자들을 많이 배출하였으므로 이곳이 화엄종의 발상지가 되었다. 이러한 주장은 산 아래 있는 화엄사가 화엄종의 발상지라는 기존의 설에 대한 반론으로서 지금 이에 대한 논문을 준비하고 있다고 한다. 해동 화엄종의 초조 의상 대사가 이곳에서 약 10년 간 공부하였다.

그 유명하던 지상사가 지금은 초라하기 그지없다. 어떤 시인이 "종남산엔 백만의 옥루대로 가득하다."고 표현한 것처럼 이 초라한 지상사가 한때는 옥루들로 화려하였던 모양이다. 뒤에 남종선 성주산파를 연 낭혜 화상 무염無染(801~888)은 의상보다 160년 뒤인 821년에 입당하여 먼저 종남산 지상사로 들어가 화엄을 배웠다. 그러나 본국에서 배우던 것과 별로 다를 바 없다고 여기던 차에 어떤 얼굴 검은 노인의 언설에 자극을 받아 남종선을 배우러 동쪽 낙양으로 갔다.

학계 일각에서는 그 얼굴 검은 노인이 다름 아닌 진감 혜소慧昭 선사(774~850)일 것이라고 추측하는데, 이는 혜소 선사가 장안과 종남산 일대에 머물고 있었을 가능성이 있기 때문이다.

청 강희 연간에 자곡 국사紫谷國師가 만년에 은거하면서 국청선사國清禪寺라 개명하였으며, 문화혁명 시기에는 사찰이 철저히 파괴되었다고 한다. 절 마당에는 자곡 국사의 탑비가 넘어져 널려 있을 뿐 얼른 보아서는 고풍스런 유물 조각 하나 발견할 수 없다. 중국이 이제 개혁과 개방의 시대를 맞아 철저히 황폐화되었던 이 절도 이름을 다시 지상사로 바꾸어 새 출발하면서 우리들을 이렇게 반갑게 맞고 있으니 그런대로 다행이라 할 수밖에. 불전에 경건히 참배하고, 하산을 서둘렀다.

5) 혜초가 기우제를 지낸 선유사

우리가 서안 지역에서 찾아보아야 하는 것으로 혜초 스님과 관계 있는 유적이 있다. 혜초는 일찍이 당으로 들어가 719년 광동에서 인도승 금강지金剛智에게 밀교를 배운 뒤 해로로 인도에 들어가 4년 동안 여행하였다. 그리고 북쪽 중앙아시아를 거쳐 장안으로 돌아와 여행기『왕오천축국전』세 권을 저술하였다. 733년 금강지와 함께 장안 천복사薦福寺에 주석하여 경전 번역에 종사하였으며, 스승이 입적하자 다시 불공 삼장不空三藏에게 배운 뒤 대흥선사大興善寺를 거쳐 오대산으로 들어가 저술하다가 787년경에 입적하였다고 알려져 있다.

선유사仙游寺는 섬서성 주지현周至縣 남쪽 흑하욕黑河峪에 자리 잡고 있는데 서안에서 80킬로미터 거리에 있다. 수대에 피서 행궁行宮이었으나 뒤에

혜초의 왕오천축국전

불사리탑이 세워지면서 점차 사찰로 변하였다.

혜초의 여러 활동 가운데 대력大曆 연간에 큰 한해를 당하여 선유사 옥녀담玉女潭에서 기우제를 지낸 사실이 있다. 이는 당시 그가 밀교사密敎師로서 이름이 널리 알려져 있었음을 알려 주는 것이다. 그가 기우제를 끝내고 대종代宗 황제에게 올린 「옥녀담기우표玉女潭祈雨表」에 의하면, 대종 대력 9년(774) 2월 5일 칙령에 따라 제단을 설치하고 수일 동안 향을 피우고 치성을 드리니 산천이 응흠하여 계곡에서 소리가 들렸으므로 이에 사리를 던지니 비단 같은 보슬비가 내렸다고 한다.

근래 산 입구에서 댐 건설을 하던 중에 선유사탑의 지하궁에서 발견된 사리 등 여러 출토 유물 가운데 '당 개원開元 13년(725)'이라는 간기가 있는 '선유사 사리탑명(塔銘)'은 특히 주목할 만하다. 국가에서 이 사찰의 복원을 위해 상당한 예산을 지원하여 공사가 진행되면서 관광객의 출입이 금지되고 있어 안타깝게도 가 볼 수 없었다.

6) 안강 신라사

필자는 서안 부근의 안강安康에 한국 관련 유적지를 답사하기 위하여 미리 몇 가지 준비를 하였다. 하나는 B교수로부터 당대 문화 연구에 많은 업적을 내고 있는 서북대학의 H교수를 소개받은 일이고, 다른 하나는 중국 역사학 잡지 『중국사연구』(1993. 3)에 유희위劉希爲 씨가 발표한 「당대 신라 교민의 재화在華 사회 활동 논고」와 역시 『중국사연구』(1996. 3)에 이공李恭 씨가 쓴 「당대 신라 교민의 재화 사회 활동 논고에 대한 두어 가지 보충」이라는 논문을 읽고 메모하여 온 것이다. 이들 논문에서 가장 관심을 끄는 대목은 서안 부근에 신라사新羅寺가 있었다는 새로운 주장과 자장 율사가 은거하던 운제사雲際寺에 관한 것이었다.

신라사는 아직 학계에 널리 알려지지 않은 신라 사찰이다. 유씨의 글에서 "서안에 신라 사원이 있었는데 사원의 주지는 모두 신라 승려였다. 때문에 사원이 있었던 곳에는 신라인들이 모여 살았을 것이 틀림없다."라면서 그 위치에 대하여 필원畢沅의 『관중성적도지關中勝迹圖志』26 '홍안고종사우조興安古鍾寺宇條'를 인용하여 "신라사는 홍안주興安州 서안리西安里에 있었다." 하였다. 그는 역시 필원의 말을 인용하여 신라사에는 송末 가정嘉定 연간에 만든 종이 있는데, 종에는 제명題銘이 있다는 말과 함께 "절은 당대의 것이며, 절 이름은 이후 계속하여 청대에 이르렀다."고 한 엄경망嚴耕望 교수의 말을 인용하였다.

이러한 내용에 대하여 이공 씨는 대체로 수긍하면서도 절의 위치에 대하여 이의를 제기하였다. 즉 『관중성적도지』에서 필원이 "신라사는 홍안주 서안리에 있었다."고 한 원문이 틀렸다는 것이니, '홍안주 서안리'는 응당 '홍안주興安州 서 6리西六里'가 되어야 한다고 주장하였다. 왜냐하면 『관중성적도지』는 청 중기에 편찬되었는데 청대의 홍안주는 오늘날 섬서성 남부 한강 유역에 있는 안강安康이기 때문이라는 것이다.

홍안주의 지명 변천 과정에 대하여 그는 당대에는 금주錦州, 명대에는 홍안주로 되었다가 청 건륭제 시기에 부府로 승격되면서 안강현이 되어 현 소재지가 되었다고 하였다. 그리고 신라사는 후세에 순양궁純陽宮, 즉 도교 계통의 자비도관紫扉道觀으로 변하였다는 것이다. 이러한 상세한 고증을 통하여 이공 씨는 '장안에 신라사가 있었다는 것은 착오'라는 사실을 밝혔다.

필자는 안강이 서안으로부터 그렇게 멀지 않으면, 다소 무리를 하여서라도 가볼 생각이었다. 그러나 현지에서 지도를 사서 검토해 보니 4, 5백 킬로미터나 떨어진 곳으로 하루에 갔다가 오기는 도저히 불가능한 거리였다. 지금 안강은 섬서성의 남부에 위치하며 호북과 사천으로 통하는 교통의 요충지다.

신라에서 구법하러 간 스님들이 오대산을 참배하고 장안으로 가서 수행한 연후에 아마도 남쪽으로 금주, 즉 오늘의 안강에 있는 신라사에 가서 충분히 휴식한 뒤 다시 북상하거나 아니면 남하하여 각각 목적지로 행차하였을 것이다. 필원의 말처럼 신라사가 있던 금주는 스님은 물론 신라인들이 집거하여 살았을 이른바 신라인 촌이었음에 틀림없을 것이다.

앞으로 기회가 주어지면 옛날에 신라인 촌이 있었을 안강으로 가서 신라사 동종과 그 명문도 살펴보고 그곳 인사들과 이러저러한 대화도 나누어 보고 싶다.

서안 시내에 도착하니 시간이 다소 일러서 유적지 한 군데를 더 볼 욕심이 생겼다. 원측 법사가 역경하던 서명사 자리에는 서북대학 부속중학과 기타 현대식 건물들이 들어차 있어 찾기는 그리 어렵지 않았다. 8세기 들어 6조 혜능에 의하여 돈오선법이 남방에서 발흥하여 점차 북방으로 전파되어 9세기 초에는 황실의 외호를 받기에 이르렀으므로 신라 구법승의 발길도 이어졌다. 혜목산 현욱玄昱(787~868) 선사가 장경 회휘懷暉의 법을 이었다고 하지만 그 장경사章敬寺도 폐허가 된 지 오래여서 지금은 아무런 흔적을 찾을 수 없다. 우리는 그저 포즈를 취하고 몇 장의 사진을 찍은 다음 비행장으로 훌훌히 떠날 수밖에 없었다.

한국과 중국 사이의 교섭이 너무나 오랫동안 막혀 있었던 탓으로 중국 속의 한국 관계 유적은 거의 알려지지 않고 있었다. 그러나 이제 하나둘 그 오래도록 묻혔던 진실들이 드러나고, 앞으로 빠른 속도로 밝혀지면서 학문 연구에 여러 가지 새로운 사실과 자극을 줄 것이다. 이번에 몇몇 중국 학자들의 글을 읽고, 또 직접 만나 이야기해 보면서 양국 학자들의 교류가 더욱 활발해졌으면 하는 바람을 안고서 공항을 향해 길을 재촉하였다.

2.
동진 혜원과 여산 동림사

1) 여산의 진면목

중국은 땅이 넓은 데다가 명산대천이 많다. 먼저 태산을 비롯한 5악五岳을 들 수 있으며, 다음으로 오대산을 비롯한 불교의 4대 명산을 들 수 있다. 이 밖에도 경색이 수려한 황산黃山과 계림桂林이 있으며, 고대 우리 구법 스님들의 순례지의 하나였던 천태종 본산 천태산天台山도 빼놓을 수 없다. 여산도 그들 명산 중의 하나로서 혜원과 동림사로 인하여 특히 이름이 천하에 드러났다.

시인 묵객들이 명산에 오르면 그곳에 '천하제일산'이란 글을 남기는 것이 상례라 하지만 백락천白樂天(772~846)이 여산에 올라 '그 경색이 천하 산의 으뜸'이라고 찬미한 것이 빈 말이 아님을 직접 답사해 보면 알 수 있다. 필자는 여산에 한번 가 보고 싶다는 생각을 한 지 오래였다. 중국학을 공부하면서 중국에 갈 기회가 자주 있었지만 강서성江西省과의 인연은 갖지 못하였다. 그러던 차에 수년간 방학을 이용하여 우리나라 구산선문의 원류를 찾아 중국 강남 지방의 선종 사찰을 답사하는 계획을 세우고 학과의 소장 학자들과 함께 답사반을 만들어 지역별 답사를 실시하였다. 그러다가 작년(1999) 여름 강서성 여러 곳을 답사하면서 여산 등정의 숙원을 이루었다. 여산은 양자강 남쪽 연안의 구강시九江市 남부에 위치한다. 강서성 성도 남창에서 파양호를 오른쪽으로 끼고 서너 시간 달리면 여산 풍경구에 이른다.

'여산의 진면목'이란 말은 고등학교 다닐 때 고문 수업 시간에「송강가사」에서 배운 것으로 기억된다. 그런데「송강가사」에 나오는 '여산의 진면목'의 출처가 소동파蘇東坡(1036~1101)의 유명한「제서림벽題西林壁」이라는 시였음을 안 것은 훨씬 뒤였다. 여기에 그 시를 소개한다.

> 옆으로 뻗은 준령마다 봉우리들 이루어,
> 원근 고저가 각기 다른 모습이로다.
> 여산의 진면목을 알 수 없으니,
> 단지 몸이 이 산중에 있기 때문이다.
> 橫看成嶺側成峰　遠近高低各不同
> 不識廬山眞面目　只緣身在此山中

이 시를 통하여 우리는 여산이 엄청나게 크고 아름다운 산임을 알 수 있다. 그래서 동파는 그 크고 작은 산봉우리마다 골짜기마다 기기묘묘한 면모의 진실을 알지 못한다고 노래한 것이다. 인구에 회자되는 "여산의 진면목을 알 수 없으니, 단지 몸이 이 산중에 있기 때문이로다."라고 한 구절 역시 이 시의 백미이다.

대학 다닐 때 황의돈 노교수께서 근세 김해 출신의 시인 배차산裵此山이 이 시 구절 가운데 '차산'을 따서 자신의 호를 삼았다고 설명해 주신 기억이

난다. 필자의 고향이 밀양이라는 말을 들으시고 배 시인의 '영남루시'를 해설해 주시며 들려준 이야기다.

동파의 이 시는 크고 오묘한 여산이 지닌 아름다움을 노래한 것이 분명하지만 한편으로는 그 산의 아름다움을 빌려 정토종의 본산인 동림사東林寺의 정신사적 의미를 음미하고 있다고는 볼 수 없을까? 어떻든 여산 하면 동림사가 연상되고, 동림사 하면 동진東晉 혜원慧遠 법사의 백련결사白蓮結社가 연상될 만큼 여산은 중국만이 아니라 동아시아 세계에서도 불교의 명산으로 유명하다.

2) 혜원과 동림사

여산 동림사의 개산조 혜원慧遠(334~416)은 동진東晉 때 사람으로 속성은 가씨賈氏이고, 산서山西 영무寧武 지방 유교 가문 출신이다. 어려서 유학을 배우다가 염증을 내고 노장에 흥미를 갖게 되었다고 한다. 21세 되던 해에 남북 전쟁이 일어나 방황하는 동안 도안道安(314~385)이 태항太行 항산恒山에 절을 지어 전교하고 있다는 소식을 듣게 되었다. 혜원은 아우와 함께 도안을 찾아가 뵈었다가 그 자리에서 서로 끌리는 정분을 느끼고 단 한 마디 말로써 사제의 인연을 맺었다. 이리하여 도안의 문하에서 불법을 익히게 된 것이다.

동진 효무제 시기에 양양襄陽 지방이 부견苻堅의 군대에 함락되자(378) 그들 스승과 제자는 남북으로 갈라지지 않으면 안 될 상황에 처하여 혜원이 스승의 부촉을 받들어 도중徒衆을 거느리고 남하하였다. 형주荊州를 거쳐 강을 따라 내려오다 광려匡廬의 아름다운 산수에 취하여 여기에 용천정사龍泉精舍

동림사 대웅보전

를 읽어 거처를 정하였으나 날이 갈수록 도중이 늘어나 떠나지 않으면 안 되었다. 마침 먼저 서림사西林寺에 주석하고 있던 사형 혜영慧永(331~414)이 강주 자사江州刺史 환이桓伊에게 청하여 절 동편에 동림사를 세워 혜원을 주지로 맞이하였다. 효무제 태원太元 11년, 즉 386년의 일이었다.

여산의 동림사를 찾으려면 서림사 앞을 지나가야 한다. 동림사 참배객은 멀리 보이는 서림사의 고탑에 정신이 팔리기 마련이다. 푸른 산이 삼면으로 둘러쳐 있지만 옛적의 서림과 동림의 우거진 숲들은 모두 농토로 변하였고, 절 앞의 볼품없는 개울이 호계虎溪라는 사실을 상가의 간판들이 알려 주고 있었다.

절문을 들어서면 잘 가꾸어진 연못이 있고 그 가운데 관음상이 서 있다. 혜원이 동림사를 창건할 때 연못을 파고 흰 연꽃을 길렀다던 고사가 떠올랐다. 방생지 뒤로 대웅전을 비롯한 크고 작은 건물들이 즐비하여 사원의 규모나 짜임새가 과연 대찰로서 손색이 없었다. 여기 저기 귀에 익은 현판과 글귀들이 우리의 관심을 끌었다. '구연사舊蓮社', '삼소당三笑堂', '호계삼소도虎溪三笑圖' 등은 모두 개산조 혜원 선사의 체취를 풍기고 있었으며, 혜원이 지팡이로 팠다는 총명천聰明泉이나 6조 시대에 심었다는 노송이 고찰로서의 정취를 한껏 더해 주었다.

절 뒤의 '원공탑遠公塔'은 혜원의 묘탑이다. 진 안제 의희義熙 12년(416) 혜원이 입적하니, 나이 84세였다. 그는 임종 시에 제자들을 불러 "시신을 송림 아래 노출시켜 산봉우리를 무덤으로 하라."고 유촉하였으나 제자들은 차마 그럴 수 없어 서쪽 봉우리에 돌을 모아 탑을 세웠다. 이 원공탑은 일명 하방탑下方塔 또는 안문탑雁門塔이라고도 하는데, 부근에 동림사의 저명한 고승들 사리탑도 함께 모셔 하방탑원을 이루었다. 오늘날의 이 탑원은 중국 개방 이후 중수한 것이다.

여산은 혜원의 사후에도 명승을 다수 배출하였으니 개산조의 감화가 항시 힘을 발휘하였기 때문이다. 천태 지자天台智者 대사도 일찍이 유력하였으며, 선종의 4조四祖 도신道信 선사도 여기서 수선修禪하였다고 한다. 회창파불 시에 일시 타격을 입었으나 불법의 내적 생동력은 결코 외적 폭력에 쇠멸되지 아니하였다.

선종이 즉위하자 회창파불(841~846)로 훼손을 당한 사찰이 중건되는가 하면 혜원 법사에게도 변각辨覺이라는 시호가 추증되었으며, 송대에 이르러서는 동림의 사세寺勢가 더욱 확장되면서 고승의 배출이 점증하였다.

3) 혜원의 백련결사와 삼교일치 운동

3세기 초, 북방 이민족이 남침하여 한족을 압박하자 정치 문화의 주역을 담당하던 한족들은 대규모 남천南遷을 하지 않으면 안 되었다. 이리하여 양자강 유역을 중심으로 한 강남 지역은 동진 이래 한민족의 정치·경제·문화의 중심지가 되었다. 다재 다사한 인재들이 여산을 중심으로 활동한 것도 이 무렵부터이다.

여산 주변에서 도연명陶淵明, 왕희지王羲之, 사령운謝靈雲 같은 거장들이 나와 문학과 예술 방면에 불후의 명작을 쏟아 내어 황금시대를 연출하였다. 여기에 혜원이 동림사를 중심으로 유교와 불교, 그리고 도교의 삼교일치 운동을 일으켰으니, 여산은 가히 강남 문화의 센터로서의 역할을 수행하였던 것이다.

혜원은 40세가 넘어 여산에 들어와 36년간 "발자취는 속세에 들여놓지 않았고, 그림자는 산으로부터 떠나지 않았다."고 한다. 그는 불교의 원리를 탐구하고 이를 실천하기 위하여 평생을 바쳤다. 혜원은 일찍이 도안의 『반야경』 강의를 듣고 홀연히 대오한 뒤로 동림사에 주석하여 반야학의 이론과 실천에 일생을 바쳤다. 유·불·도에 두루 밝은 그는 불교의 반야를 노장의 본무사상本無思想에 원용하여 해석하고, 이로써 출세간주의 즉 정신적 초탈을 추구하였다. 또한 『법성론法性論』을 저술하여 반야학의 핵심을 천명하였다. 여기서 그는 법성이야말로 불교의 최고 경계요, 그것이 곧 열반이라 믿고, 인간은 모름지기 생사 응보應報와 윤회의 고통을 뛰어넘어 이 열반의 경계에 도달해야 한다고 주장하였다.

혜원은 사후에 서방정토 극락세계에 전생轉生하여 영원히 고해를 벗어나야 하며, 그러기 위해서는 입으로는 아미타불을 염송하고, 마음으로는 서방을 생각해야 하며, 좌선坐禪 수행하여야 한다는 수행 방법을 제시하였다. 이른바 염불정토종念佛淨土宗의 창안이다. 혜원이 중심이 되어 창안한 이 염불정토 사상은 중국 불교사에 있어서 외래 종교의 중국 토착화에 한 획을 그었다고 평가되고 있다.

혜원은 대승 반야학을 선양함과 동시에 광범위한 불교 경전 연구에 힘을 쏟았다. 인도승 불타발타라佛陀跋陀羅를 초빙하여 홍법과 역경 사업을 벌였으며, 장안의 구마라습鳩摩羅什(343~413)과도 의견을 교환하며 역경에 정열을 쏟으니 구마라습은 서신을 보내어 그를 '호법보살護法菩薩'이라고 찬양하였다. 혜원은 한편으로 제자를 서역으로 보내 경전을 구해 와 번역하는가 하면 『반야경』에 서문을 쓰기도 하였다. 서역승 담마류지曇摩流支가 중국에 왔다는 소식을 듣자 그를 초청하여 『십송률十誦律』을 번역하였으며, 승가제바僧伽提婆를 초청해 와서 『아비담심론阿毗曇心論』 네 권과 『삼도법론三度法論』 두 권을 번역하였다.

혜원은 정토 신앙의 독창적 이론을 세우고 그를 실천하기 위하여 여산의 은사 유유민劉遺民, 주속지周續之, 종병宗炳, 뇌차종雷次宗, 장야張野, 장전張詮 같은 저명한 학자 및 거사들과 함께 각고의 연구 토론의 과정을 거쳤다.

안제 원흥元興 원년(402)에는 동림사에 '백련사白蓮社'를 조직하고, 서방삼성西方三聖(즉 아미타불, 관음 및 대세지보살)의 상을 받들어 정토법문淨土法門을 열었다. 백련종이란 이렇게 하여 붙여진 것이다. 이리하여 마침내 유유민으로 하여금 결사의 「발원문」을 짓도록 하여 동림사 아미타불상 앞에서 그들의 소원과 결심을 서약하는 의식을 가졌다. 백련결사는 바로 이 염불정토회를 말한다.

혜원의 교제 범위는 매우 넓어 고관, 현귀顯貴, 학자 등의 저명 인사들에게까지 미쳤으므로 백련사에는 명승들뿐만 아니라 거사들도 많이 참가하였다. 그 구성원은 모두 123명이었는데, 그 중 혜원을 비롯하여 인도 고승 불타발타라佛馱跋陀羅와 혜영慧永, 그리고 거사로는 유유민이나 뇌차종 등 이른바 '18고승 현자(高賢)'가 중심이 되었다.

염불정토 사상의 가장 큰 의의는 유·불·도 삼교의 융합에 있다. 삼교에는 각기 다른 점도 있으나 같은 점도 있다는 데 착안하여 혜원은 그들의 장점을 취하고 차이점은 극소화하여 통일성을 기하려 하였다. 백련결사는 삼교 합일을 실천하려 한 의지의 소산이었으므로 여기에는 승려 이외에도 유가와 도가, 그리고 불교의 거사들도 대거 참여하였다. 은중감殷仲堪이 형주자사로 부임하는 도중에 여산의 혜원을 방문하여 나눈 대화 한 토막은 그 삼교 합일 사상을 단적으로 보여주고 있다.

"유도와 불전을 비교하면 어느 쪽이 우수합니까?"
"유·불·도에는 각기 장점이 있으니 어느 한쪽을 고집하면 안 됩니다."
"원공遠公은 불가佛家가 아니십니까?"
"노납老衲은 불가지만 잡가雜家이기도 하지요."

혜원이 스스로를 잡가라고는 하였지만 어디까지나 불교를 기본으로 하여 유교와 도교를 습합習合함으로써 삼교 합일을 기하려 하였음은 물론이다.

4) '호계삼소' 이야기

유명한 호계삼소虎溪三笑의 고사는 혜원의 삼교 합일 사상을 극적으로 묘사한 것이다. 혜원은 동림사를 창건한 뒤로는 평생토록 여기에 머물면서 절

문을 나서지 않았다고 한다. 어떠한 고관대작이 방문하더라도 절 앞의 호계를 건너 전송하는 법이 없었다.

그런데 하루는 여산의 남록에 사는 도연명과 간적관澗寂觀의 도사 육수정陸修靜(406~477)이 방문하여 다향과 고담으로 날 가는 줄 몰랐다. 저녁 무렵이 되어 작별할 때도 역시 이야기에 정신이 팔려 깜빡 잊고 호계를 건넜다. 아차! 할 때는 이미 호계를 건넌 뒤라 세 사람이 얼굴을 마주 보며 웃어젖혔다. 이것이 삼소三笑 고사의 유래다.

이를 소재로 하여 당대의 화가 이용민李龍眠을 위시하여 송대 석각石恪의 삼소도三笑圖가 있으며, 이에 대한 소동파의 찬이 유명하다. 우리 인간 사회에는 어떤 위인의 의미 있는 행위에 대하여 과장되게 전해지는 경우가 허다하다.

호계삼소의 고사에도 여러 가지 과장된 이야기가 많다. 혜원이 호계를 건너자 시냇가에 두고 기르던 호랑이가 평소 하지 않던 주인의 행위에 포효하

혜원이 방문객 도연명과 도사 육수정을 호계를 건너 배웅할 때 세 사람이 함께 웃었다는 이야기를 소재로 후인들이 삼소도라는 화제를 달아 여러 형태의 그림을 그렸다.

여 주인의 이 이상한 행위를 깨우쳐 줌으로써 세 사람이 함께 웃었다는 전설도 있다.

더 웃지 못할 사실은 이 삼소고사 자체가 날조된 것이다. 저 삼소의 주인공 가운데 한 사람인 도사 육수정은 혜원과 도연명의 활동 당시 여산에 있지 않았다. 육수정이 출생한 것은 406년, 혜원이 입적할 때(416) 불과 10세 아동이었으며, 도연명이 입적할 때는 20세 전후였다. 그가 여산에 들어온 것은 461년으로서 혜원과 도연명이 입적한 훨씬 뒤의 일이니, 이 이야기가 성립할 수 없음은 명약관화하다. 그럼에도 불구하고 후세 사람들은 이런 픽션을 꾸며 미담으로 전하며, 시를 짓고 그림 그리기를 서슴지 않았던 것이다. 중국인들이 과장이 심하다는 면을 볼 수 있는 사례이기도 하지만 혜원의 위대한 삼교 합일 사상의 '진면목'이 이를 통하여 후세에 전승되게 된 것 또한 사실이다.

혜원과 도연명이 이렇게 가까웠다고 알려져 있음에도 불구하고, 도연명이 백련결사의 사원 123명의 명단에 들어 있지 않다는 사실은 흥미롭다. 두 사람은 여산의 남·북록에 각각 은거해 살면서 친분을 맺고 있었다고 한다. 한 번은 혜원이 편지를 보내 연사蓮社에 가입해 줄 것을 청하였는데, 도연명은 "저는 성품이 술을 좋아하는지라 법사께서 음주를 허락해 주신다면 가겠습니다." 하고 답하였다. 혜원이 융통성을 발휘하여 이를 허락하여 연명은 동림사에까지 오기는 하였으나 마음이 내키지 않아 끝내 가입하지 않고 돌아갔다는 것이다. 혜원의 관용적 태도와 호방한 도연명의 개성을 잘 표현해 주는 이야기다.

혜원은 도를 추구함에 있어서는 이와 같이 타협적이고 관대하였으나 반대로 세속적 권세에 대해서는 비타협적이고 완강한 태도로 일관하였다.

환현桓玄이 은중감을 쫓아내고 형荊·강江 2주의 자사로 있을 때 혜원에

동림사 문 앞으로 흐르는 호계 옆에 선 우람한 고목을 '호계고장'이라 표시한 팻말. 동림사의 창건자 혜원이 이 계곡에 호랑이를 길렀다 하여 이 개울을 호계라 하였다.

게 고압적인 글을 보내어 환속하여 부귀영화를 누리도록 권유하였다. 내용인즉 "삶도 모르는데 죽음을 어찌 알리요?" 하여 죽어서 서방정토 극락세계에 가겠다는 부질없는 생각을 버리라는 풍자였다. 혜원이 담담한 심경으로 답서를 보내어 "한때의 영화는 전광석화 같으니, 모이고 흩어지며 가고 오는 일을 어찌 탐하리오." 하였다. 환현은 무력을 휘둘러 태위의 직에 올라 실권을 쥐고 다시 혜원에 대하여 황제(皇帝)에게 경배할 것을 강요하였다. 그러나 혜원은 '승려는 방외의 빈객(方外之賓)'으로서 왕에게 절할 필요가 없다는 내용의 글을 써서 세속의 권력에 굴하지 않는 강직성을 보였다. 이것이 「승려는 왕에게 경배하지 아니하는 글(沙門不敬王者論)」이라는 유명한 글이다. 얼마 후 환현은 제위를 찬탈하여(403년) 칭제하였으나 곧 피살되는 신세를 면치 못하였다.

부록 • 321

안제安帝를 도와 환현을 물리친 보국장군 하무기何無忌도 두세 차례 편지를 보내어 서울로 돌아가는 국왕의 행차가 언제쯤 여산을 지나게 되니, 산에서 나와 영접해 줄 것을 요청하였다. 정치적 안정을 위하여 정신적 지도자의 지지를 얻기 위한 속셈이었다. 그러나 혜원은 끝내 응하지 않았다.

도를 추구하는 정신적 자세와는 달리 세속적 권세에 추호의 타협을 모르는 혜원의 강직 고결함에 대해서는 누구도 고개를 숙이지 않을 수 없다. 희대의 천재로서 세속을 백안시하던 대시인 사령운謝靈運조차도 혜원 앞에서는 '숙연히 심복하였다'고 한다. 혜원이 입적하자 사령운이 비문을 찬하여 경의를 표했다고 한다.

5) '여산진면목'의 정신사적 의미

동림사를 떠나 산 위의 고령진牯嶺鎭까지 오르는 데 이른바 99곡의 꼬부랑길로 한 시간가량이 소요되었다. 고령은 물소고개라는 뜻이니 시가지가 물소 뿔을 닮았다는 데서 연유한 것이다. 여산의 높이는 1447미터, 고령진은 해발 1100미터라고 한다. 모택동은 「등여산시登廬山詩」에서 "산 하나가 날아와 큰 강변에 우뚝 솟았네(一山飛峙大江邊)."라고 하여 산이 평지에 덩그러니 내려앉은 특징적 모습을 묘사하였다.

8월인데도 쾌적하였다. '여산 회의'로 유명한 이곳에는 장개석, 모택동을 비롯한 권세가들이 한때 별장을 두고 있었다고 한다. 우리가 묵은 호텔은 중국 국가주석 유소기劉少奇의 별장이었다고 가이드가 설명하였다.

여산 부근에 산재한 고적을 다 돌아보려면 이틀은 걸려야 하는데 이번 걸음에는 남록南麓의 몇 곳을 시간 관계상 도저히 가 볼 수 없었다. 남록의 수봉秀峰은 특히 아름다워 수봉사秀峰寺 앞뒤에는 안진경顏眞卿과 황산곡黃山谷 등의 글씨가 석각되어 있다. 뿐만 아니라 이백은 비폭을 보고 "폭포수가 삼천 척이나 날아 흐르니(飛流瀑布三千尺) 은하수가 구천에 떨어지는 것 같구나(疑是銀河落九天)."라는 유명한 시를 남겼다.

구강시九江市 경내에는 도연명이 20년간 이 지역에 머물면서 「귀거래사」와 「도화원기」를 완성하였다는 취석관醉石館의 흔적이 있으며, 육수정이 17년간 머물면서 수도한 도관 간적관簡寂觀이 있다. 송대에는 주렴계周濂溪(1017~1073)와 주자가 독서하던 서원이 건립되어 성리학의 남상이 되었으므로 여산에 유교적 색채를 더하였다. 주렴계는 혜원과 마찬가지로 서당 앞에 연못을 파고 연꽃을 심어 애련지愛蓮池라 하였고, 서당을 애련당愛蓮堂이라 불렀으며, '애련설'을 지어 사인 관료가 연꽃처럼 순결, 고상, 청렴, 정직할 것을 강조하였다.

오로봉 아래에는 중국 4대 서원의 하나인 주희朱熹(1130~1200)의 백록동서원白鹿洞書院이 있는데, 이는 당대 이발李渤 형제의 독서처였다. 백록이란 이름은 그들이 흰 사슴을 친구처럼 길러 붙여졌다고 한다.

이 부근에는 귀종사歸宗寺가 있는데, 동진 시대에 왕희지가 글씨 공부를 하던 별장이었으나 당 말에 이르러 선종 사찰이 되었다. 여산에는 혜원의 정토 신앙이 워낙 강하게 자리 잡고 있어 선종이 끼어들지 못하다가 마조도일馬祖道一(709~788) 선사의 활동이 강서 지역에 크게 떨치면서 뿌리내린 것이다.

마조의 제자 지상智常 선사가 처음 주석하고 있을 때 그 문하에 신라의 구법승 대모大茅 선사가 참방하였다는 기록이 있다. 당대에는 강서 호남이 선불교의 중심지로서 신라 구산선문의 초조 도의道義(760~835)를 비롯한 구법 스님들이 줄을 이었으니 여산에 다녀간 분이 한둘이 아니었을 것이다.

여산 화경공원의 아름다운 경치

이처럼 여산은 경치로 천하 명산일 뿐만 아니라 종교적으로도 유·불·도가 공존하고 있었으며, 이런 점에서 고대 문화의 본산이었다 할 것이다. 동림사 혜원 선사의 백련결사도 삼교의 일치, 다시 말하면 종교적 통일을 실현하려 한 구도 정신의 결정이었다. 그러므로 소동파의 '여산진면목'의 의미가 단순히 산이 아름답고 오묘한 데 대한 찬탄에 그친 것이 아닐 것이다. 여산을 직접 답사하면서 필자는 그 의미가 단지 산 자체에만 그친 것이 아니라 한 차원 높은 종교적 의미를 띠고 있음에 틀림없다는 생각을 해 보았다.

혜원의 삼교 합일 운동은 성리학을 치국의 이념으로 하는 송대에 들어와서도 여산의 거눌居訥(1009~1071) 선사를 중심으로 일시 부흥하였다.

거눌은 운문 문언 선사의 4세 법손으로서 송대 배불론자 구양수歐陽修를 설득하여 불교에 관심을 갖게 하였을 뿐 아니라 소동파와 친분이 두터운 불인 요원佛印了元 선사를 추천하여 구강 승천사 등지에서 활동하게 한 안목 있는 고승이었다. 구양수는 북송 초기 배불 기운이 대세를 이루고 있을 때 그 선봉장으로 활동하다가 귀양 와서 거눌을 만났다. 배불론자 한유韓愈가 귀양 가서 태전太顚 선사를 만나 불교에 경도되었던 것과 같은 과정으로 구양수와 거눌이 학문적 접근을 본 것이다.

구양수는 동림사의 거눌과 담론할 뿐 아니라 혜원의 백련사를 계승하여 활동한 거눌을 모방하여 청송사靑松社를 결성하였다는 사실도 매우 흥미가 있다. 송대 사대부들에게 선수행이 인기가 있었다는 예를 보여주는 전거라 할 것이다.

6) 백련결사 정신의 현대적 계승

필자는 여산과 동림에 관하여는 아주 일찍부터 그 이름을 알고 있었다. 어릴 적 고향집 할아버지가 거처하시는 사랑방 골방 미닫이 양쪽에 사임당 신씨가 쓴 두 폭의 한시가 붙어 있었다. 물론 복사본이었는데 한쪽은 7언절구로서 난해하여 이해하기 어려웠으나 다른 한쪽은 5언시로 쉬워서 그런지 잊어버리지 않고 오래 기억할 수 있었다. 어쩌면 고등학교 시절 「송강가사」를 배울 때 '여산'의 이름을 상기시켜 준 덕택이었는지도 모른다. 그 시는 이백李白의 작품으로 내용은 이러하다.

> 손님을 전송하던 동림에 서니
> 달이 뜨자 흰 원숭이가 우는구나.
> 웃으며 작별하였네, 여산 길이 먼데
> 무엇하러 호계를 건너왔을까?

東林送客處　月出白猿啼
笑別廬山遠　何須過虎溪

이러한 연고로 이 시는 필자가 가장 일찍 알게 된 한시였는데, 쓰기도 간단하여 심심할 때면 펜으로 종이 위에 버릇처럼 긁적거리곤 하였다. 시를 적다 보면 동림과 백원白猿, 여산과 호계와 같은 멋진 풍경에서 주인과 손님이 서로 보내고 떠나는 정경이 마치 한 폭의 그림처럼 상상되기도 하였다. 이 시의 주인공이 바로 동림사의 혜원 선사라는 사실은 대학에서 역사를 배우고 가르치면서 알게 되었다.

동진東晉 시대 혜원이 백련사를 결성하여 염불 수행에 열심이었으며, 「사문불경왕자론」을 써서 승려는 세속의 군주에게 경배하지 않아도 된다는 콧대 높은 주장을 하였다는 사실을 알게 되었다. 여산은 경관이 아름다운 명산일 뿐 아니라 종교적으로도 의미가 큰 산임을 알면서 그에 대한 동경심이 한층 더하여졌다.

백련결사의 영향은 중국만이 아니라 신라와 일본에까지 미쳤다. 신라에서는 건봉사에 염불결사의 만일회萬日會가 설립되었고, 일본에서는 법연法然(1133~1212)이 당나라에서 구법하고 돌아가 정토종을 세웠다. 특히 우리나라의 정토 신앙과 관련한 염불결사는 독자성을 지니고 있다고 한다. 예컨대 화랑도는 미륵하생 신앙을 중심으로 결성된 군대식 조직이었으며, 만일 동안 염불한다는 일수 중시의 결사 형태는 우리나라 고유의 것이라고 한다.

필자는 최근 사명당 기념 학술회의에서 발표할 논문을 준비하면서 사명대사四溟大師 유정惟政(1544~1610)의 구국 충절을 기리기 위해 국가에서 세운 밀양 표충사에 만일회가 조직되어 있었다는 새로운 사실을 알았다. 사명당이 의승병을 일으켰던 건봉사에 염불결사의 전통이 연면히 계승되었다는 사실과 19세기 표충사에 만일회가 조직되었다는 사실, 그리고 사명당이 유·불 조화의 실천적 선승이었다는 사실들 사이에는 어떤 함수관계가 있지 않을까? 물론 근세 조선에 있어서 이 만일간의 염불결사는 건봉사를 중심으로 하여 여러 사찰에서 광범하게 행해져 왔던 것이 사실이며, 그러한 점에서 표충사의 만일회를 반드시 사명당과 관계시켜 볼 필요는 없을지 모른다. 다만 표충사에 유교식 서원이 존재한다는 특이한 사실과 관련하여 그 같은 추측을 해 볼 따름이다.

오늘날 우리 사회에서도 각 종교의 화해 분위기에 발맞추어 혜원의 삼교 융합 정신을 계승하자는 노력들을 더러 볼 수 있다. 하나의 예로 지난 1980년대 우리나라에는 불교의 비구니, 천주교의 수녀, 원불교의 정녀들이 모여 합창단을 만들어 '삼소회 三笑會'라는 이름으로 활동한다는 기사를 읽은 적이 있다. 통일과 화합을 이룩하려는 하나의 위대한 종교적 구도 정신은 시공을 초월하여 계승된다는 사실을 새삼 확인할 수 있다.

3.
방산 석경사 기행

1) 방산 석경사를 찾아서

석경사石經寺의 본래 이름은 운거사雲居寺로서 북경 서남방 방산현房山縣 백대산白帶山, 일명 석경산에 있다. 운거사는 원래 석경의 소장을 위해 세워진 까닭에 절은 어디까지나 석경장을 위한 부속 사찰에 불과하였다. 남악 혜사의 제자 정완靜琬 법사가 수 말 당 초에 석경을 조성하고 절을 지어 운거사라 불렀는데, 후세에 일반에서 운거산 석경사라고 부르게 된 것이다. 불경을 돌에 새기는 석각 불사는 그 후 여러 왕조에도 계속되어 석경사는 돈황 석굴과는 또 다른 불교문화의 보고로서 그 이름이 점차로 내외에 알려졌다. 고려 혜월慧月 스님 등도 여기 와서 오랜 기간 석경 사업에 동참하여 고려와도 밀접한 인연이 있다.

필자는 북경에 학술 관련 회의가 있을 때마다 석경사 답사를 생각하였다. 마침 2000년 9월 21~22일 양일 동안 북경대학 한국연구소 주최로 '아시아태평양국제학술발표회'를 마친 뒤 참가자들은 희망에 따라 주최 측 주선으

방산 운거산 석경사

로 산동 지방이나 산서성 대동(大同) 등지로 답사팀을 조직하여 떠난다고 하였다. 필자는 이번 회의에서 「최근 한·중 불교 교류사 연구의 경향과 특징」이라는 제목으로 발표하고―이 글은 졸저 『근세 동아시아 3국의 국제교류와 문화』(지식산업사, 2002)에 수록함―북경대학에서 박사과정을 밟고 있는 구자원 군과 함께 이번 답사를 실행하게 되었다.

구 군 주선으로 택시 한 대를 하루 동안 세내어 23일 10시에 출발, 경(北京)-석(石家莊) 고속도로를 따라 남하하다가 방산(房山) 출구에서 벗어나 주구점(周口店)을 지나서 한참 시골길을 달려서 운거사 경내에 도착하니 이미 12시가 지났다.

석경사는 큰 길에서 얼마 들어오지 않은 곳에 있는데도 산골짜기가 아늑하기 그지없었다. 바위돌이 유난히도 많은 이 산골짜기에는 구름이 자주 머물러서 운거사란 이름이 붙지 않았을까 생각된다. 산자락에 아담하게 내려앉은 절 앞으로 개울이 흐르고 그 건너 돌산엔 케이블카가 평일이라 손님이 없어서인지 그대로 매달려 움직이지 않고 있었다.

절이 소재한 방산은 옛날에는 하북성에 속하였으나 지금은 북경시 외곽으로서 도심에서 서남쪽으로 60~70킬로미터 떨어진 곳에 있다. 사찰 답사는 점심 후에 하기로 하고 곧장 식당을 찾아 요기부터 하였다.

2) 석경사와 석경산

세계적 문화유산인 '방산 석경'은 석경사 경내와 석경사 건너편 석경산 양쪽으로 나뉘어 소장되어 있는데 석경사에는 요대遼代 이후의 석경이, 석경산에는 그 이전의 석경이 있다. 먼저 석경산의 소장 상황을 보자.

일명 소서천小西天이라고도 하는 이 산은 높이 650미터로서 산허리에 아홉 개의 동굴을 파고 그 동굴을 따라 낸 길 바깥으로 한백옥 난간을 설치하였으며, 아홉 개의 동굴 안에 석경 총 4,196편이 소장되어 있다. 아홉 개의 동굴 가운데 다섯 번째인 뇌음동雷音洞이 유일하게 개방되어 있었다. 굴 안쪽 네 벽의 감에는 정관 5년(631) 정완靜琬 법사가 최초로 각석한 석경 146편을 안치하였으며, 굴 가운데 네 개의 팔각형 석주를 세웠는데 여기에는 불상 1,056존을 조상하여 이를 천불주千佛株라 부른다. 뇌음동 이외 8개 동의 석경은 정완과 그 문도들에 의하여 조성된 것으로 이들의 보존을 위해 지금 견고하게 봉하여 대외에 공개하지 않고 있다.

운거사에서 경전을 각석하는 불사는 요대와 금대金代에 이르러 다시 성행하였다. 요 태안太安 9년(1093) 고승 통리通理가 운거사 계단을 개방하고, 시

석경판을 저장한 석경지궁과 그 위에 세운 압경탑. 사진은 북경대 구자원 박사와 필자 그리고 현지에서 만난 동국대 김복순 교수

주를 받아 율律·논論 4천여 편을 속각하여 사찰 남쪽 경내 지하에 매장하고 압경탑壓經塔을 세웠다. 금대에는 전 대만 같지 않았으나 밀교 계통의 경전을 조성하여 요의 석경과 함께 지하에 소장하였다. 석경산의 아홉 개 동굴이 석경으로 가득 차서 소장처를 사찰 경내로 옮기지 않으면 안 되었기 때문이다. 원·명·청 시대에도 속각이 간헐적으로 이루어졌으며, 특히 명·청 시대에는 사찰의 중수와 함께 명대의 지경紙經, 청대의 목판경(龍藏經)을 수장하여 각각 그 특색을 보여주었다.

방산 석경사가 석경으로 유명하게 된 데에는 필시 석재가 많이 생산되는 지역적 특수성과 관계 있을 것이다. 산을 비롯한 인근에 암석들이 많이 노출되어 있어 그러한 사정을 짐작케 하였다. 석경사에는 크고 작은 탑이 여기저기에 늘어서 있어 '비석의 바다, 탑파의 숲'이란 별명이 붙었다.

지금까지 보존된 당대의 탑은 7기, 요대의 탑은 5기로서 고탑이 한 절에 이렇게 보존된 경우는 유례가 없을 뿐 아니라 특히 경운景雲 2년(711)의 당탑 唐塔은 북경시 전체를 통틀어 가장 오래된 것이다. 요대의 탑으로는 거대한 북탑北塔을 비롯하여 압경탑, 완공탑琬公塔, 노호탑 등이 있는데 그 중에서도 북탑은 크기도 최고일 뿐 아니라 종루·고루 식의 독특한 사리 전탑으로서 석경사의 대표적 건축물이다. 또 한 가지 특색 있는 건축물은 산정에 세워진 금선공주탑金仙公主塔이다. 당 현종의 누이동생 금선공주가 석경 사업에 크게 시주한 다음 석경본을 하사받고 이를 기념하기 위해 세운 것으로 고색이 창연하다.

사원의 전우殿宇들은 산자락의 서쪽에서 동쪽으로 향하여 단정하게 배치되어 있다. 천왕전을 지나 가운데로 비로전, 석가전, 약사전, 미타전, 대비전 등이 일렬로 늘어섰고, 그 양 옆으로 제왕행궁과 승방 등 여러 전당이 적절히 배열되었다. 정원의 남북에 세워진 전탑塼塔의 하나는 일제의 포격으로 훼손되었다. 사찰 양측 주위로는 전술한 바와 같이 고탑과 비각이 총총히 들어서 있는데 요금 시대의 이른바 '석경의 지하궁전'이 중심에 있고 당탑과 요탑遼塔 등의 고탑군이 그 좌우로 배치되어 있다.

3) 경전의 각석과 소서천 뇌음동

뇌음동은 석경산의 개산조 정완 법사가 각석한 석경이 소장되어 있으므로 매우 중요하며, 그러한 까닭으로 석경산의 9개 동굴 중 유일하게 일반에 개방되어 있다. 이제 정완 법사의 사상과 석경을 조성하게 된 동기에 대하여 잠시 살펴보자.

정완 법사는 천태종 2대 조사 남악 혜사의 제자로서 그 스승의 뜻을 이어받아 석경 불사를 일으켰다. 후한 때 불교가 중국에 전해진 이래 남북조 시대 북위北魏 태무제太武帝와 북주北周 무제武帝에 의하여 자행된 두 차례의 폐불 사태로 인하여 승려는 주살되고, 불경과 불상이 훼멸되는 등 엄청난 손실을 입었다.

이러한 법난을 경험한 북제의 고승 혜사는 장차 불경을 석각하여 수장함으로써 법멸法滅에 대비코자 발원發願하였으며, 제자 정완은 스승의 서원을 계승하여 석경을 조성하여 매장하였다가 불의의 법난을 당했을 때 경본으로 삼고자 하였다.

스승 혜사와 제자 정완의 이러한 발원은 대개 당시 유행하던 말법사상末法思想에 연유한다. 말법사상이란 불법의 시대관으로 정법正法, 상법像法, 말법末法의 삼시사상으로서 말법 시기는 곧 법멸의 시대를 말한다. 말법의 도래를 가장 먼저 의식한 사람은 혜사로 알려져 있는데, 그는 「입서원문立誓願文」에서 이미 불멸의 시대에 들어왔음을 확인하고 있으며, 특히 삼계교三階敎의 신행信行, 정토종淨土宗의 도작道綽 등이 말법 무불의 현실을 개탄하고 자기의 도를 추구하는 데 진력하였다.

정완의 각경은 수 대업大業 초에 시작되어 당 정관 13년(639), 정완이 죽을 때까지 약 30년간 계속되었는데 「각경제기刻經題記」에는 다음과 같이 적혀 있다.

정법, 상법은 무릇 천오백 년이 지나고, 지금 정관 2년은 말법에 들어간 지 75년이 되었다. 불일佛日이 없어지고, 어두운 밤이 깊었으니 앞 못 보는

당 무덕 8년 정완 각경제기

중생이 이에 나아갈 길을 잃었다. 정완은 정법을 지키기 위하여 문도 지식인 단월들을 거느리고 이 산령山嶺으로 나아가『화엄경』등 십이부一十二部를 새겨 일단 광겁의 때를 당하면 창생을 제도하고, 일체 중생이 함께 정각을 이룰 수 있기를 바란다.

간경 동기가 말법사상에 있음을 여실히 보여주고 있다. 이리하여 정완이 석각한 경전은『화엄경』을 비롯하여『법화경』,『열반경』,『유마경』,『승만경』,『금강경』,『불유교경』,『무량의경』,『미륵상생경』등으로서 뇌음동에 매장되었으며, 이후에도 시대와 사람을 달리하면서 많은 경전들이 각석되어 나머지 여러 동굴에 나뉘어 수장되었다. 개원開元 천보天寶 연간에도 각경 불사는 성대하였는데, 특히 각경자 혜섬惠暹, 현법玄法 등은 현종玄宗의 누이동생 금선공주의 시주로 대당구역경大唐舊譯經 4천여 권을 얻어 석각에 이용하였다.

이처럼 정완으로부터 비롯한 엄청난 규모의 석경 불사는 그 후 여러 왕조를 거치면서 불교 애호자들에 의하여 계속되었으니 여기에는 정완과 그의 스승 혜사의 서원에 담긴 인류 구원의 정신이 면면히 흘렀던 것이다.

뇌음동의 중요성과 관련하여 지나칠 수 없는 것으로 불사리함 이야기가 있다. 1981년 말, 운거사 관리인이 뇌음동을 청소하는 과정에서 바닥에 깔린 석판 아래 깊숙하게 파인 공간에서 석함이 발견되었는데, 그 석함은 다시 은함과 옥함으로 겹겹이 밀봉되어 있었다. 그 함들의 뚜껑에는 두 종류의 명문이 새겨져 있었다. 하나는 수 대업 12년(616)에 불사리 3입粒을 안치한다는 것이고, 또 하나는 명 만력萬曆 20년(1592) 석경산에서 수대에 소장한 불사리를 발견하고 이를 다시 수장한다는 내용이다. 이로 보아 정완 법사가 석경을 조성할 때 이 불사리함을 안치하였는데, 명 만력 시기에 발견되어 다시 수장하였다는 사실을 알 수 있다.

4) 혜월 달목 등 고려 스님의 석경 불사

뇌음동에 수장된 석경 중에 고려 혜월 법사의 작품이 들어 있다는 것은 놀라운 일이 아닐 수 없다. 원 가지도賈志道가 찬술한 「중수화당경본기重修華堂經本紀」에 의하면, 혜월은 원 지정至正 원년, 즉 고려 충혜왕 2년(1341) 4월에 중국으로 들어가 오대산 문수 성지를 참례하고 돌아오는 길에 이곳 방산 운거사를 지나게 되었다. 마침 운거사 소서천(즉 뇌음동)에 들르니 화엄당華嚴堂의 돌집(石戶)은 무너지고 당내堂內 감실龕室에 수장된 석경들은 훼손되어 참담하기 짝이 없었다. 수당 시대에 조성되기 시작한 석경산이 오랜 기간 풍우에 침식되고, 전란 등으로 인하여 파손되어 수장한 석실이 허물어지고 경본의 결손이 있었던 것이다. 혜월은 승려 된 몸으로 이러한 상황을 목도하고 매우 민망히 여겨 불경을 보각補刻하고 화엄당을 수복하겠다고 마음속으로 굳게 서원하였다.

혜월은 그때 마침 먼저 운거사에 다녀간 적이 있는 원나라 조정의 자정원사資政院使 자덕 대부資德大夫 고룡복高龍卜과 장작원사匠作院使 대부大夫 신당주申黨住를 만나 시주를 요청하기로 하여 대도大都(후의 북경北京)로 가서 방산 석경 수복에 관한 필요성을 자세히 설명하고 그들의 협조를 구하였다. 이에 두 사람이 정재淨財 천여 민緡을 보시하여 바로 공사를 시작하여 월여 만에 준공을 보았다. 그 해 5월 초파일에 혜월이 입석하여 「고려국 비구 달목達牧이 글자를 쓰고, 혜월慧月이 경석 다섯 개를 수보하다」라는 제기를 남겼다. '다섯 개를 수보'란 뇌음동 내 오른쪽 벽에 있는 『미륵상생경』 4석 중 2석, 『승만경』 4석 중 1석, 그리고 앞 벽의 『유마경』 33석 중에 2석, 도합 5개를 수보하였다는 뜻이다.

방산현房山縣 사람 가지도가 쓴 제기의 말미에는 "오월 초파일 고려국 비구 혜월 입석, 대공덕주 고룡복 원사 · 신당주 원사"라 하고, 다음 조정의 여러 공덕주들 이름을 열거한 다음 고려인으로서 "보사경판補寫經板 고려국 천태종 사문 달목達牧 · 금옥국金玉局 제령提領 이득전李得全 이득옥李得玉 간刊"이라 하였다. 제기에서는 혜월 법사의 인품을 다음과 같이 언급하였다. 즉, "스님은 술을 마시지 아니하고 비린 음식을 먹지 아니하며, 의식을 검소하게 하고 물욕을 버리고 보시로 얻은 것은 추호라도 사용으로 하지 않으며, 차라리 자신의 노고는 잊을지라도 남의 능력은 몰각시키지 아니한 인물"이라고 칭송하면서 "재물을 보시하기는 쉬워도 사람을 얻기는 어려우니, 오직 혜월 법사가 그러한 분이다." 하였다.

그러나 혜월에 대해서는 이 자료 외에 출신이나 생몰년, 그리고 입당 이전의 내력이나 각석 이후의 사적 등에 대해서는 일체 알려진 것이 없다. 혜월과 함께 방산 석경을 간각하는 일에 참여하였다는 고려 천태종승 달목에 대해서도 충혜왕 즉위년(1330)에 『대불정大佛頂』·『여의주如意呪』 등 6경經을 보성사寶成寺에서 간행한 인물이라는 것 외에는 알려진 것이 별로 없다.

혜월 법사의 경전 보각과 당우 보수 사업에 대시주로 후원하였던 고룡복과 신당주는 고려 출신 환관으로서 원 황실에 강력한 세력을 구축하여 여원 양국의 정치에 영향력을 행사하던 인물이다. 그들은 대시주로서 거금을 냈을 뿐 아니라 조정의 고급 관료와 부인들의 재정적 후원까지 이끌어냈다. 특히 고룡복은 고려에서는 주로 고용보高龍普(?~1362)라는 이름으로 알려졌으며, 원나라 황제의 측근으로 본국에 자주 드나들며 횡포를 자행하여 악명이 높았는데, 공민왕 1년(1352) 조일신의 난을 피하여 승려로서 해인사에 숨어 있었다. 한때는 사재를 들여 비구승 중향中向으로 하여금 전주全州 보광사普光寺를 중창하게 하는 등 불교의 외호자外護者이기도 했으나 뒤에 공민왕이 보낸 어사중승 정지상에게 처형되었다.

우리는 사찰 경내에서 동국대 경주캠퍼스 국사학과의 김복순 교수 부부를 만나 기념촬영도 하고, 기념품 가게에서 명필 동기창董其昌의 글씨 탁본 '보장寶藏'을 한 장씩 샀다. 김 교수는 연구년 휴가를 얻어 1년간 중국에 와서 지내고 있는데 우연히 여기서 만난 것이다. 서점에서 답사기에 참고할 자료로 형일중邢一中 편저, 『운거사』(북경출판사, 1997)와 양역무楊亦武 저, 『운거사』(화문출판사華文出版社, 2003)를 샀다. 전자는 자료에 치중하고, 후자는 해설에 가까워 활용하기 좋을 것 같다. 그럭저럭 택시기사와 약속한 4시 반이 되었다. 우리는 오전에 왔던 길을 되돌아 북경으로 차를 다시 몰았다.

이 글을 작성하면서 장동익, 『원대려사자료집록元代麗史資料集錄』(서울대학교출판부, 1999)을 참고했음을 부기한다.

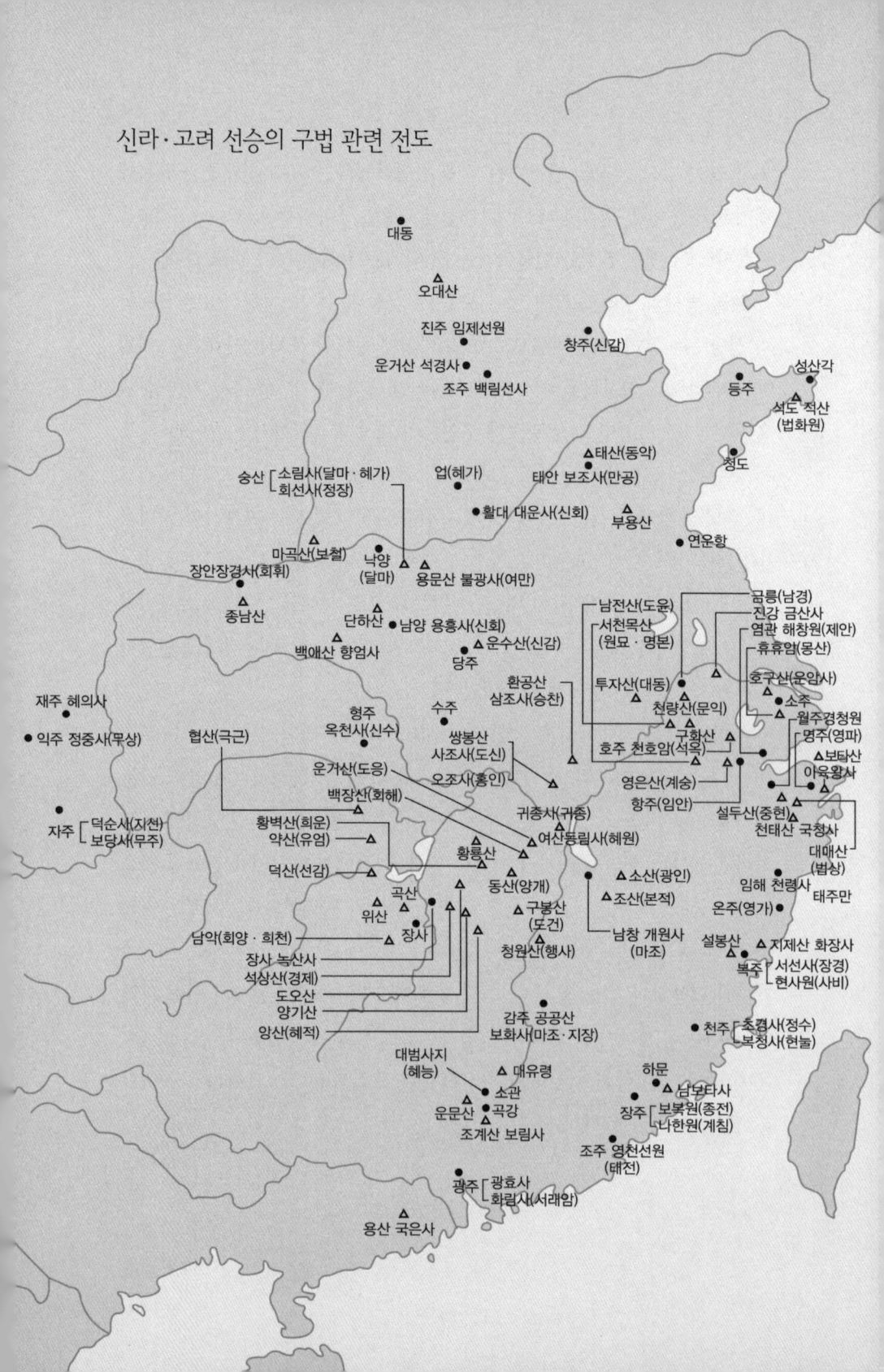

신라·고려 선승의 구법 관련 전도

구산선문의 원류를 찾아서 1
– 중국 내륙의 우리 불적 답사기

2014년 10월 25일 초판 1쇄 인쇄
2014년 10월 30일 초판 1쇄 발행

지은이　　조영록
펴낸이　　김희옥
펴낸곳　　동국대학교출판부

주 소　　100-715 서울시 중구 필동로 1길 30
전 화　　02-2260-3483~4
팩 스　　02-2268-7851
Homepage　http://www.dgpress.co.kr
E-mail　book@dongguk.edu
출판등록　제2-163(1973. 6. 28)

편집디자인 나라연
인쇄처　(주)타라티피에스

ISBN 978-89-7801- 425-0 04980
ISBN 978-89-7801- 424-3 (세트)

값 18,000원

● 이 책의 무단 전재나 복제 행위는 저작권법 제98조에 따라 처벌받게 됩니다.